당신도 탁월한 코치가 될 수 있다!
코칭대화의 심화역량

서문

오늘날 글로벌 기업의 CEO들은 개인 코치를 두고 있는 경우가 많다. 이들은 자신의 마음을 툭 털어놓을 수 있는 코치가 필요하고 그들의 코칭에 귀 기울일 필요가 있다는 것을 알고 있는 경영자들이다. 기업의 CEO쯤 되면 '배울 만큼 배웠고, 나를 가르칠 사람은 없다'는 자기 평가에 대한 '리더십 인플레이션 증후군'이 나타나기 쉽다. 그러나 탁월한 리더일수록 그 반대로 행동한다.

자신의 부족함을 지적해 줄 사람이 조직 내부에서는 찾기 힘들다는 사실을 감안하여, 자신을 끊임없이 돌아보게 하고 발전할 수 있도록 도와줄 사람을 외부에서 찾는다. 바로 전문 코치를 활용하는 것이다. "과거에는 CEO들이 만나면 서로 '당신은 코치가 있느냐?'고 물었지만 이제는 '당신의 코치는 누구인가?'라고 묻는다"라고 샌디 바일러스Sandy Vilas 국제코치연맹 회장은 말한 바 있다.

오늘날 세계적으로 코칭이 유행하고 있는 배경은 무엇일까? 조직의 성과 증대나 개인의 발전에 코칭이 그토록 효과적이라면 왜 과거에는 그것이 중시되지 않았을까? 코칭이라는 학문이 새롭게 발견되었기 때문일까? 또는 코칭의 인기는 유행처럼 지나가고 10년쯤 후에는 또 다른 학문으로 대체될까?

당신도 탁월한 코치가 될 수 있다!

코칭대화의 심화역량

김영기 지음

북마크

결론부터 말하면 코칭은 전혀 새로운 학문이 아니며, 그 본질은 유행처럼 없어질 수 있는 것도 아니다. 1980년대 말에 미국의 컨설턴트들이 적용하기 시작한 코칭 이론의 바탕에는 심리학, 커뮤니케이션, 조직행동론, 인간관계론 등 인접 학문의 이론들이 자리 잡고 있다. 즉, 사람의 발전적 변화에 효과가 확인된 내용들로 취사선택하여 코칭 이론을 구성하고 있다. 앞으로 코칭이라는 명칭이 얼마나 다르게 진화할지는 알 수 없지만 코칭의 본질이 변하지 않을 것임은 틀림없다.

오늘날 우리나라에서도 코칭 교육을 하는 기관들이 많이 있고 훌륭한 점 또한 많다. 그러나 내용 측면에서 조금 아쉽고 미흡한 점이 보인다. 그것은 조직의 현실을 감안한 '수직적 관계의 코칭'에 대한 내용이다. 현재 대부분의 코칭 교육내용이 전문 코치가 고객을 대상으로 코칭을 진행하는 '수평적 관계의 코칭'에 관한 내용들이다. 이러한 교육은 조직 현실의 수직적 관계 상황에 대한 코칭 능력을 가르치지 못한다. 코칭 교육이 우리나라보다 먼저 활성화되었던 미국의 경우에는 '수직적 관계의 코칭'이 실제 리더들에게 더 많이 훈련되고 있다.

직장의 상사와 직원, 교사와 학생, 부모와 자녀 사이에 이루어지는 것이 '수직적 관계의 코칭'에 해당한다. 이것은 외부 코치가 고객을 대상으로 하는 '수평적 관계의 코칭'과 대화 방법이 크게 달라야 한다. 본서는 이 두 가지의 코칭 능력을 균형 있게 가르치는 국내 최초의 코칭 교재이다.

  탁월한 전문 코치 또는 탁월한 코치형 리더가 되기 위해서는 코칭의 핵심 역량을 '손에 잡히게' 자기 것으로 활용할 수 있어야 한다. 국제코치연맹에서 11가지 카테고리와 세부 항목으로 제시하고 있는 코칭 역량은 그 내용이 무엇을 의미하는지를 이해하기가 쉽지 않다. 판사가 법조문을 보는 것보다 더 중요한 것은 조문에 담겨있는 내용을 실제 상황에서 활용할 수 있는 능력이다. 코칭 학습에서도 실제 상황에서 구현할 수 있는 코칭 역량을 체득하는 것이 본질이 되어야 한다.

  시중에도 코칭 관련 도서가 많이 나와 있고 나름대로 의미를 부여할 수 있는 책도 있다. 다만 아쉬운 것은 코칭의 실제에서 어떤 코칭이 이루어지는지, 어떠한 역량을 갖춰야 하는지 전체를 조망할 수 있는 책이 없다는 점이다. 이것을 어느 정도 이해하려면 수백만 원의 수업료를 들여 코칭 교육을 받아야 하거나 심지어 이런 교육을 받아도 "아직도 잘 모르겠다"는 사람들이 많다.

  본서는 코칭을 공부하는 많은 사람들에게 코칭의 기본과 심화 역량을 명료하게 제시하는 것을 목표로 하였다. 본서에는 국내에 처음 소개되는 내용들이 많지만 모두 하버드 대학교 등 코칭 교육에서 효과와 타당성이 확인된 것들이다. 나아가 이를 한국의 일반인들을 대상으로 1,500여 시간의 코칭을 하면서 더욱 발전시킨 내용들이기도 하다.

아무쪼록 본서를 통하여 전문 코치가 되고자 하는 사람은 물론 조직의 리더 등 실제 코치의 위치에 있는 사람들이 많은 도움을 얻기를 기대한다. 끝으로 이 책이 나오기까지 내용 검토와 편집 과정에 많은 수고를 하신 권승호 교수와 북마크의 정기국 사장, 김수진 편집자에게 감사를 드린다.

김 영 기(Ph.D)
(주)조직리더십코칭원 대표

CONTENTS

서문 ⋯ 4

1장 코칭의 파워

01 코칭의 효과 ⋯ 12
02 코칭에 대한 기본적 이해 ⋯ 25
03 코칭의 대상과 종류 ⋯ 32
04 코칭과 유사 영역의 구분 ⋯ 42
05 수평적 관계의 코칭과 수직적 관계의 코칭 ⋯ 46

2장 코칭 역량의 전체적 조망

01 코칭의 핵심 역량 ⋯ 64

3장 고객과의 래포 형성

01 래포 형성의 파급효과 ⋯ 70
02 래포 형성의 방법 ⋯ 74

4장 경청의 역량

01 경청과 질문의 관계 ⋯ 92
02 경청의 방법 ⋯ 95

5장 질문의 역량

01 코칭 성과와 질문 … 116
02 방향에 의한 3가지 질문 … 121
03 질문의 심화 방법 … 129
04 직접적인 소통 … 139

6장 긍정의 코칭

01 코칭과 긍정 심리학 … 148
02 A.I 긍정 심리학과 코칭 … 153
03 강점 자극과 코칭의 성과 … 159
04 강점 중시와 코칭 프로세스 … 166
05 긍정 코칭과 주제의 Re-Frame … 175

7장 코칭의 주제 선정

01 숨겨진 주제의 발견 … 182
02 참 주제의 발견 방안 … 193

8장 문제 해결 코칭과 사람 중심 코칭

01 문제 해결과 가짜 주제의 가능성 … 200
02 사람 중심 코칭과 코치의 부담 … 205

9장 비전·영성 코칭

01 사람의 변화와 양가감정 … 214
02 비전 영성 자극의 파워 … 225

10장 에고리스Egoless 코칭

01 에고리스와 코칭의 성과 … 240
02 에고리스 코칭의 실제 … 245

11장 전문 코치로 도약하기

01 코칭의 미래 전망 … 262
02 성공하는 코치들의 특성 … 269
03 코칭의 전문 분야 … 288
04 코칭 관계의 관리 … 295

부록1 : 수평적 관계의 대화 프로세스 … 304
부록2 : 수직적 관계의 코칭 프로세스 … 314
부록3 : 코칭의 11가지 핵심 역량과 상세 리스트 … 323

참고문헌 … 332

1장

코칭의 파워

01
코칭의 효과

*현명한 사람과 마주앉아 단 한 번의 대화를 하는 것이
10년 동안 책을 연구하는 것보다 낫다.*

– 롱펠로

코칭으로 진로를 바꾸다

다음은 진로 결정 때문에 갈등이 심각한 아들과 어머니의 사례이다. 고등학교 3학년 1학기를 마칠 무렵에 아들이 갑자기 학교를 그만두고, 일본으로 제빵 기술을 배우러 가겠다고 한다. 2010년 6월에 방영되기 시작한 KBS 드라마 중에 〈제빵왕 김탁구〉라는 프로그램이 종영될 무렵이었다. 시청률이 50%가 될 때도 있었던 이 드라마는 어려운 환경에서 제빵 기술을 배워서 예술적 경지로 빵을 구워서 돈도 벌고 사랑도 쟁취한다는 스토리이다. 감수성이 풍부한 고3 아들이 이 드라마에 영향을 받았을 법도 하다.

아들 : "엄마, 2학기부터 학교를 그만두겠어요. 그리고 일본에 제빵 기술을 배우러 가고 싶어요."
엄마 : "뭐? 얘가 지금 무슨 소리를 하는 거야?"

아들 : "저, 고민 많이 하고 내린 결론이에요."

엄마 : "(화를 참으며) 그래, 무슨 말인지 한번 들어나 보자."

아들 : "대학을 나와도 취직하기가 어려운데, 일찍 기술을 배워 두면 평생 직업이 될 수 있어요."

엄마 : "네가 제빵이 무엇인지 알고나 하는 말이야?"

아들 : "김탁구, 드라마에서도 멋있게 나왔잖아요. 잘 될 것 같아요."

엄마 : "탁구인지 제빵인지를 한다고 하더라도, 고등학교는 마쳐야지 중퇴를 하면 인생 망치는 거야."

아들 : "스티브 잡스나 빌 게이츠 같은 사람도 대학을 중퇴한 사람들이에요."

엄마 : "그 사람들은 대학이고, 미국이다. 엄마 죽는 꼴 보지 않으려면 학교나 잘 다녀라."

아들 : "여하튼 저는 학교를 그만두겠어요."

— 중략 —

그 후 아들은 학교를 휴학하고, 집을 나간 후에 5개월간 방황의 시간을 보낸다. 그가 다시 집에 들어오게 된 것은 엄마의 간절한 부탁으로 시작된 아들과 코치의 대화가 있고 난 이후이다. 다음은 전문 코치와 아들의 대화 내용이다.

코치 : "엄마의 부탁을 받고 자네를 도와주고 싶어서 이 자리에 왔네. 나는

청소년들의 경력개발을 도와주는 일을 하는 전문 코치이네. 도움이 되도록 함께 노력해 보세."

아들 : "내 계획을 반대한 사람은 엄마이니 엄마를 좀 설득해 주세요."

코치 : "엄마와 자네, 두 사람 모두 그동안 마음고생이 많았을 것으로 짐작되네. 일본에서 제빵 기술을 배우고 싶은 자네 계획에 대하여 좀 더 말해줄 수 있겠나?"

아들 : "대학까지 졸업해도 뚜렷한 미래가 안 보이는 것이 현실이잖아요? 그래서 일찍 제빵 기술을 배워 제빵사가 되고 싶고, 제빵 기술에 대해서만큼은 일본이 우리보다 앞서 있다고 생각합니다."

코치 : "가장 좋은 해답을 찾기 위해서 그러는데, 질문을 좀 해도 되겠나?"

아들 : "(표정이 조금 누그러지면서)그러시지요."

코치 : "만약, 로또 복권이 당첨되어 평생 돈 걱정을 하지 않아도 된다면, 무슨 일을 하고 싶은가?"

아들 : "황당하긴 하지만, 세계 여행을 다니며, 특히 아프리카 등 오지에서 선교사 일을 하고 싶습니다."

코치 : "듣기에 가슴이 뭉클한 소망을 간직하고 있네. 좀 다른 관점에서, 어린 시절부터 지금까지 주로 어떤 활동을 할 때 자신감이 생기고, 주변 사람들로부터 칭찬을 받았는가?"

아들 : "나보다 약하고 부족한 사람들에게 도움을 주는 봉사활동이요. 요즘도 월 1회 교회에서 주관하는 독거노인 봉사활동에 참여해요."

코치 : "젊은이가 참 고귀한 성품을 행동으로 실천하고 있으니 훌륭하네.

내가 이런 색다른 질문을 하는 데에는 이유가 있네. 진로 결정에 대한 학자들의 주장인데 간단히 소개해도 되겠는가?"

아들 : "예, 제빵 공부에 도움이 된다면요."

코치 : "진정으로 성공하는 직업을 갖는 데에는 '원 3개의 교집합을 찾으라' 는 말이 있네. 그 3개의 원은

1. 자신이 가장 잘할 수 있는 재능이 있는 분야인가?
2. 가족을 먹여 살릴 수 있는 수익이 창출되는가?
3. 세상에 이로움을 주는 보람 있는 분야인가?

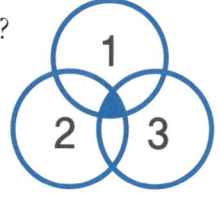

진정으로 행복하게 성공하기 위해서는 이 3가지 조건을 충족하는 분야에 인생을 걸어야 한다는 내용이네. 우선, 학자들이 말하는 이 내용에 대하여 어떻게 생각하는가?"

아들 : "일리 있는 말이네요. 경력 방향을 설정할 때 참고하면 좋겠습니다."

코치 : "제빵 기술이 자네의 장래에 옳은 결정인지 아닌지를 판단하는데 3가지 원의 교집합은 어느 정도라고 생각하는가?"

아들 : "좀 거리가 있는 것 같습니다."

코치 : "첫 번째, 세 번째는 내면적인 것이지만, 두 번째의 경제적 전망에 대해 어떻게 생각하는가?"

아들 : "성공하면 돈도 많이 벌겠지요."

코치 : "얼마나 버는지, 성공하는 사람들은 몇 %나 되는지를 좀 알아볼 필요가 있지 않겠는가? 이것은 생존의 문제이니까."

아들 : "······."

— 중략 —

이 대화를 통하여 아들은 자신의 계획이 얼마나 허황된 것인가를 깨달았다. 그 학생은 생각을 바꿔 한국에서 고등학교를 졸업하고 대학에 진학하여 지금은 사회복지를 전공하고 있다. 90분 정도 이어진 코칭이 한 청년의 인생 경로를 바로잡아 주는데 결정적 영향을 미친 것이다.

코칭의 사용 빈도

지시, 상담 등 여러 가지 대화 방법 중에서 상대의 발전적 변화를 이끌어주는데 코칭이 매우 효과적이라는 것이 지난 20여 년 동안의 연구에서 확인되었다. 오늘날 세계적으로 코칭과 관련된 수많은 교육들이 유행을 하고 있는 것도 이러한 배경에서 비롯되었다.

그렇다면 우리의 주변 현실 속 리더와 부모들이 직원과 자녀들에게 코칭을 하고 있는 정도는 얼마나 될까? 결론부터 말하면 코칭 대화를 하는 경우는 5~10%를 넘지 않는다.

코칭 대화의 사용 빈도에 관한 연구들 중에서 아버지들을 대상으로 한 연구 결과를 하나 살펴보자. 25년간 2,300명 이상의 아버지와 아들을 상담해

온 저명한 심리학자인 스테판 폴터의 연구가 그것이다. 그는 아버지가 자녀들과 하는 대화 모습을 '지시 통제형', '수동 부재형', '멘토 코치형'의 3가지로 구분하고, 유형별 분포가 어느 정도인지를 조사하였다.^{스테판 폴터, 2007} 그가 분류한 대화 유형별 행동 특성은 다음과 같다.

1. 지시 통제형

자신이 자녀의 생각과 행동을 일일이 지시하고 통제하지 않으면 자녀가 바르게 성장하지 못할 것으로 생각하는 사람이다.

"대형아! 너는 여자 친구가 부모의 마음에 들지 않으면 결혼하면 안 된다."
"오늘 저녁에 가족회의가 있으니, 10시까지 집에 와 있어야 한다."

자녀들을 신뢰하고 의견을 묻는 대화는 없으며, 일방적으로 지시하고 통제하는 유형이다. 이러한 환경에서 자란 자녀들은 정서적으로 불안하고 위축되어 아버지와의 대화 자체를 기피한다. 결국 자녀를 잘 양육하고자 하는 부모의 목표를 달성하지 못하게 된다.

2. 수동 부재형

자녀들의 성장 과정에 아버지로서의 역할을 전혀 하지 않는 방임의 모습이다. 자녀에게 문제가 있어도 이를 바로잡고자 하는 대화를 시도하지도 않기에 아버지의 역할을 포기한 것과 같다.

'세상에 어떤 아버지가 자녀들의 행동에 방임적인 사람이 있을까?'라고 생각할 수 있지만, 현실은 그렇지가 않다. 방임의 배경에는 아버지로서의 권위가 약화되어버린 경우도 있으며, 지시 통제를 해도 효과가 없다는 것을 알았기 때문일 수도 있다.

3. 멘토 코치형

자녀의 재능과 장점을 발전시킬 수 있도록 지속적으로 관심을 가지고 쌍방향 대화를 하는 유형이다. 자녀들이 때로 잘못된 행동을 할 때에도 감정적으로 화를 내거나 지시 통제형으로 말하지 않는다. 대화의 방법이 자녀에게 어떤 영향을 미치는지를 알고 코칭하는 유형이다.

세상의 아버지들에게는 자녀의 올바른 성장이 1순위의 과제이다. 그렇다면 위 3가지의 대화 유형 중에서 멘토 코치형으로 대화하는 것이 좋다는 것에 반대할 사람은 없을 것이다. 그렇지만 스테판 폴터의 조사에 의하면 현실의 아버지들은 90%가 '지시 통제형'이나 '수동 부재형'의 대화를 하고 있다. 멘토 코치형 대화를 하는 사람은 10%를 넘지 않았다. 로브 커피 외, 2000

한국에서 위와 동일한 연구가 진행되었다면 어떤 결과가 나왔을까? 우리나라는 서구의 가족문화에 비하여 개방적인 커뮤니케이션이 원활하지 않다는 점을 감안하면, 한국의 아버지들이 자녀들에게 멘토 코치형의 대화를 하는 것은 5%에도 미치지 못할 가능성이 농후하다. 그 이유는 가부장 중심의 유교 문화 때문만이 아니다. 코칭 대화에 관한 교육을 받은 사람이 매우 적다는 것도 또 다른 원인이 되고 있다.

직장에서의 코칭

다음은 직장에서 상사와 직원 사이에 일어나는 대화 내용이다.

팀장 : "자료실에 가서 사무실 임대료 관련 자료를 좀 찾아오게."
직원 : "예, 알겠습니다."
　　　(자료실에서 해당 자료를 찾지 못하고 돌아왔다)
　　　"자료실에 임대료 자료가 없는데요?"
팀장 : "그래? 그럼 재무팀에 한번 가 봐, 거기 가면 찾을 수 있을 거야."
직원 : (재무팀에서도 자료가 없음을 확인하고, 짜증이 나서 돌아왔다)
　　　"재무팀에도 없다고 합니다……."
팀장 : "그럼 그건 놔두고, 인터넷으로 임대료 관련 동향을 찾아보게."
직원 : "예, 알겠습니다. 그런데 어떤 용도로 쓰시려고 그러십니까?"
팀장 : "뭐? 그걸 몰라서 묻는 거야? 임대료 변동을 알려고 그러지."
직원 : "……."

　팀장은 유치원생에게 심부름을 시키듯이 지시하고 있다. 직원은 시키는 대로 행동하지만 배경과 목적을 알 수가 없어 자기 생각을 추가할 여지가 없다. 그런데 만약 팀장이 말하는 방법을 조금 바꾸면 직원의 반응과 행동은 완전히 달라진다.

팀장 : "송 대리, 연말에 우리 사무실의 임대기간이 만료되는데, 건물주와 임대료 협상을 위한 준비 자료가 필요하네. 어떤 자료가 필요할지, 어떻게 확보할지 생각 좀 해보게."

직원 : "현재 회사가 지불하는 임대료 내용, 가까운 위치에서의 임대료 현황과 추세 등이 필요할 것 같습니다."

팀장 : "또 다른 방법은 없을까?"

직원 : "제 선배가 그 분야의 컨설팅을 하는 전문가인데, 만나 보면 좋은 정보를 얻을 수 있을 것 같습니다."

팀장 : "그런 선배가 있다니 도움이 될 것 같네. 아울러 부동산 임대회사를 방문해 보는 것도 필요할 듯한데, 자네 생각은 어떤가?"

직원 : "그것도 꼭 필요할 것 같으니 그렇게 하겠습니다."

— 중략 —

말하는 방법이 다르면 상대방의 마음과 행동에 큰 차이를 가져온다. 두 번째의 경우에는 목표와 배경을 말해 주면서, 질문을 통하여 상대방의 지혜를 얻어내고 있다. 뿐만 아니라 선배를 찾아가는 의욕까지 끌어내고 있다. 지시형 대화가 상대방의 머리와 가슴을 동원하지 못하는 데에 비하여 코칭은 질문을 통하여 상대의 아이디어와 헌신을 이끌어내고 있다. 이것이 코칭의 파워이다.

수다형 대화, 지시형 대화, 코칭 대화

사람들이 직장이나 가정에서 하는 대화의 유형을 다음과 같이 구분해 볼 수 있다.

1. 친구들 사이의 정담이나 잡담과 같이 특정한 목적이나 방향성이 없는 '수다형 대화'
2. 자신의 생각을 일방적으로 말하는 '지시형 대화'
3. 질문하고 상대의 생각을 활용하는 '코칭형 대화'

위 3가지 대화 유형 중에서 직장의 상사와 직원 간에 어떤 대화가 효과적일까? 지시형 대화와 코칭형 대화를 살펴보자. 지시형 대화와 코칭형 대화 중에서 어떤 대화를 하는 것이 구성원과 조직 모두에게 좋은 결과를 가져올까?

전시의 군대와 같은 특수 환경에서는 지시형 리더십이 효과적이다. 그러나 오늘날의 조직 환경에서는 코칭이 지시형 대화보다 훨씬 높은 성과를 가져온다는 것이 확인되었다. 《좋은 기업을 넘어 위대한 기업으로》원제 Good to Great, 짐 콜린스 저, 김영사라는 책은 이러한 사실을 잘 보여주고 있다. 이 책에서 업무 성과와 구성원들의 만족감이라는 두 마리 토끼를 동시에 잡는 '탁월한 리더'들은 늘 코칭 대화를 하고 있다.

대화 방법이 큰 차이를 만든다는 점을 생각할 때에 우리나라의 리더들도 직원들에게 지시형 대화가 아니라 코칭을 하는 것이 당연하지 않겠는가? 하지만 우리나라 리더들의 대부분은 코칭 대화를 하지 않고 있다. 좀 더 정확히 말하면 우리나라 리더들은 대부분 코칭 대화를 배우지 않았거나 아직 실천할 수 있는 역량을 갖추지 못하고 있다.

문제 행동의 변화와 코칭

상습적으로 지각을 하는 직원 때문에 힘든 상사가 있었다. 몇 번이나 주의를 주었지만 헛일이었다. 또 혼을 내려다가 마음을 바꾸어 코칭을 해 보기로 했다.

부장 : "아침에 시간 맞춰 오는데 어떤 어려움이 있는가? 혹시 내가 도와줄 사항이 있으면 말해보게."

직원 : "죄송합니다. 할 말이 없습니다."

부장 : "아니, 진심으로 애로사항을 들어보고 싶으니 말해 보게."

직원 : "(한참 망설인 후에)실은 재미가 없어서 회사에 출근하고 싶지 않습니다."

부장 : "(회사가 재미로 다니는 곳이냐며 고함을 지르고 싶은 것을 억누르고)음……. 그래. 회사가 재미가 없다고? 어떻게 하면 재미있는 직장을 만들 수 있을지 말해 주겠나?"

직원 : "승진시켜 달라, 월급 올려달라는 것이 아닙니다. 저도 철부지는 아니니까요. 작지만 가능한 것들이라도 되면 좋겠습니다."

부장 : "음, 말해 주게."

직원 : "출퇴근 시간을 유연 근무제로 하거나, 사무실 칸막이를 낮추는 것도 좋지요. 현재는 얼굴도 못보고 잡담 한번 못하니 답답합니다."

부장 : "자네가 바라는 것은 직장에서 동료들과 더 많은 교류를 하고 싶고, 자율적인 분위기가 되면 좋겠다는 것이로군! 좋은 의도일세! 혹 그런 것을 위해 회사가 제도를 바꾸거나 비용이 드는 사항은 당장 어떻게 하면 좋겠는가?"

직원 : "사실, 불만 없는 직장이 어디 있겠습니까? 부장님이 진심으로 저를 존중해 주는 대화를 하시니, 제가 좀 더 분발하겠습니다. 저의 건의 사항을 조금씩 반영해 주시기 바라며, 앞으로 지각하는 일이 없도록 하겠습니다."

지각한 직원을 혼내는 대신 애로사항을 들으려는 부장은 진심을 다해 질문과 경청의 코칭 대화를 하고 있다. 잠깐의 대화에 불과하지만 직원의 의욕이 저하되어 있다는 근본적 원인을 찾아내고, 이를 북돋아 주는 성과를 달성하고 있다.

코칭이 조직의 성과 증진에 얼마나 큰 영향을 미치는가에 대한 좋은 사례가 있다. 휴스리드Mark Huselid 교수는 다양한 산업군의 1,000개 기업을 대상으로 리더의 대화 유형과 조직 성과와의 상관관계를 분석하였다. 지시형 대화를 하고 있는 리더들을 대상으로 코칭을 훈련시키고, 리더들이 코칭 대화를 했을 때에 조직의 성과가 얼마나 증대하는가를 측정하였다.

그 결과 1인당 매출액이 연간 약 3,000~5,000만 원이 증가하였고, 현금

회전율은 16% 이상 증대하였으며, 이직률은 7%가 감소하였다. 다른 변수들을 통제한 상황에서 단지 리더들의 대화 방법만 다르게 했을 뿐인데 이러한 차이가 나는 것은 엄청난 효과인 것이다. 이를 두고 휴스리드는 "코칭은 파워풀한 효과를 가져온다는 것이 확인되었다"고 말하였다.

왜 최근에 코칭이 유행하는가?

코칭은 1980년대 초까지는 거의 논의되지 않다가 1990년대 초부터 미국을 중심으로 갑자기 활성화되었다. 코칭이 사람을 발전시키는데 그토록 효과적이라면, 왜 과거에는 그것이 활용되지 못하였을까? 과거에는 몰랐던 코칭이라는 이론이 새롭게 발견되었기 때문일까?

결론부터 말하면 코칭은 전혀 새로운 이론이 아니다. 인간관계론, 커뮤니케이션 기법, 심리학 등 오랜 역사와 풍성한 내용을 가지고 있는 학문들 중에서 일부를 취사선택해 발전시킨 것이 코칭이다.

코칭이라는 이름도 이론적 개념으로 정립된 것이 아니다. 미국의 산업교육 컨설턴트들이 1990년대 초기에 일종의 교육 프로그램 브랜드로 창안하여 사용하기 시작한 것이 계기가 되었다. 그러다가 2000년대에 들어와서 코칭의 이름이 확산되자 비로소 학자들도 경영학 교과서에 '코칭'이라는 단어를 사용하기 시작하여 오늘에 이르고 있다.

02
코칭에 대한 기본적 이해

> 다른 사람을 위해 당신이 해줄 수 있는 최고의 것은
> 당신의 풍부한 경험을 나누는 것이 아니라
> 그들로 하여금 자기 자신을 알도록 해주는 것이다.
>
> – 벤자민 디즈렐리

코칭은 과학인가?

대학원 학생들을 대상으로 코칭을 가르치다 보면 뜬금없는 질문을 받곤 한다. "코칭은 과학입니까?" 과학이란 '반복된 연구에서도 같은 결과를 가져오는 현상이나 지식'이라고 볼 때, 코칭은 한 가지 이론과 방법이라고 말하기에는 너무나 다양한 내용들이 존재한다는 점을 생각해야 한다.

공학을 전공한 사람이 경영학 책을 처음 접했을 때 느끼는 이미지가 있다. 경영학에는 한 가지 정답이 없음을 알고 가지게 되는 '경영학은 과학인가?'라는 의구심이다. 나아가 경영학 중에서도 생산관리나 회계학을 공부하는 사람이 인간 관계론이나 리더십 등을 공부할 때에도 비슷한 느낌을 갖는다. 그런데 코칭은 인간 관계론이나 리더십 등의 이론 중에서 다시 일부를 취사선택했기 때문에 비체계적으로 보이는 측면이 더 많다. "코칭은 과학입니까?"라는 질문이 생기는 이유이다.

코칭과 관련된 수많은 책과 논문들을 살펴보면 과학적이라기에는 너무

나 다양한 내용들이 다루어지고 있다. NLP 코칭, 다양성 코칭, 에니아그램 코칭, 비즈니스 코칭, 리더십 코칭, 부모 코칭, 라이프 코칭, 학습 코칭, 경영자 코칭, 청소년 코칭, 그룹 코칭, 멘토 코칭, 1:1 코칭, 성과 코칭, 관계 코칭……. 모두 나열하는 것이 불가능할 정도이다.

코칭의 핵심 역량 중 하나인 대화 프로세스에 있어서도 알곰 모델, 포아스 모델, GROW 모델, 8단계 모델, STEPS 모델…… 등 수없이 많으며, 지금도 연구자들에 의하여 새로운 것들이 탄생되고 있다. 코칭이라는 이름을 사용하지만 그 내용들은 너무나 다양하고, 심지어 서로 반대되는 주장을 하는 경우도 있다. 이런 것을 알게 된 사람이 "코칭은 과학인가?"라는 의문을 갖는 것은 당연하다.

"코칭은 과학인가?"의 질문에 대한 적절한 대답은 "예술적인 과학이다"라고 할 수 있다. 고객의 특성과 주제는 물론 코치의 특성에 따라서도 다르게 춤춰야 하기 때문에 예술적이며, 핵심 원리와 기법이 존재한다는 측면에서 과학이다. 이것은 흡사 무용수가 기초 동작을 체득한 후에 실제 댄싱에서는 음악과 상대의 동작에 따라 상황에 맞춰 예술적인 반응을 이끌어내는 것과 같다.

상황에 따라 변형이 많은 학문일수록 학습을 하는 데에는 줄기와 가지를 구분할 수 있는 능력을 갖춰야 한다. 변형이 많은 무용일수록 기초 동작이 중요한 것처럼, 코칭 학습에서도 핵심 원리를 숙지하는 것이 필요하다. 그렇지 않으면 코칭 교육을 수없이 받고 강의장을 쫓아다녀도 여전히 "코칭이 손에 잡히지 않는다"는 말을 할 수밖에 없다. 왜냐하면 배울 때마다 다른 내용을 듣기 때문이다.

코칭의 정의

코칭이란 '코치가 코칭을 받는 사람코칭에서는 이를 고객, Client라고 한다에게 직업적 또는 개인적인 성과를 향상시키고, 삶의 질을 높이는 데 도움을 주는 지속적인 대화와 파트너십의 관계'를 말한다. 세계 최대 코치양성 전문기관인 CCUCorporate Coach University에서는 코칭의 본질에 대하여 다음과 같이 좀 더 자세히 정리하고 있다.

"코칭은 발전하려고 하는 의지가 있는 개인에 대하여 코치가 발견 프로세스를 통하여 잠재능력을 최대한 개발하고, 도전적인 목표설정과 실행계획의 수립, 그리고 뛰어난 결과를 성취할 수 있도록 도와주는 강력하면서도 협력적인 관계이다."

이러한 설명 속에는 코칭의 특성에 관한 다음과 같은 몇 가지의 함축적인 표현들이 있다.

> **코칭의 정의에 함축된 의미**
> 1. '발전 의지가 있는 개인'에 대하여
> 2. '발견 프로세스'를 통하여
> 3. '잠재능력'을 최대한 개발하고, 결과를 성취할 수 있도록 도와주는
> 4. '협력적인 관계'이다.

첫째, 코칭은 '발전 의지가 있는' 사람을 대상으로 이루어진다.

코칭은 인간의 잠재능력과 발전 가능성을 믿는 긍정의 인간관을 바탕으로 하고 있다. 코칭이 전제로 하고 있는 인간에 대한 관점은 다음의 두 가지로 요약할 수 있다.

> 1. 모든 사람은 발전과 완전성을 추구하려는 욕구가 있으며
> 2. 누구나 자신의 문제를 스스로 해결할 수 있는 잠재능력을 가지고 있다.

따라서 스스로 발전하려고 하는 의지 자체가 없는 사람에 대하여는 코칭의 효과가 나타나지 않는다. 발전하려는 의욕이 없는 사람, 즉 코칭의 대상으로 적합하지 않은 사람에도 다음과 같이 두 가지 유형이 있다.

먼저 심리 치료가 필요한 우울증 환자와 같이 '미래의 발전'을 생각하기보다는 과거의 고통이나 문제점 속에 갇혀 있는 사람이다. 이러한 사람은 상담이나 심리치료가 필요하며, 코칭으로 성과를 나타내기가 어렵다.

코칭의 효과가 나타나기 어려운 또 다른 유형은 보통 사람들 중에 섞여 있다. 겉으로는 보이지 않지만 내면에 무기력함이 고착화된 사람이 있다. 발전하려는 의욕이 없는 사람에게 코칭이 성공하기 위해서는 의욕을 갖게 하는 것이 먼저이다.

둘째, 코칭은 '발견 프로세스'를 통하여 고객을 도와준다.

코칭은 '발견 프로세스'를 통하여 고객의 내면에 있는 '잠재능력'을 최대

한 개발하고, 결과를 성취할 수 있도록 도와준다. 청춘 남녀가 연애 시절에는 눈에 콩깍지가 씌어서 상대방의 단점을 잘 보지 못한다. 심지어 단점이 장점으로 보이기까지 한다.

사람은 누구나 자신의 안경으로 문제를 바라보기 때문에 삶의 과도기나 중요한 문제에 봉착하였을 때에 객관적이고 합리적인 생각을 하지 못할 가능성이 높아진다. 이슈에 대하여 최대한 정확하게 판단하려고 노력하지만 자신의 생각의 틀Frame에서 문제를 보기 때문에 최상의 판단을 하기가 어렵다. 바둑판 옆에서 훈수 두는 사람에게 보이는 좋은 수가 바둑을 두는 사람에게는 보이지 않는 것과 같다.

하지만 무심코 들은 말 한 마디나 한 권의 책을 통하여 문제 해결의 실마리를 찾을 때가 있다. 이것은 자신의 생각의 틀 속에 고착되어 있던 것에서 벗어나 다른 각도에서 문제를 바라보았기 때문이다. 코칭은 고객이 상자 밖Out of Box에서 문제를 바라보도록 도와준다. 고객의 입에서 "히야! 그 질문을 듣고 보니까 저의 고민에 안개가 걷히는 것 같네요!"라는 반응이 있다면 우리는 그를 상자 밖에서 보게 도와준 것이다. '발견 프로세스를 통하여 고객을 도와준다'는 것은 이것을 의미한다.

셋째, 코칭은 잠재능력을 최대한 개발하고, 결과를 성취할 수 있도록 도와준다.

"모든 사람은 발전과 완전성을 추구하려는 욕구가 있다"는 긍정의 인간관이 코치가 사람을 보는 관점이다. 대부분의 사람들은 현재보다 변화되고 발전하고 싶은 소망이나 목표를 가지고 있다.

이들을 대상으로 '잠재능력을 최대한 개발'하도록 도와줄 수 있는 방법을 갖추고 있는 것이 코칭이다. 강력 질문을 통하여 고객의 목표를 성찰하게 하고, 목표를 달성하는 데에 활용할 수 있는 고객의 재능과 가용 자원을 발견하도록 해준다.

이 과정에서 고객은 기존의 목표보다 더 도전적인 목표로 수정하거나 또는 기존의 목표와 전혀 다른 목표로 방향을 수정하기도 한다. 코치의 발견 질문을 통하여 고객이 '상자 밖'의 생각을 하여 새롭게 세운 목표이기 때문에 이것이 미래의 발전을 위한 최적의 목표라고 할 수 있다.

흔히 코칭은 고객이 해결하고자 하는 이슈나 문제에 대하여 (1) 현재 어느 상태에 있고, (2) 장래 도달하고 싶은 상태가 무엇이며, (3) 이에 이르기 위해서 무엇을 할 것인가를 정하는 데 도움을 주는 것으로 이해하는 사람이 많다. 그러나 강력한 코칭이 되기 위해서는 고객이 가지고 있는 목표 자체를 재정립하는 것에서부터 시작한다.

넷째, 코칭은 고객과 코치의 파트너십에 의한 '협력적인 관계'이다.

파트너십에 의한 협력적인 관계라는 말은 코치와 고객은 (1) 수평적이며, (2) 상당 기간 지속적인 관계를 맺는다는 의미를 담고 있다.

사람의 변화와 발전을 위한 수단에는 코칭이 아니라도 강의나 자문, 컨설팅 등과 같은 다양한 방안들이 있다. 그런데 코칭을 제외한 다른 과정들은 '수평적'이거나 '지속적'이지 않다. 강사와 학습자, 전문가와 비전문가의 관계이며 수평적 파트너의 관계가 아니다. 또한 몇 시간의 강의와 컨설팅 프로젝트가 끝나면 관계가 종료된다.

그러나 코칭은 코치의 생각을 고객에게 가르치고, 고객이 이를 따르도록 하는 강의Teaching와 같은 수직적 관계가 아니다. 코칭은 자신의 생각을 고객에게 말하는 강의나 교육과는 정반대의 방법을 추구한다. "고객 안에 정답이 있다"는 관점을 가지고 고객이 스스로 해결책을 찾도록 도와주는 것이 코칭이다. 이를 위한 주요 수단은 경청과 질문이다.

코칭은 또한 몇 시간의 대화로 종료하는 일시적인 관계가 아니다. 6개월이나 1년 등 상당한 기간에 걸쳐서 지속적인 관계를 맺는다. 고객의 변화를 관찰하고 실행 과정의 장애요인을 극복하는 데까지 지원과 응원의 역할을 수행한다. 사람의 변화는 머리의 지식이 아니라 가슴과 몸으로 실천했을 때 가능하며, 이것은 지속적인 노력이 없이는 불가능하기 때문이다. 코칭은 계획이 성공의 열매를 맺을 수 있도록 도와주는 코치와 고객 간의 지속적인 관계이다.

이상의 논의를 바탕으로 코칭의 특성과 코치의 역할을 다시 정리하면 다음과 같다.

> 1. 발견 질문을 통하여 고객이 자신의 문제를 새롭게 인식하게 한다.
> 2. 고객이 달성하려고 하는 목표를 재정립하고, 명확하게 한다.
> 3. 고객 스스로 해결책이나 실행 계획을 수립하도록 돕는다.
> 4. 고객이 책임감을 갖고 계획을 실행으로 옮기도록 이끈다.

03
코칭의 대상과 종류

코칭은 지시와 통제의 정반대에 위치한 관리행동이다.
— 존 휘트모어

코칭의 유형 구분

"코칭은 과학인가?"라는 의문이 생기는 것이 자연스러울 만큼 코칭의 대상이나 내용, 방법은 너무나 다양하다. 코칭의 대상과 내용을 구분하는 데에는 다양한 접근이 가능하다. 코끼리를 어느 방향에서 바라봤느냐에 따라 다양하게 설명이 가능한 것과 같다.

하지만 숲 속에서 길을 잃지 않으려면 산세의 큰 흐름을 알고 있어야 하듯이, 코칭을 공부함에 있어서도 수많은 각론 속에 빠져 혼란을 느끼지 않으려면 코칭의 내용과 종류를 구분하는 큰 흐름을 알고 있어야 한다.

코칭의 종류를 체계적으로 구분하는 데에는 다음의 두 가지 질문을 하면 편리하다.

> 1. 누구를 대상으로 하는가?
> 2. 어떤 주제를 다루는가?

첫째, 대상에 의한 구분

'누구를 대상으로 하는가?'는 '사생활 차원의 개인을 대상으로 하는가' 아니면 '조직 생활을 하는 직장인을 대상으로 하는가'에 대한 구분이다. 청소년의 진로 코칭, 부모의 역할, 결혼 생활 등은 사생활을 대상으로 하는 '개인 차원'의 코칭이다. 반면에 신입사원의 직장 적응, 관리자의 직원 코칭, 업무 성과 증대 등은 직장인을 대상으로 한 '조직 차원'의 코칭이다. '라이프 코칭Life Coaching'과 '비즈니스 코칭Business Coaching'으로 구분하는 것도 동일한 개념이지만, '개인 차원'과 '조직 차원'으로 구분하는 것이 보다 나은 방법이다.

둘째, 주제에 의한 구분

개인 차원을 대상으로 하는 코칭에서 다루어지는 내용에 따라 다음 3가지 카테고리가 존재한다.

> **개인 차원 코칭의 3가지 유형**
> 1. 삶의 균형 코칭Balance Coaching
> 2. 성장 코칭Aim-High Coaching
> 3. 과도기 코칭Transition Coaching

이 3가지 유형의 첫 글자를 따면 'BAT'가 되며, 개인 차원을 연상할 수 있는 'Man'을 합성해서 'BAT Man'으로 기억해 두면 편리하다.

조직 차원의 코칭에서도 내용에 따라 다음 두 가지의 유형이 존재한다.

> **조직 차원 코칭의 2가지 유형**
> 1. 조직 내 인간관계에 관한 코칭리더십에 관한 내용
> 2. 업무 성과 증진에 관한 코칭

위와 같이 구분하면 코칭의 수많은 대상과 내용을 위 5가지 카테고리로 명료하게 정리할 수 있는 장점이 있다. 즉 모든 코칭은 위 5가지 중 어느 하나에 해당한다.

이러한 구분 외에도 생각할 수 있는 것이 코칭의 방법이나 내용상의 구분이 있을 수 있다. NLP 코칭, 세일즈 코칭, 마케팅 코칭, 액션러닝 코칭, 스피치 코칭, 프레젠테이션 코칭, 학습 코칭, 익스터널External 코칭, 인터널Internal 코칭 등 많이 나열할 수 있다. 나아가 오늘날 코칭이라는 용어의 유행을 타고 결혼 코칭, 미용 코칭 등 수많은 '코칭'이 계속 탄생하고 있다.

하지만 이것들의 상당수는 코칭과는 아무런 관계가 없는 것들이다. 또한 이처럼 내용과 방법의 관점에서 코칭을 분류하면 백화점식의 나열에 불과하며, 체계적인 카테고리화가 불가능하다.

아래에서 개인 차원과 조직 차원으로 구분한 5가지 종류의 코칭에 대하여 좀 더 자세히 살펴보자.

개인 차원의 코칭

조직 차원의 코칭에 대비되는 개념인 개인 차원의 코칭을 흔히 '라이프

코칭'이라고 부른다. 인간의 삶에 있어서 봉착하는 수많은 이슈를 대상으로 하기 때문에 그 세부 내용을 모두 나열하는 것은 불가능하다.

첫째, 삶의 균형 코칭 Balance Coaching

개인의 삶에서 결혼, 취직 등과 같이 간헐적으로 닥치는 과도기를 제외하면 대부분은 평탄한 형태의 삶을 산다. 이러한 평상시의 생활에서 고객에게 코칭이 필요한 경우는 삶의 균형을 잃어가는 경우이다.

일과 가정의 균형, 현재의 일과 미래를 향한 능력개발의 균형 등의 문제로 고민하는 사람들이 의외로 많다. 배우자와의 갈등이나 자녀의 양육문제 또는 대화 부족으로 힘들어 하는 부모의 고민도 삶의 균형에 대한 이슈이다. 삶의 균형과 관련된 모든 주제에 대한 코칭을 게리 콜린스는 '삶의 균형 코칭'이라고 명명하고 있다. 게리 콜린스, 2011

둘째, 성장 코칭 Aim-High Coaching

고객이 어려운 시기를 극복하고 삶의 균형을 유지하는 것은 항해하는 배가 폭풍우를 이겨내고, 잔잔해진 바다에서 조용하게 떠 있거나 안전하게 천천히 움직이는 것에 비유할 수 있다. 그러나 이것만으로는 배의 목적을 다할 수 없다. 나침반을 다시 보고 항해 방향을 재정립한 후에 목표를 향하여 힘차게 전진해야 한다.

인간의 삶에서도 삶의 균형을 유지하는 것만으로는 부족하다. 삶의 균형을 유지하는 것은 출발점이며, 여기에서 재능을 최대로 발휘할 수 있는 더 큰 목표를 정립하고, 이를 이루기 위해 전진해야 한다. 발전하고자 하는 욕구는 인간의 본능이기도 하다.

'Aim-High'는 창공을 날아오르는 것을 뜻하며 미 공군의 슬로건이기도 하다. 고객의 강점을 발견하고 더욱 성장하도록 도와주는 코칭이 '성장 코칭'의 내용이다.

셋째, 과도기 코칭 Transition Coaching

취업, 승진, 이직, 은퇴, 결혼, 이혼, 건강 악화 등과 같이 사람은 삶의 과정에서 사건이나 큰 변화의 시기를 맞는다. 이러한 과도기의 시점에 이를 이겨낼 수 있는 방법을 지혜롭게 판단하고 극복 능력을 갖추는 것은 중요한 주제이다.

자신에게 큰 영향을 미치는 중요한 과도기일수록 당사자는 막상 자신의 문제를 객관적으로 바라보지 못할 가능성이 높다. 사랑하면 눈에 콩깍지가 끼어 상대의 곰보자국을 보지 못할 수 있는 것과 같은 이치이다. 이때에 코치는 고객이 과도기를 성공적으로 이겨낼 수 있도록 객관적인 통찰력을 갖게 도와줄 수 있다. '과도기 코칭'은 삶의 과도기에 있는 고객에게 마음의 평안을 찾아주거나 인식 확장으로 과도기를 잘 헤쳐 나갈 수 있도록 도움을 줄 수 있다.

조직 차원의 코칭

오늘날 대부분의 사람들은 직장을 다니거나 사장이 되어 사람들을 고용하는 등 어떤 형태로든 조직의 일원으로 활동하고 있다. 조직 생활에는 예외 없이 조직의 목표가 있으며, 그 목표를 달성하기 위한 역할이 주어진다. 또한 조직은 사람들이 집단으로 일하기 때문에 조직 구성원 상호간의 인간관계 등 문제가 반드시 대두된다.

인간관계의 개선을 주제로 하는 것을 '관계 코칭' 또는 '리더십 코칭'이라고 부르기도 한다. 그러나 '리더십 코칭'이라고 부르는 것이 실용적이다. 왜냐하면 오늘날 조직 차원의 코칭은 대부분 조직의 리더들을 대상으로 이루어지고 있기 때문이다. 회사에서 비용을 부담하며 코칭이 이루어지는 것이 대부분이기 때문에, 대상자는 조직에 미치는 파급효과가 큰 리더들이다. 이들에 대한 코칭 주제는 인간관계 중에서도 주로 리더가 직원들을 어떻게 잘 이끌 것인가에 대한 리더십 이슈들이다.

업무 성과를 올리는 것을 주제로 하는 것을 '성과 코칭'이라고 부른다. 이하에서 조직 차원의 두 영역인 '리더십 코칭'과 '성과 코칭'에 대해서 좀 더 자세히 살펴보자.

첫째, 리더십 코칭

리더가 조직의 목표를 달성하기 위해 직원들을 어떻게 한 방향으로 움직이게 할 것인가? 직원들의 역량을 개발하고 시너지를 높이려면 어떻게 해야 할 것인가? 일방적인 지시, 명령의 관리방식을 어떻게 경청과 질문의 스타일로 바꿀 것인가? 리더 자신의 강점과 약점은 무엇이며, 탁월한 리더가 되기 위해 어떤 부분을 발전시킬 것인가? 직원들에게 어떻게 권한 위임을 하고, 자신은 좀 더 중요한 일에 집중할 수 있을까?

이러한 나열도 리더십 코칭에서 다루어지는 내용의 극히 일부일 뿐이다. 실제로 조직과 리더의 특성이나 직원들의 상황에 따라 수많은 내용들이 코칭 주제로 다루어진다.

심지어 직장의 업무에서 어떻게 스트레스를 줄이고 여유를 찾을 것인가? 건강관리나 가정에 충실할 수 있을까? 등도 리더십 코칭의 주제로 등장한다. 이쯤 되면 순수 '리더십 코칭'의 주제에서 벗어나 '삶의 균형 코칭'으로 내용이 발전한 것이라고 할 수 있다.

둘째, 성과 코칭

'리더십 코칭'이 조직 구성원의 인간관계와 관련된 내용이라면 '성과 코칭'은 업무 목표를 효과적으로 달성하는 전략에 관한 내용을 주제로 다룬다. 성과 코칭의 구체적인 내용은 상황에 따라 매우 다양하지만, 자주 제기되는 주제와 고객의 상황은 다음과 같다.

> 1. 무거운 책무를 새롭게 맡게 되었을 때
> 2. 기존의 업무에서 큰 폭으로 성과를 올릴 필요가 있을 때
> 3. 업무수행 방식을 창의적으로 개선하고자 할 때
> 4. 목표 달성에 필요한 지식과 방법이 크게 부족할 때

코칭의 기본 철학은 "고객은 내면에 자신의 문제를 해결할 수 있는 능력을 가지고 있으며, 코치는 질문으로 고객이 내면의 숨겨진 답을 찾아내도

록 돕기만 하면 된다"는 것이다.

그러나 실제 코칭 상황에서 이러한 철학이 효과를 발휘하기가 가장 어려운 분야가 '성과 코칭'이다. '리더십 코칭'이나 개인 차원의 코칭 영역인 '삶의 균형 코칭', '성장 코칭', '과도기 코칭'은 모두 사람에 관한 이슈이다. 사람에 관한 이슈는 객관적인 정답이 존재하지 않는다. 당사자가 아니면 알 수 없는 감정과 심리적 문제가 내재해 있기 때문이다. 따라서 사람에 관한 이슈는 코치의 강력 질문으로 고객이 스스로 성찰하게 하면 최적의 솔루션을 찾아내는 것이 가능한 경우가 많다.

하지만 '성과 코칭'은 사람의 문제가 아니라 업무 수행 방법에 관한 주제를 주로 다룬다. 따라서 고객이 내면이나 머릿속에 해결 방안을 갖고 있지 않은 경우가 많다. 즉 코치가 경청, 질문 등의 방법만으로 고객의 이슈에 대한 발전 방안을 찾는 것이 어려운 분야가 성과 코칭이다.

성과 코칭의 영역에서는 코치의 전문 경험이나 성공 사례를 소개해 주는 것으로 고객을 도와주는 사례가 많다. 이런 이유 때문에 성과 코칭의 분야에서 탁월한 코치로 활동하는 사람들은 조직의 경영 경험이 풍부하거나 경영 전반에 관한 지식을 갖춘 사람들이 많다. 기업 임원, CEO, 경영지도사 등의 경력을 갖춘 사람이 코칭 공부를 한 경우에 성과 코칭을 잘할 가능성이 높다.

"당신의 코치는 누구입니까?"

조직 차원의 코칭에서 가장 대표적인 고객은 조직의 CEO들이다. 조직 차원의 코칭은 그 비용을 대부분 기업에서 부담하기 때문에 파급효과가 큰 CEO나 임원들이 먼저 코칭을 받고 있다.

리더가 될수록 자신의 판단이 조직의 업무 성과나 직원들의 근무의욕 등 심리적 만족감에 미치는 영향력이 커진다. 모든 리더들이 자신의 책무를 훌륭하게 수행하려고 노력하겠지만, 자신의 모습은 자신이 볼 수 없다. 조직 차원에서의 코칭이 리더와 구성원들에게 엄청난 도움을 줄 수 있는 이유가 여기에 있다.

기업의 CEO쯤 되면 '배울 만큼 배웠고, 나를 가르칠 사람은 없다'는 자기평가에 대한 '리더십 인플레이션 증후군'이 나타나기 쉽다. 그리고 자신의 생각의 틀 속에서 조직의 나갈 방향을 정하고, 직원들에게 "나를 따르라"며 지시형 대화를 하게 된다.

그러나 탁월한 리더들일수록 그 반대로 행동한다. 조직 내에서는 자신의 부족함을 지적해 줄 사람이 많지 않다는 것을 감안하여, 자신을 성찰하고 발전시켜 줄 사람을 외부에서 찾는다. 바로 전문 코치를 활용하는 것이다. 오늘날 글로벌 기업의 유명한 CEO들은 개인 코치를 두고 있는 사람이 많다. GE의 잭 웰치 전 회장이나 닛산 자동차의 카를로스 곤 회장도 그렇다. 이들은 자신의 마음을 털어놓고 코치의 코칭에 귀 기울일 필요가 있다는 것을 알고 있는 경영자들이다.

중요한 의사결정을 해야 하며, 다양한 이해관계 사이에서 결정이 어려울수록 외부의 코치는 큰 도움이 된다. 코치와의 대화를 통하여 경영자들은 문제의 핵심과 해결 방향, 실행 계획을 수립하는데 객관적인 시각과 상자 밖의 안목을 가질 수 있게 된다.

우리나라에서는 중요한 결정을 앞두고 일부 CEO들은 용하다는 점집을 찾아가는 풍습이 있다. 옳은 판단인지에 대한 불안 때문에 나타나는 행동이겠지만, 그러한 고민을 해결하는데 과학적인 대안이 코치와의 대화이다.

04
코칭과 유사 영역의 구분

*코칭은 사람들이 목표에 집중하여 성과에 도달하게 도와주고
목표에 따라 살아가도록 조언해 주는 것이다.*

― 패트릭 윌리엄스

코칭과 유사한 영역들

코칭과 사촌 간으로 보이는 유사한 개념이 몇 가지가 있다. 사촌 간이라는 표현처럼 이들은 인접한 내용으로 일부 중첩되는 부분도 있다. 하지만 엄연한 차이가 존재한다. 이러한 차이를 이해해 두면 고객의 주제를 들었을 때에 이것이 코칭으로 진행하는 것이 바람직한지 아닌지를 판단할 수 있다. 나아가 코칭에 합당하지 않은 경우에 고객에게 다른 대안을 제시할 수 있는 판단력이 생긴다.

코칭과 사촌간의 관계에 있는 영역에는 컨설팅, 카운셀링, 멘토링의 3가지가 있다. 이하에서 각각의 특성을 코칭과 대비하면서 간단히 살펴보자.

컨설팅 Consulting

컨설팅은 해당 영역에서 전문적 지식을 가지고 있는 컨설턴트가 고객의 문제를 분석하고, 진단하고, 해결 방안까지 제시하는 역할을 주도적으

로 수행한다. 이 과정에서 고객은 아예 다른 일을 하면서 해결 방안을 찾는 문제를 컨설턴트에게 위임한다. 그리고 정리된 해결 방안을 고객에게 제시프레젠테이션하는 것으로 컨설턴트의 역할은 대부분 끝난다. 그것을 실행할 것인지 말 것인지, 또는 실행 과정에서 고객이 어떤 어려움에 봉착하는지에 대한 지속적인 관심은 별로 갖지 않는다. 사후 관리는 오로지 고객의 몫인 것이다. 예외적으로 컨설팅의 계약 내용에서 실행 성공까지 포함한 경우에는 컨설턴트의 지원이 있겠지만, 계약에 없다면 실행의 성공에 초점을 두고 지속적인 관계를 유지하는 것은 컨설턴트의 역할을 넘어선다.

반면에 코칭은 고객의 주제와 관련하여 코치가 전문지식을 갖추지 않아도 된다. 고객의 문제를 분석하고 해결 방안을 찾는 과정에 코치가 주도적인 역할을 하지 않기 때문이다. 코치는 고객이 스스로 목표를 세우고 실행 방안을 수립하도록 질문을 통해 촉진하는 역할을 할 뿐이다.

컨설턴트가 고객에게 해결책을 제시한다면 코치는 고객이 해결책을 발견하게 도와준다는 점이 큰 차이점이다. 또한 컨설턴트는 해결 방안을 제시하는 것으로 역할이 끝나지만, 코치는 실행할 수 있는 능력을 갖추도록 하는 데까지 지원한다. 코치는 해결 방안의 수립 못지않게 성공적 실행을 중요시하며 지속적으로 관심을 기울인다. 코칭의 정의에서 '지속적인 파트너'라는 말을 사용하는 것도 이러한 특성을 함축하고 있다.

주제와 관련해서도 컨설팅은 '무엇What'과 '어떻게How'에 관한 것이라면 코칭은 '사람Being'에 관한 경우가 많다. 이러한 측면에서 앞에서 살펴본 조직 차원의 성과 코칭은 내용상으로는 컨설팅에서 다루어질 수 있는 주제라고도 할 수 있다. 그럼에도 성과 코칭이 컨설팅과 다른 점은 '무엇What'에 대한 내용이지만 문제의 분석과 해결 방안을 찾는 과정에 컨설턴트처럼 코치가 중심 역할을 하지 않는다는 데에 있다. 코치는 성과 코칭의 경우에도 컨설턴트와 다른 방법으로 진행한다. 코치는 경청과 발견 질문을 중심으로 고객이 주도적 역할을 하도록 한다.

카운슬링 Counseling

코칭의 정의에서 보듯이 코칭은 '발전 의지가 있는' 사람에 대하여 미래 지향적인 방안을 수립하고 실행을 도와주는 것이다. 이에 반하여 카운슬링은 '과거'의 심리적 '상처나 문제'를 치료하는 것이 중심이다. 코칭은 미래 지향적인 반면에 상담이나 테라피 심리치료, Therapy는 과거의 문제를 치료하는 데에 중심이 있다.

코칭에서도 고객이 과거의 문제에 사로잡혀 있는 경우가 있을 수 있다. 그러나 카운슬링과 다르게 코칭은 고객이 그 사실을 깨달을 수 있도록 도와주는 수준에 그친다. 과거의 상처를 치료하는 것은 코칭의 본질적 목표가 아니다. 코칭은 미래를 향하여 앞으로 나갈 수 있도록 돕는 것이 주된 목적이다.

멘토링 Mentoring

멘토링도 코칭과 사촌 관계에 있지만 두드러진 차이가 있다. 코치는 고객이 문제의 답을 찾고 실행하도록 도와주는 것이 역할의 전부이다. 그러나 멘토링에서는 멘토가 고객^{멘티}에게 나아갈 방향을 깨우쳐주고, 자신이 직접 본보기를 보이면서 고객이 그대로 따르도록 안내한다.

코치와 고객은 수평적인 파트너십의 관계이지만, 멘토와 멘티는 스승과 제자의 경우처럼 수직적인 관계이다. 코치와 고객은 과제의 해결을 위한 계약 관계이지만, 멘토와 멘티는 인격적 결합이 훨씬 더 강한 관계이다.

05
수평적 관계의 코칭과 수직적 관계의 코칭

우리는 다른 사람에게 무엇에 관해서 가르쳐줄 수 없다.
그저 그 사람이 스스로 찾을 수 있도록 도와줄 수 있을 뿐이다.
— 갈릴레오

코칭 대화의 3가지 특성

다음은 직장에서 승진을 목표로 열심히 일한 박 과장이 승진에 실패한 후에 화를 참지 못하고 친구에게 하는 대화이다.

박 과장: "도대체 내가 이번에 팀장 승진에서 정 과장에게 밀린 이유가 뭐야? 분통이 터져서 못 참겠어."

동기생: "네 심정 이해가 된다. 열심히 노력하는 것을 나도 잘 아는데……."

박 과장: "정 과장은 나보다 후배일 뿐만 아니라 능력도 나보다 나은 것이 하나도 없으니, 더 화가 나는 것이지……."

동기생: "내 생각에도 네 능력이 정 과장보다 못하다고 생각지는 않는데……."

박 과장 : "사표를 내지 않으면 스트레스를 견디지 못할 것 같아……."
동기생 : "그래도 참고 견뎌야지, 어쩌겠나?"

위 대화는 코칭이 아니라 우리 주변에서 흔히 있을 수 있는 일반 대화의 모습이다. 만약 동기생이 코칭을 배웠거나, 전문 코치가 박 과장과 대화를 했다면 다음과 같이 대화 형태가 달라졌을 것이다.

박 과장 : "도대체 내가 이번에 팀장 승진에 정 과장에 밀린 이유를 모르겠어요. 분통이 터져서 못 참겠습니다."
코　치 : "팀장 승진을 위해 많은 노력을 하셨을 텐데 뜻을 못 이루셔서 마음고생이 많겠습니다. 최종 결정은 누가 합니까?"
박 과장 : "사장님이 하시지요. 도대체, 업무실적이나 능력 면에서 정 과장보다 나은 제가 승진을 하는 것이 옳지 않습니까?"
코　치 : "업무 실적과 능력은 리더의 핵심적 요소라고 생각합니다. 그런데 말입니다, 팀장으로 승진시킬 때 사장님이 보는 기준은 무엇일까요?"
박 과장 : "업무 실적과 능력 외에 나름대로 기준이 있겠지요. 직원들의 평판 등……."
코　치 : "업무 실적은 객관적 결과로 봐서 박 과장님이 정 과장님보다 우수하였다고 해도, 능력 면에서도 박 과장님이 정 과장님보다 낫다는 생각에 대하여 사장님이 다른 판단을 할 가능성은

없을까요?"

박 과장 : "사장님은 사장님 나름의 관점이 있겠지요."

코　치 : "만약 사장님께서 능력을 보는 관점이 다르다면, 어떤 요소가 영향을 미쳤을까요?"

박 과장 : "성실성과 윤리성일지 모르겠어요. 저는 술을 좀 하는 탓에 2~3회 사장님께 가벼운 지적을 받은 적이 있으니까요."

코　치 : "정 과장님을 팀장으로 승진시킨 것이 사장님의 관점에서는 그럴만한 이유가 되겠다는 생각이 듭니까?"

박 과장 : "코치님의 질문을 받고 보니 팀장으로 승진하지 못해 부당하고 억울하게 생각한 것에 대하여 재고하게 됩니다."

코　치 : "지금의 경험을 학습의 기회로 활용한다면, 앞으로 무엇을 해보겠습니까?"

박 과장 : "다른 사람을 비난하기보다, 저 자신을 돌아보고 리더의 자질을 더욱 키우도록 분발할 생각입니다."

　　코칭은 잡담이나 일반 대화와는 매우 다른 특성을 가지고 있다. 잡담이나 일반 대화는 대화를 하는 동안 스트레스를 해소하는 효과는 있을지언정 상대방에 대한 인식을 확장하거나, 새로운 각오를 다지게 하는 등의 발전적 계기를 마련하지 못한다. 그러나 코칭은 다르다.
　　위의 대화에서도 "사장님은 어떤 관점을 가지고 있을까요?"라는 관점 전환의 질문 하나만으로 박 과장의 인식을 확장시켜주고 있다. 나아가

불만스러운 현재에 머물지 않고 미래의 발전을 위해 실행 계획을 수립하도록 이끌어준다. 물론 실제 상황에서의 코칭은 위 사례보다는 훨씬 복잡하게 대화가 오고 가기 때문에, 코칭의 효과는 더욱 뚜렷하게 나타나기 쉽다.

코칭은 다음과 같은 세 가지 측면에서 일반 대화와 큰 차이가 있다.

첫째, 코칭은 철저히 목표를 가지고 있는 대화이다.

대화를 통하여 상대방의 인간적 성장이나 성과의 향상이라는 효과를 달성하기 위한 목표를 가지고 있다. 잡담을 하자는 것이 아니다. 고객의 성장을 도와주고자 하는 배려의 마음가짐을 바탕으로 하되 대단히 기술적으로 진행하는 것이 코칭이다. 코칭은 강의, 컨설팅 등 유사 영역에 비하여 1:1로 고객을 도와주고자 하는 배려의 특성이 강하다. 이를 위해서는 코치의 성품과 신뢰성 등 '코치로서의 자기관리' 역량이 준비되어야 한다.

둘째, 코칭 대화에는 중요 역량들이 용해되어 있다.

코칭에서 활용되는 중요한 대화 방법에는 신뢰와 친밀감 형성 기법Rapport 형성, 상대의 고정관념을 확장해 주는 강력 질문Powerful Question, 경청 방법, 인정과 지지, 메세징과 실행력 제고의 방법 등 여러 가지가 있다. 이러한 대화의 핵심 방법을 활용하면서 방향성을 가지고 코칭을 이끌어 갈 때, 코칭은 일반 대화에서는 기대할 수 없는 강력한 효과를 나타내게 된다.

ICF^{국제코치연맹, International Coach Federation}에서는 코칭 핵심 역량을 11가지 카테고리와 79가지의 세부 내용으로 제시하고 있다. 본서에서는 복잡하게 보이는 코칭 역량을 보다 간단하고 명료하게 마스터할 수 있도록 하는데 역점을 두었다.

셋째, 코칭은 방향성을 가진 구조화된 대화 프로세스이다.

대화의 목표를 달성하기 위해서는 구조와 방향성을 가지고 진행하는 것이 반드시 필요하다. 코칭이 잡담이나 일반 대화와 다른 성과를 달성할 수 있는 바탕이 여기에 있다. 고객을 목적지로 이동시키려면 이동의 수단 마차, Coach이 있어야 한다. 코칭에서 고객을 이동시키는 데에 하드웨어 역할을 하는 것이 대화 프로세스이다.

일반적으로 글을 쓰거나 말을 함에 있어서 기 → 승 → 전 → 결 또는 서론 → 본론 → 결론의 순서로 논리를 전개하는 것을 우리는 알고 있다. 코칭에 있어서도 대화의 순서가 있으며, 이를 '코칭 프로세스' 또는 '코칭 모델'이라고 부른다. 코칭이 성공하기 위해서는 코칭의 핵심 역량들이 이 대화 프로세스에 녹아 있어야 한다.

코칭 대화 프로세스의 3가지 이정표

코칭의 프로세스가 어떤 순서로 이루어져야 하는가에 대한 해답을 찾는 데에는 '코칭의 목적이 무엇인가'를 생각하면 알 수 있다. 코칭의 용어는 '고객을 현재 위치에서 원하는 위치로 이동시켜 주는 마차^{Coach}'에서 유래되었다는 것이 시사점을 준다. 마차가 목적지를 향하여 나아가듯이 고객을 이동시키는 코칭Coaching도 출발점과 종착점, 이동 방법에 대한 3가지 사항이 핵심 점검 사항이다.

코칭 대화 프로세스의 3가지 점검 사항

> **코칭 대화 프로세스의 3가지 점검 사항**
> 1. 고객의 현재 위치가 어디인가?
> 2. 고객이 도달하고자 하는 목표가 어디인가?
> 3. 목표에 도달하기 위하여 어떻게 할 것인가?

코칭의 목적을 달성하기 위한 대화 프로세스는 다음의 세 가지에 기준을 두고 진행된다.

국내외적으로 진행되고 있는 코칭 교육은 내용이 다양하며, 코칭 프로세스들도 대부분 서로 다르다. 수학 공식을 논증하는 것은 정해진 순서를 반드시 따라야 하지만 인간의 상호작용인 대화에 있어서는 고정된 프로세스가 있는 것은 아니다. 학자들에 따라, 코칭 대상과 상황에 따라 다양한 형태의 대화 프로세스가 있을 수 있다.

이처럼 복잡하게 보이는 다양한 코칭 프로세스들을 접한 경우에도 '코칭 대화 프로세스의 3가지 점검 사항'의 원리를 알고 있으면 혼란을 예방할 수 있다. 3가지 점검 사항의 원리를 살펴보면 서로 다르게 보이는 다양한 코칭 프로세스들도 그 본질은 크게 다르지 않다는 것을 알 수 있다.

이러한 바탕 원리를 따르기만 하면 기존의 대화 프로세스를 따르기만 할 것이 아니라 자신의 대화 특성이나 고객의 상황을 감안하여 효과적으로 사용할 수 있는 코칭 프로세스를 개발하는 것도 나쁘지 않다.

수평적 관계의 코칭과 수직적 관계의 코칭

코칭을 공부하는 사람들은 크게 다음의 두 가지 유형 중 하나에 해당된다.

1. 전문 코치가 되기 위한 사람
2. 직장이나 가정에서 직원과 자녀들에게 코칭형 리더가 되고자 하는 사람

여기에서 특히 후자에 해당하는 사람들이 공통적으로 하는 말이 있다. 이들은 코칭을 학습한 후에 이것을 현실에 적용해 보았을 때 "이상하게도 배운 대로 코칭이 되지 않는다"고 말한다.

이러한 현상이 생기는 데에는 중요한 이유가 있다. 한국에서 소개되는 많은 코칭 교육은 코칭의 한쪽 면만 가르치기 때문이다. 코칭의 상황은 '수평적 관계의 코칭'과 '수직적 관계의 코칭'의 두 가지가 존재하지만, 한국 코칭 기관들의 대화 프로세스들은 거의 대부분 '수평적 관계의 코칭'에 관한 것이다.

직장의 상사와 직원의 코칭 관계, 부모와 자녀의 코칭 관계, 교사와 학생의 코칭 관계는 모두 '수직적 관계의 코칭'의 상황이다. 이처럼 현실에서는 '수직적 관계의 코칭'이 필요한 경우가 많다. 그럼에도 불구하고 대

부분 '수평적 관계의 코칭'에 대한 훈련을 받았기 때문에, 배운 대로 해도 코칭이 성공할 수 없는 것이다.

직장의 상사와 직원, 학교 교사와 학생, 부모와 자녀 사이에 코칭이 이루어지는 경우를 생각해 보자. 서로가 수평적 파트너의 관계가 아니며, 문제 행동을 코칭하고자 할 때에 코칭 주제의 선정도 대부분 코치가 하는 것이 현실이다. 이러한 경우는 '수직적 관계의 코칭'의 상황이며, '수평적 관계의 코칭'과는 코칭의 방법이 크게 달라야 한다.

위 두 가지 카테고리의 코칭 교육은 내용이나 프로세스가 매우 다르다는 것을 유의해야 한다. 문제는 한국에서는 이런 차이가 고려되지 않은 채 많은 코칭 교육 기관들의 교육이 진행되고 있다는 점이다. 이로 인하여 직장의 리더들을 대상으로 '수평적 관계의 코칭'의 교육이 이루어지는 경우도 많으며, 이들은 "코칭을 배우긴 배웠는데, 직장에서 직원들에게 해보니 잘 안 된다"는 말을 이구동성으로 한다.

코칭 교육이 체계화되고 ICF를 비롯하여 전문 코치들이 가장 많이 활동하고 있는 미국의 경우를 살펴보면 한국 코칭 교육의 이러한 현상과 뚜렷한 차이를 보여준다.

미국 코칭 교육의 두 가지 특성

코칭의 영역은 부모가 자녀에게, 교사가 학생에게, 전문 코치가 고객에게 하는 경우도 많지만, 이보다 더 중요한 영역이 직장 상사가 직원에게 하는 코칭이다. 1990년대 초 미국에서 산업교육 프로그램으로 활성화된 코칭의 주요 대상은 직장인들이었다. 이런 연유로 미국의 경영대학원에서 교육되는 코칭은 대부분 상사가 직원을 대상으로 한 '리더십 코칭'이다.

본서는 '수평적 관계의 코칭'과 '수직적 관계의 코칭'의 내용과 대화 프로세스를 구분하여 균형을 유지하고 있다. 따라서 본서의 내용은 조직 리더들이 겪는 혼란스러움을 해소하는데 크게 기여할 것이다. 나아가 이 두 가지 코칭 프로세스를 이해하고 나면, 실제 상황에서 고객과 주제가 어떻게 변하더라도 항상 성공적인 코칭을 할 수 있는 능력을 갖추게 된다.

수평적 관계의 코칭과 수직적 관계의 코칭의 특성

코치는 고객의 주제에 관하여 반드시 전문 지식을 갖추고 있어야 코칭을 할 수 있는 것이 아니다. 또한 코칭을 시작하면서도 코치는 주제를 가지고 있지 않다. 아울러 고객이 제시하는 주제에 대하여 코치는 전문가로서의 정답을 가지고 있지도 않다. 심지어 코칭의 경험으로 나름의 견해가 있다고 하여도 이것을 고객에게 가르치는 행동은 최대한 억제하는 것이 코칭이다.

이러한 특성이 반영된 일반적인 코칭의 간단한 예를 살펴보자.

코치 : "안녕하세요, 반갑습니다. 오늘 어떤 주제로 코칭을 나눌까요?"
고객 : "제가 요즘 '퇴직 후에 무엇을 할 것인가?'로 고민이 많습니다. 몇 년 남은 직장생활 동안에 무엇을 준비해야 할 것인지에 대하여 코칭

을 받고 싶습니다."

— 중략 —

고객 : "코치님은 경력개발 전문가이시니까 저에게 방향을 제시해 주시면 좋겠습니다."

코치 : "저의 개인 생각보다 먼저 아셔야 할 것이 있습니다. 고객님의 내면에 잠재되어 있는 열정과 강점은 무엇인가요?"

— 중략 —

이와 같이 발견 질문을 깊이 있게 진행해 보면, 고객은 "이제야 제가 무엇을 할 것인가에 대해 안개가 걷히는 느낌입니다"라고 하며 스스로 해결 방안을 찾아내게 된다. 이어서 스스로 찾아낸 방안이기 때문에 실행력도 높아지고 코칭 목표를 달성할 수 있게 된다.

이 코칭의 구조를 다시 살펴보면

> 1. 주제 선정 단계에서 코치는 미리 준비된 주제가 없이 고객이 제시하는 주제를 채택하고,
> 2. 주제에 대한 해결 방안에 대하여도 코치는 개인적 의견을 제시하지 않으며, 고객이 해결 방안을 찾아가도록 도와주는 역할에 그치고 있다.

이와 같이 고객과 코치가 수평적 위치에서 주제 선정과 해결 방안 제시가 이루어지는 코칭을 '수평적 관계의 코칭'이라고 한다. 컨설팅이나 강의

와 다른 코칭의 특성을 충실히 따르는 것이 '수평적 관계의 코칭'이기 때문에, 별도의 단서가 없이 코칭이라고 할 때에는 '수평적 관계의 코칭'을 뜻한다고 생각하면 된다.

그런데 코칭이 실제 필요한 곳은 수평적 관계의 코칭보다 수직적 관계의 코칭이 더 많다. 이때에는 코칭이 매우 다르게 진행된다. 예컨대 직장 상사가 직원에게 하는 '직원 코칭' 등은 위와 같이 진행되지 않는다.

자녀가 나쁜 친구들과 어울려 다니며, 학교를 결석하는 상황이 있을 때에 부모가 하게 되는 '부모 코칭'을 생각해 보자. 수평적 관계의 코칭에서처럼 자녀를 불러 앉혀놓고, "오늘 어떤 주제로 대화를 할까?"라고 묻고서, 자녀에게 주제를 정하게 하지 않는다. 주제는 '나쁜 친구 사귐과 학교 결석'으로 부모의 마음에 정해져 있다.

해결 방안에 대하여서도 정답이 이미 부모의 마음에 정해져 있는 것과 같다. 다만 일방적 질책이나 경고가 아니라 자녀 스스로 문제점을 인식하고 계획된 실천을 약속하게 만드는 대화로 진행한다는 점에서 코칭인 것이다.

이 상황에서 해결 방안에 대하여 코치^{부모}의 생각을 제시하지 않고 질문 중심으로 대화하는 수평적 관계의 코칭의 방법을 사용하는 것은 적절하지 않다. 나쁜 친구들과 어울리지 않고 학교생활에 충실해야 한다는 답이 부모의 마음에 정해져 있기 때문이다.

코칭의 주제와 해결 방안에 대하여 코치가 나름의 견해를 가지고 있으며, 코치가 고객보다 우위의 입장에서 코칭을 이끌어 가는 측면 때문에 수직적 관계의 코칭이라고 부른다. 물론 상하의 관계라고 하여 고객의 문제 행동을 지적하고, 개선 방안을 일방적으로 지시하는 것은 코칭이라고 할 수 없다.

수직적 관계의 코칭이 가장 자주 이루어지는 장소는 직장이다. 직장 생활에서 문제행동을 하거나 업무 실수가 많은 직원을 상사가 질책하고 독려하는 것은 상사들이 자주 하는 행동이다. 이런 경우에 화를 내거나 질책하지 않고 수직적 관계의 코칭 대화를 실시하면 그 효과는 확실하게 나타난다.

수직적 관계의 코칭의 판단 기준

부모와 자녀, 직장 상사와 직원의 관계와 같이 상하 관계에 있다고 해서 자동적으로 수직적 관계의 코칭이 되는 것은 아니다. 그보다 코칭의 주제와 해결 방안에 대하여 코치가 주도적인 의견을 가지고 있지의 여부가 기준이 된다.

부모와 교사가 청소년을 코칭하는 경우에도 그 주제가 '장래의 진로 탐색' 등과 같이 코치가 정답을 가지고 있지 않은 경우라면 수직적 관계의 코칭이 아니다. 장래의 진로에 대한 주제는 코치도 어떻게 하는 것이 최선인지에 대한 단정을 할 수 없다. 이러한 주제를 다룰 때 코치는 경청과 질문으로 고객 스스로 답을 찾아가도록 하는 수평적 관계의 코칭 프로세스를 사용해야 한다.

이것은 직장 상사와 직원 사이의 경우에도 마찬가지이다. 코칭 주제가

'신입 사원의 성공적 조직생활'과 같은 것은 수직적 관계의 코칭의 대상이 아니다. 업무와 직접적 관련이 없기 때문에 상사도 조언할 수 없는 부분이며, 또한 상사의 견해가 있다고 해도 그 방안이 상대방의 고유한 성격에 부합하지 않을 가능성이 많다. 따라서 수직적 관계의 코칭 프로세스를 사용하면 코칭은 실패하게 된다.

수직적 관계의 코치도 수평적 코칭 기법을 알아야 한다

상사와 직원 간에는 업무적인 내용이 대부분이기 때문에 '수평적 관계의 코칭'을 해야 하는 경우는 많지 않다. 하지만 인생 상담과 같은 주제에 대해서도 코칭을 외면할 수 없다. 다음의 주제들이 이러한 범주에 해당된다.

신입사원 : "부장님, 회사가 마음에 들지 않아 사표를 낼까 합니다."
팀　　원 : "집안에 고민사항이 있어 출근을 해도 일에 집중이 안 됩니다."
중견사원 : "직장생활에 비전이 없어 신바람이 나지 않습니다."

이러한 사항들은 비록 직급이 코치보다 아래이지만 일하는 방법이나 행동의 문제가 아니다. 따라서 리더의 마음속에도 무엇이 정답인지에 대한 생각이 없다. 개인적인 생각이 있겠지만, 이것은 어디까지나 자신의 생각일 뿐 상대방에게 정답일 수가 없다. 상대방의 가치관이나 정체성 등과 관련이 되어 있는 내용들이기 때문이다.

업무적인 문제라면 '무엇이 문제인지'에 대하여 상사가 문제점을 인식하고 이를 개선시키려는 프로세스로 진행되지만, 위와 같은 비업무적인 사항에 대하여는 수평적 관계의 코칭식 대화를 해야 한다. 직장의 리더인 경우에도 수평적 관계의 코칭과 수직적 관계의 코칭의 두 가지 프로세스를 모두 알고 있어야 하는 이유이다.

수직적 관계의 코칭은 코칭의 원리에 위배되는가?

코칭의 정의가 '고객을 도와주는 협력적인 관계'라는 것을 감안할 때에 '수직적' 코칭이라는 용어는 '가르치는 것과 가까운 것이 아닌가?' 하는 의문을 가질 수 있다. 수평적 관계의 코칭은 주제와 해결 방안에 대하여 코치의 의견이 거의 없지만 Egoless 수직적 관계의 코칭에서는 코치의 생각이 존재한다는 것은 분명한 사실이다.

하지만 아무리 코치가 상위의 입장에서 대화를 이끌어간다고 하여도 수직적 관계의 코칭에서는 지시나 일방적 훈계의 대화를 피해야 한다는 점이 중요하다. 코치의 생각을 일방적으로 제시하는 것이 아니라 상대방의 생각은 어떤지 반드시 질문을 하고, 서로가 공감할 수 있는 합의점을 찾아낸다는 점에서 지시형 대화와 근본적인 차이가 있다. 심지어 질문을 통하여 듣게 되는 상대방의 대답에 공감할 수 있는 내용이 있을 때에는 코치가 생각을 바꾸는 경우도 수시로 발생한다.

따라서 '수직적'이라는 명칭에 상관없이 수직적 관계의 코칭은 코칭의 철학에 확실하게 뿌리를 두고 있다. 이것은 지시와 질책 등 일반적인 꾸지

람과 비교할 때에는 그 특성이 더욱 명료하게 나타난다.

ARGOP(알곱)ⓒ코칭과 POAH_S(포아스)ⓒ코칭

수평적 관계의 코칭과 수직적 관계의 코칭은 대화 프로세스에서부터 상당한 차이가 있어야 한다. 본서에서는 국내 처음으로 수평적 관계의 코칭으로 ARGOP(알곱)ⓒ코칭 프로세스를, 수직적 관계의 코칭으로 POAH_S(포아스)ⓒ코칭 프로세스를 정립하였다.

이러한 대화 모델이 태동하기까지는 국내외적으로 소개되고 있는 코칭 이론과 기법들에 대한 전반적인 분석과 실무에서의 많은 경험이 반영되었다. 먼저 이론적 측면에서는 하버드 대학을 비롯하여 코칭 교육이 이루어지고 있는 기관들의 내용들을 두루 검토하였다.Janasz, Dowd 외, 2009 이렇게 개발된 초기의 프로세스는 필자가 15년 동안 국내에서 많은 고객들을 대상으로 코칭을 하면서 1,300여 시간 보완하며 구체화되었다.

두 가지 코칭 프로세스 중에서 전문코치가 되고자 코칭을 공부하는 사람은 ARGOP(알곱)ⓒ코칭에 초점을 두고, POAH_S(포아스)ⓒ코칭을 보조적으로 공부하면 좋다. 반대로 직장의 리더와 부모, 교사 등은 POAH_S(포아스)ⓒ코칭을 중심으로 하고, ARGOP(알곱)ⓒ코칭을 보조적으로 학습하면 좋다.

왜냐하면 전문 코치가 만나게 되는 코칭 상황은 고객의 관심사에 대한 인식 확장을 도와주는 '수평적 관계의 코칭'이 대부분이다. ARGOP(알곱)ⓒ코칭이 우선되어야 하는 이유이다. 하지만 전문 코치의 경우에도 고객이 '내 자녀를 잘 지도하는 코칭 능력을 배우고 싶다'는 것처럼 '수직적 관계의 코칭' 능력을 배우고 싶어 하는 고객이 존재한다. 따라서 전문 코치로 활동하고자 하는 사람도 '수직적 관계의 코칭'의 대화 프로세스를 숙지하고 있을 필요가 있다.

같은 이유에서 '수직적 관계의 코칭'을 주로 실시하는 직장 리더, 부모, 교사 등의 경우에도 '수평적 관계의 코칭'의 대화 프로세스를 알고 있어야 한다. 자녀나 직원이 고민하는 사항이 학습이나 업무상의 문제 행동이 아니라 인생 상담과 같은 '수평적 관계의 코칭'의 내용인 경우도 가끔씩 발생하기 때문이다.

이렇게 구분된 두 가지의 코칭 프로세스를 공부한 학습자들의 반응은 고무적이다. 전문 코치 학습자들은 "이제야 코칭이 손에 잡히는 것 같다"고 하였으며, 직장의 리더들로부터는 "출근하면 늘 스트레스를 받게 되던 직원들과의 관계를 코칭에 바로 적용해볼 수 있었다"고 하였다. 또한 두 가지 대화 프로세스를 알고 있기 때문에 "어떤 주제의 코칭 상황에서도 코칭할 수 있다는 자신감이 생겼다"는 반응들을 보였다.

코칭을 위한 대화 프로세스의 학습은 이론적 이해의 수준으로는 부족하다. 실습을 거치면서 몸으로 익혀야 한다. 그러기에는 필자가 운영하는 '조직리더십코칭원'의 코칭 실습 워크숍에 문을 두드리는 것이 쉬운 방법이다. 실습 워크숍에 참여하면 코칭 역량을 체득하는 것은 물론 한국코치협회가 인증하는 전문코치KAC 자격을 취득하는 학습조건을 갖추게 된다.

2장

코칭 역량의 전체적 조망

01
코칭의 핵심 역량

커뮤니케이션의 비밀은 질문 능력에 있다.

— 사이토 다카시

ICF가 제시하는 코칭의 핵심 역량

범위도 모호하며 내용도 다양한 코칭을 공부할 때에 무엇을 어떻게 학습하는 것이 좋을까? 코칭을 이론적으로 공부하거나 기법을 훈련하는 방법에는 다양한 접근이 있을 수 있다. 따라서 하나의 정답이 있을 수는 없지만 효과적인 코칭 공부를 위해서는 핵심 역량을 중심으로 접근하는 것이 중요하다.

'코칭의 핵심 역량Coaching Core Competencies'은 코칭의 이론과 기법을 압축하여 표현한 것을 말하며, 국제코치연맹에서 그 내용을 명시하고 있다. 실제로 코칭을 잘할 수 있는 능력을 배우고자 한다면 코칭의 핵심 역량을 학습하는데 주의를 기울여야 한다.

국제코치연맹ICF, International Coach Federation에서는 코칭의 핵심 역량 11가지를 제시하고 있다. 한국코치협회에서도 동일한 내용으로 코칭 핵심 역량을 규정하고 있다. 탁월한 코치가 되는데 필요한 역량은 우리나라 사람이라고 다를 것이 없기 때문이다.

ICF는 코칭의 핵심 역량을 아래와 같이 4개의 대분류[A, B, C, D]로 구분하여 총 11가지 카테고리로 제시하고 있다.

> A. 기초 세우기 Setting The Foundation
>   1. 윤리지침과 직업기준 충족시키기
>   2. 코칭 관계에 합의하기
> B. 관계의 공동 구축 Co-Creating The Relationship
>   3. 고객과의 신뢰와 친분 쌓기
>   4. 코치로서의 존재감
> C. 효과적으로 의사소통하기 Communicating Effectively
>   5. 적극적으로 경청하기
>   6. 효과적인 질문하기
>   7. 직접적인 커뮤니케이션
> D. 학습 촉진과 효과적인 목표 달성 Facilitating Learning And Results
>   8. 의식 확대하기
>   9. 행동 설계하기
>   10. 계획수립과 목표설정
>   11. 진행상황과 책임 관리

이상의 11가지 핵심 역량은 더욱 세분되어 총 70개의 항목으로 나뉘어진다. [ICF, 한국코치협회 핵심 역량 항목 참조] 70개 항목의 전체 내용에 대하여는 부록에 제시하였다.

코칭을 공부하는데 11가지 핵심 역량과 세부 사항을 자세히 살펴보는 것은 필요한 순서이다. 그러나 이것으로 코칭 역량이 실제적으로 체득되는 것은 아니다. 예컨대 '8. 의식 확대하기'가 핵심 역량의 하나라는 것을 알았다고 해서 구체적으로 무엇을 어떻게 해야 하는지를 실제적으로 이해하고 현장에 적용하는 것은 결코 쉬운 일이 아니다.

코칭을 할 수 있는 능력을 갖추기 위해서는 각 역량의 배경이 되는 이론 지식과 함께 그것을 코칭으로 실천할 수 있는 방법을 몸으로 익혀야 한다. 코칭은 항상 고객의 상황에 따라 다른 춤을 출 수 있도록 예술적으로 응용해야 하기 때문이다.

"코칭을 오래 공부하여도 실제적인 응용이 어렵다"고 말하는 사람들이 많다. 이러한 사람들에게 코칭의 핵심 역량을 명료하게 이해시키고, 이를 실제 상황에서 잘 응용할 수 있도록 도와주고자 하는 것이 본서의 목적이다.

코칭의 실제 상황에서는 개별 역량이 한 가지씩 발휘될 수 있는 것이 아니라 11가지 반찬을 버무린 비빔밥의 형태가 된다. 비빔밥 요리사에게 필요한 학습은 개별 역량보다 실제 상황에서 발휘되어야 할 코칭 역량의 카테고리별 이해가 더 유용하다.

이런 이유에서 본서는 코칭의 11가지 핵심 역량을 한 가지씩 설명하는 방식을 사용하지 않고, 11가지 핵심 역량을 내용별로 9가지의 카테고리로 재분류하고 있다. 왜냐하면 11가지 핵심 역량 속에 담겨 있는 70가지의 세부 내용을 학습하는 것이 더 중요하며, 이를 위해서는 핵심 역량을 내용별 카테고리로 접근하는 것이 효과적이기 때문이다.

다음은 본서에서 설명하고 있는 코칭 역량의 내용별 카테고리이다.

> **코칭 역량의 내용별 카테고리 구분**
> 1. 고객과의 래포 형성 역량
> 2. 경청 역량
> 3. 질문 역량
> 4. 긍정의 코칭 역량
> 5. 코칭의 주제Agenda 선정 역량
> 6. 사람Being 중심의 코칭 역량
> 7. 비전 · 영성 코칭 역량
> 8. 에고리스Egoless 코칭 역량
> 9. 전문 코치로 도약하기

다음 장부터 코칭 핵심 역량에 대한 9가지 내용별 카테고리에 대하여 자세히 살펴보기로 하자.

3장

고객과의 래포 형성

# 01
래포 형성의 파급효과

> 의사소통에서 당신이 범할 수 있는 최대 실수는
> 당신의 견해와 감정 표현에 우선순위를 두는 것이다.
> 사람들이 진정으로 원하는 것은 자기 말을 들어주고
> 자기를 존중해 주며, 이해해 주는 것이다.
>
> – 데이빗 번스 펜실베니아대 교수

코칭의 시작

 코칭의 본격적인 시작은 코치와 고객의 첫 만남으로부터 이루어진다. 이때 고객과 코치는 맞선을 보는 처녀 총각처럼 어색하기도 하고, 궁금한 사항도 많다. 이들의 마음속에는 보통 다음과 같은 생각들이 스쳐 지나간다.

고객의 생각

- 코칭이 과연 나에게 도움이 될까?
- 이 코치는 어떤 사람일까? 실력이 있는 사람일까?
- 잘 알지도 못하는 사람에게 내 진짜 고민을 이야기해도 될까?
- 내 고민에 코치가 뾰족한 해결책을 줄 수 있을까?

코치의 생각

- 이 고객은 코치인 나를 신뢰하고 마음속의 진정한 이슈를 꺼내 줄까?
- 이 고객이 제기하는 이슈에 대하여 나는 성공적인 코칭을 할 수 있을까?
- 이 고객은 코칭에 대한 사전 지식이 얼마나 있을까?
- 이 고객은 나와 코칭한 사항을 실천으로 옮겨서 진정한 성장을 할까?

코치와 고객의 초기 대면은 서로에 대한 탐색전과 같다. 어색하기 쉬운 첫 만남에서 마음을 열기가 더 어려운 사람은 고객이다. 코치는 프로페셔널로서 고객을 도와주고자 하는 목적으로 그 자리에 있기 때문에 코치가 입을 열지 않아 문제가 되는 경우는 없다.

물론 고객의 경우에도 코칭을 받기 위해 찾아 온 사람이기 때문에 입을 닫고 있지는 않다. 다만 코칭의 효과에 대한 의구심이 있거나 또는 코치에 대한 신뢰감이 아직 형성되어 있지 않기 때문에 마음을 열지 않을 뿐이다.

코칭 성패의 첫 단추는 래포 형성이다

"치료하기 전에 먼저 진단해야 한다"는 말은 코칭에도 그대로 적용된다. 고객의 성장 발전을 돕는 코칭이 성공하기 위해서는 고객이 가슴 속의 고민 사항이나 진정한 이슈를 코치에게 오픈하는 것이 전제가 된다. 그렇지만 너무나 당연한 말임에도 불구하고 이것이 실제 코칭에서는 제대로 이루어지지 않는 경우가 수시로 발생한다.

고객은 자신의 뜻이 아니라 타인의 요청에 의하여 코칭에 임하고 있는 경우도 있다. 청소년의 경우는 부모의 요청으로, 경영자 코칭의 경우에는 HR부서의 요청으로 코칭에 임하는 경우가 이에 해당한다.

코칭을 받고자 하는 적극적 의사가 없는 고객이 격주 1회씩 3개월 등 한시적으로 코치와 대화를 나누는 경우를 생각해 보자. 비자발적으로 코치와 마주 앉아 있는 고객이 만나자마자 코치에게 마음속의 진짜 이슈Hidden Agenda를 쉽게 이야기할 수 없을 것이다. 말하는 경우에도 진지함 없이 말하기 십상이다.

그러나 코치의 마음은 바쁘다. 고객이 자발적으로 코칭을 받고 있든 또는 비자발적으로 받고 있든 관계없이 코칭을 성공적으로 이끌어가야 할 책임을 코치는 가지고 있다. 비록 고객이 코칭에 소극적이거나 심지어 냉소적으로 생각하는 경우에도 코칭 관계를 성공적으로 이끌어가야 할 '프로다운 책무'를 가지고 있다.

'이 코치를 믿어도 될까?', '이 코치는 실력이 있는 사람일까?', '나의 진짜 고민을 오픈해도 될까?' 하고 망설이는 고객에게 마음을 열게 만드는 첫 관문이 '고객과의 래포 형성'이다. 이것은 기본적인 코치의 역량이기 때문에, 국제코치연맹ICF에서도 코치의 핵심 역량 중 하나로 중요시하고 있다.

래포Rapport, 발음: ræpɔ́ːr의 사전적 의미는 '친밀하고 공감할 수 있는 관계'를 뜻한다. 최면술이나 정신요법 등에서는 '시술자施術者에 대한 피술자被術者의 신뢰감'을 말하기도 한다. 코칭에서도 이러한 사전적 뜻과 비슷하게 사용되고 있다. 코칭에서의 래포는 '코치와 고객의 친밀한 공감 관계'이며, '코치에 대한 고객의 신뢰감'을 뜻한다.

02
래포 형성의 방법

*사람을 대할 때 논리적으로 창조되지 않았다는 것을 명심해야 한다.
우리는 감정을 가진 창조물을 상대하는 것이다.*

— 데일 카네기

성공적인 래포 형성 방법

래포 형성에 어떤 방안들이 있을까? 래포 형성의 방법에는 수학 문제처럼 한 가지의 답이 있는 것은 아니다. 고객의 특성과 주제의 내용에 따라서 또는 코치 자신의 대화 특성에 따라서 다양한 방법들이 사용될 수 있다.

다만 래포 형성에 사용되어야 할 몇 가지 방법들이 있다. 탁월한 코치들이 많이 사용하는 래포 형성의 방법들은 다음과 같다.

> **탁월한 코치의 래포 형성 방법**
> 1. 고객에 대한 존중과 호기심을 가져라.
> 2. 고객의 주제에 몰입하고 경청하라.
> 3. 래포 형성에 충분한 시간을 할애하라.
> 4. 도입의 질문기술을 활용하라.
> 5. 겸손과 전문성의 균형을 유지하라.

첫째, 고객에 대한 존중과 호기심을 가져라

<blockquote>
사람들 사이에 섬이 있다

그 섬에 가고 싶다.
</blockquote>

정현종 시인의 '섬'이라는 시다. 매우 짧은 시이지만 코칭과 관련하여 강력한 메시지를 전해준다. 현대 사회에서 사람들이 갈수록 외로워하는 것을 섬이라는 한 단어로 잘 표현하였으며, 그 섬 사이를 연결해줄 수 있는 코치의 역할을 연상하게 해준다.

세상의 모든 섬들이 모두 다르듯이 코치들이 만나는 고객은 누구나 고유한 특성과 인격을 가지고 있다. 또한 돈과 섹스에 대한 욕구보다 더 강한 것이 존중받고, 인정받고 싶은 마음이다. 이것은 CEO이든 초등학생이든 다를 것이 없다.

고객과의 래포 형성에서 가장 밑바탕에 있어야 할 역량은 고객에 대한 존중의 마음을 갖는 것이다. 겉으로는 보이지 않지만 코치가 이러한 마음을 가지고 있느냐 없느냐 하는 것은 고객에게 바로 전달되게 되어 있다. 사람의 마음은 표정과 말, 눈빛에 나타나기 때문에 코치가 고객을 존중하는 마음으로 대하고 있는지 아닌지는 고객이 금세 느끼게 된다.

코칭은 고객을 세상에서 유일하고 특별한 사람으로 대해 주는 코치의 마음으로부터 출발한다. 코칭은 단순한 방법이 아니고 사람을 바라보는 철학이다. 코치 자신의 '나 중심Me-Centered'이 아니라 철저하게 '고객 중심

You-Centered'의 패러다임을 가져야 한다. 이것이 고객 존중의 마음이며 고객에 대한 호기심을 갖는 코치의 자세이다.

고객을 존중하는 마음은 고객을 도와주려는 간절한 마음과도 닿아 있다. 코치는 고객을 만나러 가면서 기도하는 마음을 갖는 것도 필요하다. "내가 오늘 코칭을 통하여 이 고객에게 진정한 도움이 되기를 원합니다.", "가브리엘 천사와 같이 고객에게 기쁨을 전해 주는 역할을 하기를 원합니다.", "나의 관점을 고객에게 가르치는Teaching 나 중심의 대화가 되지 않기를 원합니다.", "고객을 보다 깊이 알고 그의 잠재력을 찾아내어 에너지를 줄 수 있는 대화가 되기를 원합니다."

이러한 마음가짐을 갖는 것이 바로 고객에 대한 호기심과 존중의 마음을 갖는 코치의 모습이다. 실제로 탁월한 코치들 중에는 고객을 만나기 전에 기도, 명상 등으로 자신의 마음을 내려놓는 시간을 갖는 사람이 많다. 이러한 마음가짐을 가지고 있을 때에 표정과 태도, 텔레파시로 코치의 내면은 고객에게 전달된다. 이것이 고객의 마음을 여는 데 가장 중요한 요소라고 할 수 있다.

둘째, 고객의 주제에 몰입하고 경청하라

고객을 존중하고 고객을 더 알기 위한 호기심을 행동으로 보여주는 것이 고객의 말에 몰입하며 경청하는 것이다. 사람은 누구나 자신의 말에 진심으로 귀 기울여 주는 사람에 호감을 갖기 마련이며, 경청해 줄 때 점차 더 깊이 자신의 내면을 열게 된다.

고객 주제의 몰입에 관한 ICF의 기준

ICF^{국제코치연맹}에서도 몰입과 경청의 중요성을 강조하고 있다. 특히 코치의 전문성을 ACC, PCC, MCC의 3단계로 구분하고 있는 ICF에서는 자격시험에서도 경청과 몰입의 정도에 따라 합격과 불합격의 기준을 다르게 하고 있다. ICF CORE COMPETENCIES RATING LEVELS 참조

− ACC 레벨의 합격 기준*^{초보자 수준}
1. 고객의 주제에 중심을 두되, 코치 자신의 성과^{전문성 발휘}에 신경을 써서 고객과의 신뢰와 친밀감 형성을 최우선으로 두지 못하는 상태
2. 코칭의 많은 시간을 생각하고 분석하느라 고객과 매순간 함께하고 반응하지 못하는 상태

이와 같은 코치의 행동은 고객의 주제에 대한 몰입과 경청을 제대로 하지 못하게 만든다. ICF 코치 자격의 가장 낮은 단계인 ACC에서는 이렇게만 하여도 합격으로 인정하고 있지만 제대로 된 코치가 되려면 최고 수준인 MCC 레벨의 다음과 같은 경청 모습을 보여야 한다.

− MCC 레벨의 합격 기준
1. 코치는 스스로와 코칭 프로세스에 대한 자신감이 충분하여, '좋은 코치'로 보여주거나 코칭을 일^{work}로 생각하지 않고,
2. 고객과 완전한 편안함으로 대화하고 파트너십의 형성이 가능한 상

태가 되어야 한다.
3. 코치는 고객에 완전히 집중하여 '어떤 사람인지', '학습은 어떻게 하는지', '코치 자신이 배울 것은 무엇인지'를 발견한다.
4. 코치는 코칭을 잘하려는 자체에 신경 쓰지 않고, 오로지 고객과의 대화에 모든 호기심을 둔다.
5. 코칭의 가치 창출은 다른 것보다 몰입된 대화 자체에 있음을 믿는다.

코치가 고객의 말을 어떻게 경청하고 몰입해야 하는가를 더욱 명료하게 이해하기 위해서는 ICF 시험의 불합격 기준을 살펴보는 것도 도움이 된다.

— ACC 레벨의 불합격 기준
  1. 상황에 대한 고객의 관점을 알기 위해 많은 정보를 얻으려 하지 않고, 코치 자신의 관점을 중시하며,
  2. 코치 자신의 지식을 보여주거나 코칭 성과에 신경을 쓰는 경우
  3. 상황을 고객의 관점보다 코치의 관점으로 보는 경향이 강하고,
  4. 상황을 바라보는 고객의 관점을 알기 위한 정보를 얻으려 하지 않는 경우
  5. 주제에 대한 코치의 전문지식을 나타내려 하는 데에 신경을 쓰는 경우

위 ACC 레벨의 불합격 기준을 보면 코칭이 가르치는 것Teaching과는 얼

마나 다른지를 명확하게 보여준다. 코치 자신의 지식과 관점을 고객에게 나타내려는 모습이 보이기만 하면 이것은 바로 코칭이 아니라고 단정하고 있다. 이런 행동은 초급 코치인 ACC레벨에서부터 실격으로 처리한다는 점에 유의할 필요가 있다.

- MCC 레벨의 불합격 기준

위 ACC 레벨의 실격 기준에 추가하여 다음의 행동이 있어서는 안 된다.
1. 주제뿐만 아니라 코칭 프로세스 결정에서도 고객을 귀중한 파트너로 대우하지 않은 경우
2. 고객의 목표가 무엇인지에 대한 정보를 충분히 얻지 못한 경우
3. 고객의 의견을 충분히 반영하지 않고 대화 방향과 코칭 도구를 선정하는 경우
4. 코칭 진행의 목표와 방향, 진행 방법과 도구의 설정에 고객의 의견을 반영하지 않는 경우
5. 고객의 의견을 구하지 않고 표준적인 코칭 양식과 도구, 질문 등을 사용하는 경우

이상과 같은 ICF의 규정을 음미해 보면 코칭은 '철저하게 고객 중심 Client-Centered'이 되어, 고객의 말에 몰입되고 고객에 말에 귀 기울여야 한다는 것을 알 수 있다. 그렇지 않으면 일반적인 대화일 뿐 코칭이 아니라는 것이다.

경청하면 래포가 강화된다

남의 이야기를 들어주는 것만큼 존중하는 느낌을 전달해 주는 것은 많지 않다. 칸트는 "경청자는 은밀한 아첨꾼이다"라고 말한 바 있다. 코치의 핵심 역량 중 하나로 경청 능력을 제시하는 것도 경청의 효과가 그만큼 크기 때문이다. 경청 방법에 대한 자세한 사항은 후술하는 '4장 경청의 역량'에서 설명하고 있다.

셋째, 래포 형성에 충분한 시간을 할애하라

코칭의 자리에 나온 고객들은 대부분 평균 이상의 대화 능력을 갖추었다고 해도 과언이 아니다. 리더십 코칭, 라이프 코칭과 같이 성인을 대상으로 하는 코칭의 경우에는 고객이 배울 만큼 배웠거나 현재에 안주하지 않고 발전하고자 고민하는 사람들이 많다. 즉 말을 잘할 수 있는 사람이라고 간주해도 좋다. 다만 부모의 요청으로 원치 않는 코칭을 받게 된 청소년의 경우에는 불만스럽게 앉아서 묻는 말에 대답만 할 때도 있다.

코칭은 고객과 코치의 쌍방향 대화로 진행되기 때문에 고객의 대화 특성은 코칭 진행에 많은 영향을 미친다. 입을 닫고 말을 하지 않는 고객도 문제이지만, 지나치도록 장황하게 말을 이어가는 고객도 코칭을 방해한다. 과묵한 고객인 경우 좀 더 말을 많이 하도록 해야 하지만, 지나치게 말을 많이 하는 고객에게는 초점 있는 대화로 유도해야 하는 것이 코치가 해야 할 쉽지 않은 역할이다.

코칭은 잡담이 아니라 고객의 특정한 주제에 대하여 제한된 시간^{예컨대}

격주 단위로 한 세션당 90분씩 총 8세션 4개월간에 성과를 얻기 위한 대화이다. 따라서 코칭 시간은 매순간 가치 있게 사용되어야 하며, 10분이라도 낭비하지 않도록 노력해야 한다.

코치의 성급한 마음은 코칭 관계를 해친다

고객이 초기 대면에서 장황하게 말을 많이 하는 경우에는 그것이 주제와 관련된 방향성이 있는 내용이라면 아무런 문제가 되지 않는다. 하지만 코칭에 생소한 고객의 입장에서 장황하게 하는 말은 코칭 주제와 관련이 없을 때가 많으며, 이때는 대화 시간을 낭비하는 셈이 된다.

코치의 입장은 어떤가? 보통 2~3시간 운전하여 고객과 마주 앉은 코치는 고객의 장황한 이야기를 들으려고 온 것이 아니다. 강력 질문을 하여 고객의 인식을 바꿔주고 싶어 코치의 마음은 바쁘다. 더구나 ARGOP(알곱)ⓒ코칭과 같은 대화 프로세스를 알고 있는 코치들은 고객의 영양가 없는 말을 계속 듣고 있기가 고역이다. 그래서 고객의 말을 최소한 들어주고 난 후에 고객의 말을 끊고 코칭의 본론으로 들어가려고 시도한다.

그러나 여기에 한 가지 더 생각할 것이 있다. "초점 없는 고객의 말이라도 래포 형성에는 도움이 된다"는 점이다. '코치와 고객의 친밀한 공감을 이끌어 내며, 코치에 대한 고객의 신뢰감'을 뜻하는 래포가 형성되는 데에는 약간의 시간이 필요하기 때문이다. 따라서 영양가 없는 고객의 말이라도 그 감정을 읽어주며 경청하는 것이 필요하다. 이는 고객에게 우호적인 감정을 만들고, 생산적인 대화가 이뤄지는 환경을 조성하기 때문이다.

그렇다면 코칭의 본론에 들어가기 전에 어느 정도의 시간 동안 초점 없는 고객의 말을 들어주는 것이 적당할까? 그것은 전체 코칭 세션의 길이에 따라 달라질 수밖에 없다. 90분 동안 1회의 세션으로 끝나는 코칭이라면 20~30분도 초점 없는 대화로 낭비해서는 안 된다. 그러나 8세션 등과 같이 시간적 여유가 있을 때에는 1세션은 물론 2세션, 때에 따라 3세션까지도 고객의 장황한 말을 들어주는 것이 효과적일 수 있다.

고객은 코치 앞에서 '나도 이런 정도의 사람이다'는 것을 나타내고 싶어서 많은 말을 한다. 이때에 코치가 "그렇군요", "그 때는 큰 보람이 있었겠습니다" 등의 추임새만 넣어주며 들어주는 것이 필요하다. 그렇게 하고 나면 고객은 3세션쯤 되어 비로소 "이제 제 이야기는 그만하고 코치님의 이야기를 듣고 싶습니다"라고 말할 가능성이 높다.

그런데 3세션에 들어서도 고객이 초점 없는 이야기를 계속할 때에는 코치가 정중하게 개입을 해야 한다. "고객님의 발전을 도와드리고 싶은데 그러려면 저의 질문과 그에 대한 대답의 형태가 되어야 합니다. 이제 제가 질문을 좀 드려도 좋을까요?"라고 말을 해야 한다. 그러면 아무리 일방적인 고객이라도 거부감 없이 쌍방향의 대화에 참여한다.

위와 같은 점을 무시하고 코칭 초기에 고객의 말을 차단하면 코칭이 실패할 가능성이 높다. 코치는 방향성 있는 대화로 코칭의 성과를 달성하는 것을 훈련 받은 전문가이다. 따라서 자칫하면 고객의 말을 몇 마디 들어보고 나서 "주제의 본론으로 들어가지요"라고 고객의 말을 차단할 가능성이 있다. 래포 형성이 실패하는 순간이며, 후속되는 코칭이 겉돌아 버리는 원인이 된다.

ICF의 코칭 역량 심사기준에서도 '코칭의 성과에 신경을 써서 고객과의 신뢰와 친밀감 형성이 최우선이 안 되는 상태'가 되면 MCC 레벨에서는 불합격시킨다.

넷째, 도입의 질문기술을 활용하라

코치와 고객이 첫 대면에서 대화의 시작종은 코치가 울린다. 명함 교환 등 상호인사가 끝난 후의 코치의 행동은 첫 질문을 어떻게 하느냐에 따라 달려 있다. 말이 많은 고객을 만났을지라도 첫 질문이 어떤 내용이냐에 따라 대화의 방향이 크게 달라진다.

"제가 고객님을 좀 더 잘 알 수 있도록 자유롭게 말씀을 좀 부탁합니다"라고 질문을 하면 고객의 말은 어디로 튈지 알 수 없다. 이어지는 고객의 말이 코칭과 동떨어진 내용이 되어도 그 원인은 코치의 잘못된 질문에서 시작되었다고 보아야 한다.

래포 형성 차원에서 고객의 말을 충분히 들어주는 경우에도 그 내용이 코칭에 도움이 되는 내용일수록 좋다. 그것을 가능하게 하는 것이 도입의 질문 기술이다.

"어떤 일을 하십니까?"

일은 삶의 중심이며 자신의 정체성을 표현할 수 있는 요소이다. 때문에 대부분 사람은 자기가 하는 일에 대해 이야기하고 싶어 한다. 이렇게 상대가 자신의 일에 대해 말하기 시작했다면, 두 번째 질문을 던진다.

"그런데 그 일을 어떻게 시작하게 되었나요?"

이 질문에 답을 하려면 상대는 자신의 경험과 배경, 고난 등 온갖 종류의 이야기를 털어놓아야 한다. 아마도 자랑삼아 혹은 위안을 받기 위해 많은 이야기를 털어놓을 것이다. 마지막 세 번째 질문은 추임새만 던져도 된다. "아하, 그러셨군요. 그러고 나서 어떻게 하셨는데요?" 그러면 고객은 자신의 내면에 있는 시시콜콜한 것까지 신바람이 나서 말한다.^{브라이언 트레이시, 2008}

이처럼 코칭 시작 시점의 도입 질문은 후속의 코칭 진행에 많은 영향을 미친다. 코칭의 도입단계에서 좋은 질문은 다음의 두 가지 특성을 충족한 질문이다.

1. 고객이 자랑스럽게 대답하고, 대화를 밝은 분위기로 이끌 수 있어야 한다.

도입 단계 대화의 주된 목적은 고객과 코치의 우호적 대화 분위기, 즉 래포 형성이다. 이를 위해서는 대화 내용이 고객에게 보람과 성취, 자랑스러운 내용일수록 도움이 된다. 코칭은 시종일관 긍정 심리학에 바탕을 두고 있기 때문이다. '6장 긍정의 코칭' 참조

사람은 누구나 자기를 나타내고 싶은 욕구를 가지고 있다. 고객에게 이

것을 말할 기회를 주는 질문을 하고, 코치는 지지와 격려의 추임새로 들어주기만 하면 된다. 그러면 고객은 신바람 나게 말하고, 코치를 호의적으로 대하게 된다.

2. 후속되는 코칭 주제 선정에 관련성이 있을수록 좋다.

 래포 형성 단계가 끝나고 코칭의 본론에 들어가면 이어져야 할 대화 내용이 무엇이 되어야 할까? 바로 코칭 주제를 선정하고, 그것을 달성하기 위한 목표와 실행방안들을 정하는 것이다. 즉 래포 형성이 끝나면 해야 할 질문이 "오늘 코칭 주제를 어떤 것으로 할까요?"이다.

 코칭의 주제들은 크게 볼 때 현재보다 나은 미래 설계, 목표 달성, 장애 극복 등과 관련되는 내용이 대부분이다. 만약 래포 형성 단계에서 고객이 최근에 이룬 성취, 보람, 강점 등과 관련된 이야기를 하였다면, 이것은 바로 코칭 주제에 관련되는 배경 정보가 된다. 따라서 도입의 첫 질문에서 다음에 이어질 코칭 주제와 관련되는 내용을 들을 수 있다면 일석이조의 질문이다.

위 두 가지 필요를 충족하는 도입 질문은 다음과 같은 형태가 될 수 있다.
- 금년 또는 근래에 당신에게 일어난 가장 의미 있는 일은 무엇이었습니까?
- 당신이 열중하고 관심을 가지는 것은 무엇입니까? 최근에 이루신 소망 중에 가장 만족스러운 것은 무엇이었나요?

- 지금까지 당신 인생에서 가장 보람 있었던 일은 무엇입니까?
- 요즘 열정적으로 찾거나 갈망하는 것은 무엇입니까?
- 근래에 이룬 일들 중에 축하받을 만한 일은 무엇입니까?
- 취미와 특기는 무엇입니까? 주말에 즐기는 활동은 어떤 것들입니까?
- 로또 복권에 당첨되어 돈 걱정이 없다면 하고 싶은 일이 어떤 것입니까?
- 버킷리스트에 담고 싶은 인생의 목표들은 어떤 것이 있습니까?

도입 질문을 위와 같은 내용으로 했을 때에 얻게 되는 성과는 다음의 두 가지이다.

> 1. 고객이 기분이 고조되어 자신의 이야기를 하게 되며,
> 2. 이를 통하여 얻게 되는 고객에 관한 배경 지식은 고객의 강점과 열정 등을 파악하는 데 도움이 된다.

이러한 효과가 있는 질문이라면 고객이 장황하게 말하도록 허용하여도 코칭 시간이 낭비되는 것이 아니다. 고객의 강점 발견은 코칭에서 매우 중요한 성과이기 때문이다.

이런 측면에서 다음과 같은 도입 질문이 부정적인 내용이거나 강점 파악과 전혀 관계가 없는 경우에는 좋은 질문이라고 할 수 없다.

바람직하지 않은 도입 질문

– 부정적인 내용의 질문

- 최근에 한 일 중에 실패하거나 후회하는 일은 어떤 것입니까?
- 요즘 가장 고민하고 있는 사항들은 어떤 것입니까?
- 지금 당신이 인생에서 참고 있는 것은 무엇입니까?

– 강점 파악과 관계없는 질문

- 최근에 읽은 책이나 감동받은 영화 등은 어떤 것입니까?
- 좋아하는 음식은 무엇입니까?
- (고객이 여행을 다녀왔다고 말하면)가장 추천할 만한 여행지는 어디인가요?
- 종교는 있으신가요?
- (신문기사를 예로 들며)최근에 논란이 되는 ~기사를 보셨습니까? 등

다섯째, 겸손과 전문성의 균형을 유지하라

  래포는 '코치와 고객의 친밀한 공감을 이끌어 내며, 코치에 대한 고객의 신뢰'를 뜻한다. 좀 더 자세히 살펴보면 래포를 형성하는 데에는 두 가지 요소가 있어야 한다.

래포 형성에 필요한 2가지 요소

1. 코치에 대한 인간적인 호감
2. 코치의 전문성에 대한 신뢰감

앞에서 래포 형성의 요소로 살펴보았던 '고객에 대한 존중과 호기심', '경청과 고객의 주제에 대한 몰입', '충분한 래포 형성의 시간', '도입의 질문기술' 등은 래포 형성의 두 가지 요소 중에서도 주로 '코치에 대한 인간적인 호감'을 강화하는 데 기여한다. 하지만 이런 요소들이 충족되어도 코치의 전문성에 대한 신뢰감을 형성하는 데에는 별 효과가 없다.

고객이 코치의 전문성을 신뢰해야만 코칭이 성공적으로 진행될 수 있는 것은 고객의 마음 속에 존재하는 아래와 같은 의문들이 있기 때문이다.

"코칭이 과연 나에게 도움이 될까?"
"이 코치는 실력이 있는 사람일까?"
"나도 정답을 모르는 문제를 코치라고 뾰족한 해결책이 있을까?"

고객의 의구심을 해소해주기 위해서는 코치가 "나는 이런 정도의 실력이 있는 사람이다"는 것을 알게 해 줄 필요가 있다. 그런데 방법을 잘못하면 오히려 역효과가 생긴다. 예컨대 코치가 자신의 전문성을 과시하거나 과도한 홍보 Over-Selling를 하면 부작용이 생긴다. 이러한 경우 고객은 코치를 자기 자랑을 하는 사람쯤으로 여기고 거부감을 느낀다. 인간은 누구나 겸손한 사람을 좋아하기 때문이다.

코치는 자신의 전문성을 소개하는데 요란하게 소개해서도 안 되며, 지나치게 겸손Under-Selling해서도 안 된다. 고객으로부터 전문성에 대한 신뢰를 얻기 위한 소개는 하되, 자기 자랑이 되지 않도록 균형을 유지하는 것이 중요하다. '겸손함과 전문성의 균형'을 유지하는 것이 포인트이다.

CEO 등 고역량 고객에게 균형을 잃기 쉽다

코치가 겸손과 전문성의 균형을 지키지 못하고 과도하게 자기소개를 하는 실수는 고객이 대기업 임원과 같이 학력, 지위 등이 높은 사람일 경우가 많다. 이러한 경우에 코치는 고객에게 기 싸움에서 지지 않아야겠다는 심리에서 자신도 모르게 오버셀링Over-Selling을 하곤 한다.

대기업은 말할 것도 없고 작은 기업인 경우에도 CEO나 임원이 된 사람은 평범한 사람들이 아니다. 그동안 배울 만큼 배웠거나 산전수전 다 겪어 본 사람들이다. 그들의 마음속에는 "코치가 이론지식은 있겠지만, 실전 능력은 내가 당신보다 한 수 위다"는 생각을 하고 있다. 이런 고객을 앞에 두고 코치가 자기소개를 장황하게 하는 것은 지혜로운 행동이 아니다.

그렇다고 마냥 겸손하게 접근해서도 곤란하다. 그러면 전문성에 대한 신뢰감을 얻을 수 없기 때문이다. "사장님과 같이 경륜이 높으신 분에게는 제가 오히려 배워야 할 처지인데 코칭을 하게 되었네요." 이러한 말을 하고 나면 코칭 과정에서 코치의 조언이 갖는 중량감이 떨어지고 만다.

"별로 아는 것도 없는 제가 이렇게 말씀을 드리게 되어 죄송하다"고 발표를 시작하는 한국의 교수가 있었다. 이를 지켜보던 미국 교수가 "한국인은 연설을 할 때 왜 그렇게 자신 없이 말하느냐?"고 묻는다. 그렇게 말하는 사람에게 청중이 어떻게 귀를 쫑긋하겠는가 하는 의문이다. 코칭에서도 지나치게 겸손한 코치의 자기소개는 고객의 학습 의욕을 떨어뜨리는 원인이 된다.

겸손함과 전문성의 균형유지 기법

고객과의 신뢰감 형성에 필요한 수준에서 코치의 이력을 사실Fact 중심으로 간략히 소개하는 것에 그쳐야 한다.

"저는 조직 리더십을 공부하여 2010년 박사학위를 받았습니다. 코칭 자격은 PCC이며, 지난 10여 년 동안 경영자를 대상으로 1,500시간 정도의 코칭을 하였습니다. 고객님과 함께 좋은 코칭이 되도록 정성을 기울이겠습니다."

코치는 자기소개를 간략히 끝내고 곧장 도입 질문을 하여 고객이 말을 주도하도록 하여야 한다. 고객이 자신의 자랑스러운 일에 대하여 이야기하기 시작하면 코치는 고객의 '자기 자랑'을 인정해 주는 모드로 들어가야 한다. "아! 그런 성취를 이루셨군요", "아! 그런 노력을 하셨군요"라고 공감해 주면 된다. 이러한 공감적 경청이 코치 자신의 전문성을 저하시키는 'Under-Selling'이 아니라는 것은 두말할 필요도 없다. 이렇게 하면 겸손함과 전문성의 균형을 적절하게 유지할 수 있게 된다.

4장

경청의 역량

01
경청과 질문의 관계

내 귀가 나를 가르쳤다.
– 징기스칸

코칭의 성과는 어디에서 비롯되는가?

'코칭의 성과'라고 하면 고객이 코치와의 대화를 통하여 '인식이 확장'되거나 '생각의 변화'가 일어나고, 이를 행동으로 실천하여 고객의 성장이 이루어지는 것을 말한다.

인식의 확장, 생각의 변화를 가져오게 하는 데에는 코칭이 유일한 방법은 물론 아니다. 여기에는 코칭Coaching을 포함하여 티칭Teaching, 자기학습의 방법으로도 가능하다. 자기학습은 독서나 여행, 사색, 명상 등과 같이 스스로 학습 효과를 발생시키는 경우를 말한다.

코칭이 성과를 만들어내는 원동력은 무엇일까? 이를 찾아내는데 있어서 티칭과 코칭의 차이점을 살펴보는 것이 도움이 된다. 우리가 알고 있는 바와 같이 티칭은 지식을 가진 교사나 전문가가 그것을 상대에게 '가르쳐' 주는 것을 말한다.

코칭은 코치의 전문적 지식이나 생각을 상대에게 가르쳐 주는 것을 오히려 경계한다. 코치는 자신의 생각을 나타내는 것을 최대한 억제한 상태에서 이를 코칭에서는 에고리스-Egoless라고 한다 질문을 함으로써 고객이 스스로의 발견을 하도록 이끄는 것이 핵심 특성이다. 코칭은 이런 점에서 티칭과 크게 다르다.

티칭의 방법은 내면의 변화에 한계가 있다

수학문제 풀이나 기계의 작동 등과 같이 객관적 지식을 전달하는 데에는 티칭이 효과적이다. 어린 시절부터 우리들이 배워왔던 대부분의 학습도 티칭을 통해서였다. 하지만 객관적 지식이 아니라 사람의 태도, 미래 설계, 열정, 인간관계 등과 같은 주관적 지식에 대하여는 티칭의 방법은 그 효과가 제한적이다. 이러한 분야에서의 사람의 변화는 코칭의 효과가 크다는 것이 여러 연구에서 밝혀졌다.

이와 같이 티칭에서 달성할 수 없는 성과를 코칭에서 이룰 수 있는 원동력은 어디에서 나올까? 다름 아닌 '경청과 질문'이다. 코치가 자신의 생각과 전문성을 고객에게 설명하는 것이 아니라 '강력 질문 Powerful Question'을 통하여 고객 스스로 인식이 바뀌게 하는 데에서 코칭의 성과가 만들어진다.

강력 질문은 고객에게 '상자 밖의 생각'을 하게 만드는 강한 힘이 있는 질문을 말한다. 코치의 질문을 받고 고객의 입에서 "그 질문을 받고 보니까 저의 머리가 복잡해지네요. 지금까지의 저의 삶의 우선순위를 다시 고민해봐야겠습니다"라고 반응한다면 강력 질문을 했다고 할 수 있다. 코치가 고객에게 코칭료를 받을 수 있는 것도 고객에게 이러한 가치 Value를 만들어 주기 때문이다.

경청과 질문은 동전의 앞뒤와 같다

코치가 좋은 질문을 하려면 함께 갖추어야 할 요소가 '경청 능력'이다. 흔히 '경청의 반대는 질문'이라고 생각하기 쉽지만, 정확히 말하면 '경청의 반대는 티칭이나 자기 말하기'이다. 경청과 질문은 반대어가 아니다. 같은 목적을 위해 바늘과 실처럼 밀접하게 보완해 주는 동행어라고 해야 한다.

데일 카네기는 "대화를 잘하는 사람의 가장 큰 특성은 다른 사람의 말을 잘 듣는 것"이라고 하였다. 경청을 못하며 자기 말을 많이 하는 사람은 대화를 잘 못하는 사람이다.

02
경청의 방법

> 듣는 사람의 수준이 높으면 말하는 사람도 더 많은 정보를 제공한다.
> "아, 선생님께서 아까 말씀하신 거로군요"라고
> 확인하는 작업을 거치면 이야기에 깊이가 더해진다.
>
> — 사이토 다카시

질문과 경청 중에 경청이 우선이다

경청과 질문이 밀접하게 관련된 역량이지만, 두 가지를 언급할 경우에 사람들은 '질문과 경청'이라고 말하는 습관이 있다. 질문을 먼저 생각하는 것이다. 그러나 코칭에서는 경청과 질문이라고 부르며 경청을 더욱 우선시하고 있다.

이것은 국제코치연맹ICF이나 한국코치협회KCA에서 코칭의 핵심 역량을 제시할 때에도 나타난다. 역량구분 파트 C효과적으로 의사소통하기-Communicating Effectively에서 첫째, 적극적으로 경청하기, 둘째, 효과적인 질문하기의 순서로 제시하고 있다. ICF Core Competencies Rating Levels 참조

이처럼 코칭에서 경청을 강조하는 데에는 그만한 이유가 있다. 코칭에서 고객의 말을 경청하지 않고 코치가 말을 많이 하는 것은 티칭Teaching이 되어버리기 때문이다. 따라서 경청의 능력은 코칭의 핵심 역량 중에서 주춧돌과 같은 위치에 있다고 할 수 있다.

경청 방법에 관한 ICF의 기준

코칭에서 경청을 구체적으로 어떻게 해야 할까? 이에 대하여는 우선 국제코치연맹의 자격시험 기준을 살펴보면 보다 명료하게 이해할 수 있다.

합격 기준

– ACC 레벨*초보자 수준*

고객이 하는 말을 오직 겉으로 나타난 내용에만 초점을 두고 듣고 반응하며 주요 관심이 '문제가 무엇인지', '어떻게 문제를 해결할 수 있을지', '문제 해결에 어떤 도움을 줄 것인지'에 초점을 둔다.

이러한 행동이 경청을 잘하고 있다는 의미가 아니다. 이러한 행동은 전문성이 낮은 ACC 레벨에서는 합격을 시켜준다는 취지이다. 고급 코치인 MCC 레벨에서는 이렇게 하면 불합격 처리되고 만다. 아래의 MCC 레벨과 같은 방법이 제대로 된 경청의 기법인 것이다.

– MCC 레벨
- 철저하게 맥락적Contextual으로 듣고, 전인적인 경청을 해야 한다.
- 문제에 대한 해결 방안보다 사람의 감정을 파악하고 반응해 주는 데 초점을 둔다.

경청을 어떻게 해야 하는가를 명확하게 이해하는 데에는 다음과 같은 ICF의 불합격 기준을 함께 음미해 보는 것도 유익하다.

불합격 기준

- ACC 레벨
  - 고객이 하는 말에 집중하지 않거나 반응하지 않는 경우
  - 코치의 대답이 고객이 달성하고자 하는 사항과 관련이 없는 경우
  - 고객의 말 중에서 코치의 전문지식을 나타낼 수 있거나 가르칠 수 있는 부분에 초점을 두고 듣는 경우

- MCC 레벨
  - 고객이 가지고 있는 사유방식, 학습방법, 사색의 스타일로 듣지 않고 코치 자신의 지각방식이나 사유, 학습 방식으로 고객의 말을 듣는 경우

주지하다시피 가장 높은 역량의 코치는 MCC 레벨이다. 이 단계에서 합격과 불합격의 중요한 기준이 바로 경청을 어떻게 해야 하는가이다. MCC 레벨의 경청 기준을 자세히 살펴보면 경청에서 '해야 할 것'과 '하지 말아야 할 것'이 다음과 같이 명료하게 정리된다.

경청을 하면서 코치가 해야 할 행동과 하지 말아야 할 행동
경청을 하면서 코치가 해야 할 행동
1. 고객의 관점에서 들어야 한다.
2. 맥락적Contextual으로 듣고, 전인적인 경청을 해야 한다.

경청을 하면서 코치가 하지 말아야 할 행동

1. 고객의 말에 집중하지 않는 것.
2. 코치의 전문지식을 가르칠 수 있는 부분에 초점을 두고 듣는 것.

이런 행동을 하면 ACC 레벨 시험에도 불합격으로 처리된다.

경청 능력을 훈련받은 적 없다

흔히 경청은 "가만히 듣고 있으면 되며, 말하기, 글쓰기, 읽기, 듣기 등 의사소통의 방법 중에서 가장 쉬운 행동이다"라고 말하는 사람이 있다. 그러나 정답은 그 반대이다. 읽기, 쓰기, 말하기, 듣기의 4가지 커뮤니케이션 수단 중에서 사람들이 가장 서투른 분야가 듣기, 즉 경청이다. 그 배경에는 가장 훈련받지 못한 분야가 경청이라는 이유가 존재한다.

사람들이 초등학교에 입학해서 졸업할 때까지 받을 수 있는 경청 훈련의 대부분은 "집중!", "주목!"같은 구호에 불과하다. '읽기, 쓰기, 발표하기'에는 많은 시간을 투자하면서도 '듣기'에 시간을 투자하는 것은 무시할 정도에 불과하다. 외국어 공부시간에 듣기 훈련을 한다지만 이 경우에도 소통수단으로서의 경청과는 거리가 멀다. 참고로 2008년부터 일본에서는 고교 입시에 듣기 평가를 하는 학교가 늘고 있다. '남의 말을 듣지 않는 사람이 늘고 있다'는 인식이 확산되어 정부에서 듣는 능력을 교육의 중요 과제로 제시하였다.

경청에 대한 훈련이 부족한 이러한 현상은 코칭에서도 그 영향이 나타난다. 코치들이 자신도 모르게 실수를 많이 하는 부분이 경청하기보다 자신의 말을 많이 하는 것이다. 코치가 경청 능력을 갖추는 데에 특별한 노력을 기울이지 않으면 안 되는 이유이다.

경청을 어렵게 하는 심리적 원인

읽고, 쓰고, 말하기보다 쉬울 듯이 보이는 듣기가 생각보다 어려운 것은 어떤 원인 때문일까? 여기에는 다음과 같은 원인들이 작동하고 있다.

첫째, 자신을 나타내고 싶은 본능 때문이다.

인간이 자신의 존재를 과시하는 본능적 행동이 무엇일까? 그것은 바로 자신의 존재를 말로 표현하는 것이다. 사람들이 서로 만나기만 하면 자신의 이야기를 하고 싶어 하는 것도 이 때문이다. 상대의 말을 경청하기보다 틈만 생기면 가로채서 자신의 말을 하기 시작하는 것이 일반적인 사람들의 언어습관이다.

둘째, 말하는 속도보다 듣는 속도가 빠르다.

영어를 기준으로 할 때 말하는 사람은 1분당 평균 125단어를 표현할 수 있는 반면에 듣는 사람은 약 400~600단어를 처리할 수 있다. 이처럼 말하는 속도보다 듣는 속도가 빠른 것은 경청을 어렵게 하는 원인이 된다. 왜냐하면 듣는 사람이 속도 차이로 생긴 여유시간에 다른 생각을 하게 되기 때문이다.

셋째, 선택적 관심 때문이다.

상대방의 말 중에서 자신이 관심을 가진 일부 내용에만 관심을 갖는 현상을 말한다. 선택적 관심은 코칭에서 고객의 말에 몰입하여 맥락적, 전인적으로 듣는 것을 어렵게 한다.

이에 관한 재미있는 실험이 있다. 미국 미네소타 대학의 댄 시몬즈Dan Simons 교수는 실험 참여자들에게 농구 경기의 비디오테이프를 보여 주면서 선수들이 주고받는 패스의 숫자를 카운트하도록 요청하였다. 그리고 비디오테이프에는 경기가 진행 중에 고릴라 복장을 한 사람이 경기장을 뛰어가게 했다. 그리고 비디오 시청이 끝난 후에 고릴라를 본 사람을 조사하니 50%가 보지 못하였다는 것이 확인되었다. 실험이 끝난 후 참여자들에게 다시 테이프를 보여주니 피실험자들은 고릴라가 경기장을 지나가는 특이한 현상을 보지 못한 것에 스스로 놀라워했다.

넷째, 시간의 촉박함 때문이다.

이미 알고 있는 내용이거나 또는 시간이 촉박한 경우에 상대방의 말을 집중해서 들어주기가 어렵다. 요점을 압축해서 말하면 좋을 텐데 그렇지 못한 상대방도 많다. 코칭에서도 1시간 동안 예정된 미팅에서 고객이 초점 없는 이야기를 장황하게 할 때에 어떻게 경청해야 짧은 시간 내에 효율적으로 코칭해줄 수 있을지는 쉽지 않은 문제이다.

경청의 수준을 높여야 한다

코칭에서 고객의 인식을 확장해 주는 주된 수단이 강력 질문이라는 점은 상식이다. 그러나 경청을 잘 하는 것도 동일한 효과를 가져온다는 것을 아는 사람은 적다. 좋은 질문을 하는 것 못지않게 경청을 잘 해주는 것도 고객에게 가치를 만들어 낸다.

사이토 다카시는 "듣는 사람의 경청 능력이 높으면 말하는 사람도 신바람이 나고, 더 많은 기억을 되살려서 스스로의 인식 확장을 가져올 수 있다"고 하였다. 사이토 다카시, 2003 "아, 그 점은 완전히 새로운 관점이군요", "그 관점은 어떤 가능성이 있을까요?" 등과 같이 공감적 추임새와 연결 질문을 하는 것이 이러한 경우에 해당한다.

영어 단어에는 '히어링 Hearing'과 '리스닝 Listening'이 구분되어 사용되고 있다. 단순히 이야기를 듣는 외형적 행동을 의미할 때 히어링이라고 표현하며, 상대방의 말의 의미를 이해하는 것을 뜻할 때 리스닝이라고 한다. 입으로 표현되는 말뿐만 아니라 감정까지 헤아리면서 듣는 것을 염두에 둔 것이 리스닝이며 경청이다.

아울러 상대방의 말을 듣는 데에는 다음과 같이 4가지 경청 수준이 있다.

> **경청의 4가지 수준**
> 1. 무시하며 듣지 않기
> 2. 건성으로 듣지 않기
> 3. 선택적으로 듣지 않기
> 4. 공감적으로 경청하기

커뮤니케이션 채널에 관한 연구에 의하면 소통의 메시지는 말로 표현되는 것이 7%에 불과하고, 93%는 음성과 어조, 표정, 제스처 등에 의해 전달된다. 캘리포니아대학교의 앨버트 메라비언Albert Mehrabian이 1970년 저서 《Silent Messages》에 발표한 것으로, 커뮤니케이션에서 중요시되는 내용이다. 경청의 진정한 의미가 상대방의 메시지를 100% 파악하는 것이란 점을 고려할 때, 경청을 제대로 하는 것이 쉽지 않은 역량이라는 것을 알 수 있다.

MCC 레벨의 경청을 하기 위해서는 코치는 고객의 말에 완전히 몰입하여 논리적, 감정적, 유기체적인 부분까지 파악해야 하므로 공감적 경청이 되어야 한다는 것은 말할 필요가 없다.

나아가 MCC 수준의 경청 역량을 갖추는 데에는 위에서 말한 이론적 지식을 아는 것으로는 부족하다. 직접 행동으로 실현할 수 있는 기법을 알고 있을 필요가 있다. 아래에서 소개하는 'SACEM(사쾀)ⓒ의 경청 기법'은 경청 능력을 증진하는 데 지팡이와 같은 도움을 제공해준다. 이 기법은 '자신을 나타내고 싶은 인간의 본능', '선택적 관심' 등 경청을 방해하는 요인을 극복하면서 공감적 경청을 가능하게 해준다.

SACEM(사쾀)ⓒ의 경청 기법

SACEM(사쾀)ⓒ의 경청 기법은 다음과 같은 5가지 행동으로 구성되어 있다. SACEM(사쾀)이라는 명칭도 각각의 행동을 나타내는 첫 글자에서 비롯되었다.

> 1. 소픈^{SOFEN}의 자세를 취하라
> 2. 집중하고 듣는 중에 딴 생각을 하지 마라^{Attention}
> 3. 내용을 제대로 파악하라^{Contents}
> 4. 감정을 파악하라^{Emotion}
> 5. 감정을 반사해 줘라^{Mirroring}

첫째, 소픈^{SOFEN}의 자세를 취하라

말을 잘 듣기 위해서는 우선 몸의 자세부터 신경을 써야 한다. '소픈 SOFEN'은 다음 5가지 행동을 뜻하는 첫 글자에서 비롯되었다.

- 미소를 머금고^{Smile}
- 열린 마음으로^{Open Mind}
- 앞으로 몸을 기울이며^{Forward}
- 눈을 쳐다보고^{Eye Contact}
- 고개를 끄덕이며^{Nod} 들어야 한다.

둘째, 집중하고 듣는 중에 딴 생각을 하지 마라^{Attention}

말하는 속도보다 듣는 속도가 빠르기 때문에 듣는 중에 여유시간이 생기며, 딴 생각을 하기 쉽다. 경청을 잘 하려면 이 여유 시간에 딴 생각을 하지 않는 것이 경청을 잘 하는 사람의 기술이다.

경청을 잘 하는 사람은 여유 시간에 다음과 같은 행동을 한다. ^{랄프 니콜스 외, 2004}

1. 상대방의 말에 표현되지 않은 숨은 의미를 찾는다. 즉, 얼굴 표정, 몸짓, 음색 등과 같은 비언어적인 표현에 주의를 기울인다.
2. 상대방이 하는 말의 핵심을 주기적으로 정리하고, 맥락적 의미를 찾는다.

셋째, 내용을 제대로 파악하라 Contents

경청을 하는데 1차적 관심은 상대방이 말하는 내용 Contents 을 제대로 파악하는 것이다. 이것을 위해서는 딴 생각을 하지 않고 집중해서 듣는 것만으로는 부족하다.

추상적인 말에 대하여는 추가질문을 하여 의미를 명료하게 해야 하며, 들은 내용이 정확한지를 확인하는 것도 필요하다. 추가 질문에 대한 기법은 후술하는 질문의 기법에서 설명하고 있다.

넷째, 감정을 파악하라 Emotion

경청에서 사람들이 실수하기 쉬운 부분이 상대의 감정을 중시하지 않는 것이다. 말하는 내용 Contents 을 파악하는 것보다 더 중요한 것이 상대방의 가슴 속 감정을 파악하는 것이다.

입으로 하는 말에는 전달하고 싶은 메시지의 7%만 담겨 있고 나머지는 비언어적 요소에 숨어있다는 것을 알아야 한다. 표현되지 않은 감정을 파악하는 것이 성공적 경청의 관건이다.

다섯째, 감정을 반사해 줘라 Mirroring

상대의 감정을 공감해 주는 것은 거울Mirror의 반사와 같다. 거울의 존재 목적이 있는 그대로의 모습을 반사해주는 것이듯 경청에서 상대의 감정을 파악하는 목적은 반사를 해주는 데 있다. 경청을 잘하는 사람의 핵심 방법이 바로 '감정의 반사' 행동이다.

코칭에서 고객이 지난날의 어려움을 장황하게 이야기하고 있다고 가정해 보자. 이때 고객의 감정은 '그런 어려움을 이겨내고 오늘의 성공을 이루었다'는 것을 표현하고 싶은 감정을 감추고 있을 수 있다. 이때 코치가 "그런 상황을 극복할 수 있는 사람은 많지 않을 것입니다"라고 말한다면, 이것이 감정의 반사에 해당한다. 이 말에 이어 고객은 "아휴! 뭘 그 정도가지야" 하면서 더 신나게 이야기를 이어갈 것이다.

감정을 반사해 주는 것은 "당신의 감정을 이해합니다"라고 말하는 것과 같다. 반사해 주지 않으면 비록 상대의 감정을 알았다 해도 두 사람의 관계 증진의 효과가 나타나지 않는다. 경청에서의 공감은 감정을 반사해 줄 때 일어난다.

대화에서 경청을 잘하고 있는지 아닌지를 판단할 수 있는 궁극적인 사람은 누구일까? 말하는 사람이다. 말하는 사람이 '내 말을 잘 듣고 있구나'라는 느낌이 들어야 한다. 이 느낌을 갖게 하는 가장 중요한 요소가 감정을 반사해 주는 데에 있다. 감정을 반사해 주지 않고 눈만 껌벅거리며 듣고 있다고 생각해 보자. 그러면 말하는 사람은 자신의 말감정이 제대로 전달되지 않는다고 느끼게 마련이다.

코칭에서 상대의 감정에 공감해준다는 것은 상대의 감정에 동의를 하는 것, 즉 '동감'을 해 주는 것과는 다르다. 더글러스 스톤 외, 2003 "나도 당신과 같은 생각이다"라고 말하는 것은 동의나 동감이지만 "당신의 입장에서 그런 생각이 들 수도 있다고 생각한다"고 말하는 것은 공감이다. 코치는 어떤 상황에서도 고객의 감정에 공감해 주는 것은 가능하다.

침묵의 경청 기법

MCC 레벨의 경청을 하는 데에는 SACEM(사큄)ⓒ의 경청 기법이 큰 도움을 준다. 그런데 별도의 노력을 기울이지 않아도 경청 효과를 높일 수 있는 또 다른 방법이 있다. 바로 '침묵의 경청 기법'이다. 이는 SACEM(사큄)ⓒ의 경청 기법을 사용하면서 보조적으로 사용하면 유용하다.

침묵의 경청 기법은 듣는 중에 상대방의 말이 일시 중단되는 순간에 사용한다. 말이 중단되는 순간에 코치가 바로 끼어들지 않고 몇 초 동안 침묵하며 기다리는 기법이다. 그러면 고객은 망설이거나 생각하지 못한 의견을 계속 말하게 된다. 이를 통하여 더 깊은 단계로 경청이 이어지는 효과가 나타난다.

침묵의 경청 기법은 다음과 같은 두 가지의 효과가 있다.

1. 상대방의 말을 더 깊이 들을 수 있다.
2. 상대방에게 존중의 마음을 나타내 준다.

첫째, 상대방의 말을 더 깊이 들을 수 있다.

침묵의 공간이 생기면 순간 어색한 분위기가 된다. 이때 침묵을 참기가 더 어려운 사람은 듣고 있는 코치가 아니라 고객이다. 따라서 코치가 침묵으로 기다리면 고객은 추가적인 말을 해야 하는 무언의 부담을 갖게 된다. 3~4초 동안 기다려 주기만 하면 추가 질문을 하지 않아도 고객은 앞에 했던 말에 이어서 좀 더 자세한 말을 한다.

아울러 침묵의 공간은 말하는 사람에게도 좀 더 생각할 여유를 주기 때문에 침묵 후에 이어지는 말은 좀 더 깊이 있는 경우가 많다.

둘째, 상대방에게 존중의 마음을 나타내 준다.

고객의 말이 끝나자마자 코치가 말을 하는 것은 고객의 말할 기회를 가로채는 것이기도 하다. 반면에 침묵으로 기다려 준다는 것은 "내가 말하는 것보다 당신의 말이 더 중요해요", "나는 듣고 있으니, 계속 말씀해 주세요"와 같은 존중의 마음을 나타내 준다.

많은 경우 대화중에 잠깐의 공백이 생긴다고 하여 고객의 말이 끝난 것이 아닐 수 있다. 고객은 잠깐 연결고리를 놓쳤을 뿐, 자신의 말을 계속하고 싶어할 가능성이 얼마든지 있다. 더구나 고객이 내성적이거나 표현력이 부족한 사람인 경우에는 침묵으로 기다려 주는 것이 나머지 말을 하게 하는 데 더 큰 도움을 준다.

침묵하기 위한 노력

경청하는 중에 고객의 말이 중단되면 침묵으로 기다리는 것을 쉬운 일이라고 생각하면 오산이다. 자기 말을 하는 것보다 남의 말을 경청하는 것이 어려운 것과 마찬가지로 침묵의 순간을 지키는 것은 경청 중에서도 어려운 행동이다. 사람은 누구나 자기 말을 하고 싶은 욕구가 있으며, 대화 중의 침묵은 어색함을 주기 때문이다. 코치도 인간이기 때문에 침묵으로 경청을 하는 것이 그리 쉬운 일은 아니다.

아이작 스턴은 20세기 최고의 바이올리니스트라 불리는 사람이다. 어느 날 그는 "연주라는 것이 악보에 나와 있는 대로 따라 하기는 마찬가지인데 위대한 연주자와 평범한 연주자의 차이는 어디에서 비롯되는 거요?"라는 질문을 받았다. 그러자 그는 "음정과 음정 사이의 간격이지요. 얼마나 잘 쉬고, 잘 멈추느냐가 위대함과 평범함의 차이를 만듭니다"라고 했다. 코칭에서도 마찬가지다. 쉼 없이 이어지는 질문과 경청보다는 잠깐의 침묵이 더 큰 성과를 만들어낸다.

침묵의 길이는 3~4초 정도가 알맞다. 이보다 침묵 시간이 길어지면 대화의 흐름을 방해할 수 있다. 3~4초가 넘어도 상대가 말을 하지 않으면 코치가 추가 질문을 하여 고객이 말할 수 있도록 개입을 하는 것이 좋다.

시간이 촉박할 때의 경청

경청을 잘한다는 것은 사귐(SACEM)ⓒ의 경청 기법을 사용하면서 침착하게 고객의 대화에 집중하는 것을 말한다. 그런데 코칭의 실제 상황에서 이렇게 하기 어려운 상황이 발생하곤 한다. 시간이 촉박하거나, 코치가 이미 알고 있는 내용을 장황하게 말하는 경우이다. 이러한 상황은 '수평적 관계의 코칭'에서보다 '수직적 관계의 코칭'에서 더 자주 발생한다.

POAH_S(포아스)ⓒ코칭, 즉 '수직적 관계의 코칭'은 교사가 학생에게, 직장 상사가 직원에게 잘못된 행동을 바로잡을 때 등의 상황에서 이루어지는 코칭이다. 코치와 고객이 상호작용을 계속하고 있는 관계이므로 상대가 하는 말의 내용을 대강은 알고 있는 경우가 많다. 그럼에도 상대가 장황하게 말을 이어가거나, 또는 코치에게 시간이 없을 때에 상대의 말을 끝까지 들어 주는 것은 어렵다. 이것은 시간 낭비이기도 하다.

경청의 의미를 '상대방의 말을 끝까지 인내하며 다 들어주는 것' 즉, 시간적인 개념으로 생각한다면 시간이 촉박하거나 장황하게 말을 하는 고객에게는 경청을 할 수 없을 것이다.

경청은 시간적 개념이 아니다

경청의 본질적 목적은 상대방이 하는 말의 내용과 감정을 충실히 파악하는 것이다. 끝까지 듣고 있어야 하는 물리적인 행동을 의미하지 않는다. 따라서 상대방이 하고자 하는 말의 내용과 감정을 정확히 파악하기만 하면 끝까지 듣지 않아도 경청을 제대로 하고 있는 것이다.

직원 코칭에서 상사와 직원은 업무적인 사항에 대하여 서로가 기본적인 내용을 공유하고 있다. 따라서 코치인 상사는 직원이 말하고자 하는 사항에 대하여 길게 듣지 않아도 무슨 말인지를 빨리 알아챌 수 있다. 이럴

때에 직원의 장황한 말을 인내하고 들을 필요 없이 Jump-Up 질문으로 대화를 건너뛰어도 된다.

장황하게 말을 이어가는 중간에 "박 대리의 의견은 ~한 것인가요?"라고 질문을 하는 것이 Jump-Up 질문이다. 이러한 질문에 상대방이 "예, 맞습니다. 제가 하고 싶은 내용이 바로 그 말입니다"라고 대답한다면, 시간을 절약하면서 끝까지 듣고 있는 것과 동일한 효과를 주는 것이다.

상대의 장황한 말을 끝까지 들어주면서도 듣는 중에 딴 생각을 하거나 건성으로 듣는 것보다 Jump-Up 질문으로 시간을 단축하는 것이 경청을 잘하는 것이다. Jump-Up 질문은 상대방의 말을 가로채서 자신의 말을 시작하는 것과는 다르다. 중간에 말을 끊었지만 다시 상대가 다음 말을 이어가도록 한다는 점에서 근본적인 차이가 있다.

Jump-Up 질문은 상대의 부족한 표현능력을 도와주는 역할도 한다. 고객 중에는 하고 싶은 말을 논리적으로 명료하게 표현하지 못하는 사람도 많다. 나아가 학생이 선생님 앞에서, 직원이 상사 앞에서 말하는 상황에서는 하고 싶은 표현을 제대로 못할 가능성이 높아진다.

이와 같은 경우에 코치의 Jump-Up 질문은 상대방이 효과적으로 말할 수 있도록 도와줄 수 있는 도구가 된다. 예컨대 "말하고 싶은 내용이 ~인 것 같은데 맞습니까?"라고 묻고, 이에 대하여 상대가 "예! 맞습니다"라고 한다면 상대를 도와주며 상대의 메시지를 잘 경청한 셈이 된다.

만약 Jump-Up 질문에 대하여 상대방이 "아닙니다, 제 말은 그런 뜻이 아닙니다"라고 한다면 어떻게 해야 할까? 그 때에는 "아, 그렇군요. 좀 더 말씀해 주셨으면 좋겠습니다"라고 다시 경청을 다시 이어가면 된다.

메모하며 듣는 것의 장단점

고객의 메시지를 파악할 때의 또 다른 어려운 사항은 고객이 숫자, 연도, 이름 등을 복잡하게 나열하며 말하는 경우이다. 코치는 나중에 이어지는 대화에서 엉뚱한 질문을 하지 않기 위해서는 이런 사항들 중에 상당 부분을 기억할 필요가 있다. 이를 위해 코치들이 하는 방법이 '메모하며 듣는 방법'이다.

하지만 메모를 하면 고객과의 자유로운 대화 분위기를 경직되게 만들 수 있는 단점이 있다. 래포가 충분히 형성되지 않은 상태에서 고객이 하는 말을 코치가 기록하거나, 녹음한다고 생각해 보자.

이때 고객은 '왜 메모를 하지?', '내가 하는 말이 다른 데로 누설되지는 않을까?'라는 의구심을 가지기 쉽다. 자연스레 고객은 입을 닫거나 활발하게 말을 하지 않는다. 'Off-the-Record'일 때에는 자유롭게 말할 수 있지만, 'On-the-Record'일 때는 말을 조심하게 되기 때문이다.

경청의 목적은 고객의 마음을 100% 열게 하는 데에 있다. 따라서 고객의 자유로운 대화를 위축시킨다면 메모를 해서는 안 된다. 하지만 코치의 입장에서는 메모를 하지 않으면 안 될 내용의 대화가 있을 수 있다. 코칭 주제와 관련된 사람들의 이름, 숫자, 연도, 조직도 등이 이에 해당한다. 대화중에 나오는 이러한 정보는 반드시 기억하고 있어야 이어지는 코칭에서 '앞뒤를 연계한' 대화가 가능해진다.

더구나 MCC 레벨의 경청을 한다는 것은 코치는 고객의 말에 완전히 몰입하여 유기체적인 부분까지 파악해야 하며, 각 코칭 세션에서 고객이 한 말을 누적하여 앞뒤를 연계한 상태로 들어야 한다. 메모가 필요한 배경이다.

기억해야 할 정보는 라이프 코칭보다 비즈니스 코칭의 경우에 더 많다. 라이프 코칭은 주로 인간관계, 갈등 등에서 보는 바와 같이 정성적 정보들이 많기 때문에 메모의 필요성이 상대적으로 적다. 이에 비하여 비즈니스 코칭에서는 고객을 알기 위한 초기 대화주로 1차 세션에서 많은 정량적 정보들이 제시된다. 메모하지 않으면 기억하기 어렵다.

코치의 입장에서는 정보의 기억을 위하여 메모할 필요가 있지만, 이것이 고객의 입장에서는 자유로운 대화를 방해하는 부담으로 느껴질 수 있다. 어떻게 하면 필요한 정보를 메모하면서 고객에게 거부감을 주지 않을 수 있을까? 이를 해결할 수 있는 방안으로는 다음과 같은 기법이 효과가 있다.

메모하며 들을 때의 지혜로운 방법
1. 비밀 유지의 코칭 윤리를 코칭에 앞서 밝힌다.
2. 메모해야 할 상황이 되면 먼저 고객에게 양해를 구한다.
3. 신뢰 형성 후에는 자유롭게 메모해도 무방하다.

첫째, 비밀 유지의 코칭 윤리를 코칭에 앞서 밝힌다.

국제코치연맹의 '코치윤리규정'에는 코치는 '비밀을 준수해야 할 책임'

이 있다. 또한 (1) 고객에게 이것을 반드시 설명하고, (2) 코칭 합의서에 그것을 명기한 후에, (3) 코치와 고객이 함께 서명 · 날인하는 것이 코치 윤리규정을 따르는 행동이다.

경영자들을 대상으로 하는 비즈니스 코칭의 경우에는 고객들의 비밀유지에 대한 우려는 코칭의 성패를 좌우하기도 한다. 이러한 우려가 존재하는 한 '코칭 내용이 인사부서나 또는 CEO에게 보고되지는 않을까?'라고 염려하며, 보고되어도 탈이 없는 가짜 고민을 코칭 주제로 제시하게 된다. 코칭 성패의 첫 단추라고 할 수 있는 진짜 고민에 대한 오픈과 솔직한 대화는 불가능한 것이다.

이런 우려를 해소하기 위해서는 비밀이 유지된다는 것을 고객이 믿을 수 있게 해 주어야 한다. "코칭 과정에 말씀하시는 내용이나 결과는 인사부서는 물론 CEO 등 누구에게도 보고되지 않습니다. 이 점은 코치의 윤리규정에 명시된 의무사항으로 제가 책임감을 가지고 말씀드릴 수 있습니다"고 밝히는 것이 좋다. 그리고 그 비밀을 반드시 지켜야 함은 물론이다.

둘째, 메모해야 할 상황이 되면 먼저 고객에게 양해를 구한다.

처음에는 메모를 하지 않고 경청을 하는 것이 좋다. 라이프 코칭에서는 메모 없이도 별 어려움이 없다. 비즈니스 코칭에서는 첫 세션의 중간쯤이 되면 메모가 필요한 정보들이 나타나기 시작한다. 이때 코치는 메모하기 전에 고객에게 먼저 양해를 얻는 것이 좋다.

"고객님의 말씀을 온전하게 들어야 하는데, 저의 기억을 위하여 일부 메모를 해도 괜찮겠습니까?"

이렇게 양해를 구하면 고객은 흔쾌히 동의를 하는 경우가 대부분이다. 이렇게 양해를 구한 경우에도 숫자 등 '최소한의 사항'만 메모하는 것이 필요하다. 취재 기자처럼 자세하게 메모하는 것은 감정 파악 등 더 중요한 요소를 놓치게 된다. 추임새가 없이 메모에 열중하면 고객은 말할 기분을 잃고 만다.

셋째, 신뢰 형성 후에는 자유롭게 메모해도 무방하다.

3차 세션 이후와 같이 코치와 고객이 신뢰와 친밀감이 형성된 이후에는 메모하며 듣는 것이 훨씬 자연스럽게 된다. 이미 고객은 코치의 선량한 목적을 알고 있기 때문이다.

이때에는 오히려 메모하며 듣는 것이 고객에게 좋은 인상을 줄 수도 있다. '코치가 나의 말을 집중하며 들어주는구나'라고 긍정적으로 생각할 수 있기 때문이다. 이것은 특히 상사와 직원, 교사와 학생 등 수직적 관계의 코칭의 경우에 많이 일어난다.

상위의 위치에 있는 코치가 자신의 말을 메모하며 들어준다면 고객은 자신이 존중받고 있다는 느낌을 가지게 된다. "직원의 말을 메모하며 들어라"라는 감성 리더들의 행동은 코치에게도 타당한 말이다.

5장

질문의 역량

01
코칭 성과와 질문

> 모든 일에 질문을 던지는 성격 덕분에 지금의 성공을 이룰 수 있었다.
> 나는 통념에도 의문을 품었고 전문가들의 말에도 질문을 던졌다.
> 이런 성격 때문에 부모님과 선생님들이 고생이 많았다.
> 그러나 이는 인생에서 꼭 필요한 성격이다.
>
> — 래리 엘리슨 오라클 창업자

효과가 큰 좋은 질문

코칭에서 고객의 인식이 확장되거나 생각이 변하여 발전적 목표를 추구할 수 있도록 하는 직접적 요소가 '질문'이다. 질문 중에서도 효과가 큰 좋은 질문을 '강력 질문Powerful Question'이라고 한다.

경청은 좋은 질문을 위한 바탕이지만, 그 자체로 고객의 생각을 도약시키는 직접적 성과를 만들어 내는 것은 아니다. 코칭의 성과를 만들어 내는 직접적 수단은 질문이다. "그 질문을 받고 보니 저의 생각을 고쳐야 하겠군요"라는 상자 밖의 생각은 코치의 강력 질문에서 비롯된다.

좋은 질문은 고객의 가슴 속에 있는 본질적인 내용을 끄집어낼 수 있다. 대답하는 사람조차 질문을 받기 전까지는 생각하지 못했던 것을 생각하게 할 수 있다면 이것이 강력 질문이다. 강력 질문은 이미 준비된 생각을 즉답으로 표출하는 것이 아니라 기존의 고정관념을 벗어나서 새로운 관점을 만들고 자극하게 한다. 코칭에서 성과를 만들어 내는 순간이다.

좋은 질문을 할 수 있는 능력

지식의 전달은 티칭Teaching이 효과적일 수 있으나, 사람의 내면의 변화에 티칭이 적은 효과를 가져온다는 것을 앞에서 살펴본 바 있다. 코칭에서 고객이 제시하는 주제는 삶에 관한 주관적 이슈가 대부분인데, 이러한 주제는 코치가 티칭으로 고객에게 정답을 가르쳐 줄 수 있는 성격이 아니다.

내면의 가치관과 관계된 주제에 대하여 고객의 인식변화를 이끌어내기 위해서는 고객 내면으로부터의Inside-Out 자각이 있어야 가능하다. 고객의 고민 사항에 대하여 코치의 생각으로 해결책을 제시해 보지만, 그것은 십중팔구 고객이 이미 생각해 보았던 범위를 벗어나기 어렵다.

소크라테스나 공자와 같은 현자들이 제자들을 가르칠 때에 사용한 방법이 '질문'이었다. 질문으로 제자들의 기존 생각에 혼란을 가져오게 하고 이어지는 토론으로 철학을 가르치며 학문을 한 것이다. 소크라테스와 공자가 한 질문이 바로 강력 질문인 셈이다.

좋은 질문을 할 수 있는 능력은 그 사람의 지혜, 통찰력 등 모든 것이 녹아있는 바탕에서 비롯된다. 코칭에서도 어떤 수준의 질문을 할 수 있느냐는 것은 바로 그 코치의 총체적 역량에 의하여 좌우된다고 해도 과언이 아니다.

질문에 관한 ICF의 기준

질문 기법에 관한 자세한 논의에 들어가기 전에 국제코치연맹의 역량 기준에서 제시하는 요구사항을 먼저 살펴보자.

합격 기준

− ACC 레벨*초보자 수준
- 고객의 주제와 관련하여 주로 정보를 얻으려 하며,
- 때때로 바람직한 대답을 얻어내는 질문을 한다.
- 고객이 제시한 문제를 신속하게 해결하려는 의도를 가진 질문들이 많다.

주의할 것은 위와 같은 질문은 좋은 질문이 아니며 ACC 레벨에서는 용인이 되지만, MCC 레벨에서는 다음과 같은 질문을 해야 합격할 수 있다.

− MCC 레벨
- 고객의 말에 반응하면서 고객에게 깊은 생각이나 새로운 생각을 할 수 있도록 직접적, 전향적 질문을 주로 한다.
- 고객의 용어를 사용하며 고객의 학습 스타일에 맞추어 질문 방식을 생성한다.
- 코치는 오로지 호기심을 바탕으로 하고, 코치가 답을 알고 있는 사항에 대한 질문은 하지 않는다.

- 질문은 종종 고객의 내면에 있는 강점과 약점, 밝고 어두운 면을 깊이 생각하게 만든다.
- 과거와 현재의 문제에 초점을 두기보다 미래의 창조를 위한 질문을 한다.
- 고객이나 코치 자신까지도 불편한 사항에 대해서 질문하기를 두려워하지 않는다.

　질문에 관한 ICF의 위의 합격 기준과 다음에 설명하는 불합격 기준을 비교하면서 또다시 살펴보자. 이는 코칭 질문을 어떻게 하는 것이 바람직한지를 좀 더 명료하게 이해하는데 나침반 역할을 해준다.

불합격 기준

- ACC 레벨
  - 정보를 얻기 위한 질문을 중심으로 하지 않는 경우
  - 코치가 이미 예상하고 있는 대답이 나오게 되는 질문을 하는 경우
  - 고객이 설정한 주제와 이슈가 아니라 코치가 생각하는 주제에 대한 질문들이 있는 경우

- MCC 레벨
  - 코칭 주제, 목표와 관련하여 고객에게 더 넓은 시야나 실험적 상황에서 생각해 보게 하는 촉구 질문들이 없는 경우

- 미래를 보게 하는 질문이 아니라 고객에게 과거와 현재 상황을 자세히 생각하게 만드는 정보 탐색의 질문을 자주 하는 경우
- 고객의 용어와 학습 특성을 활용하지 않는 질문을 하거나 이미 알게 된 고객에 대한 내용을 활용하지 않는 질문을 하는 경우
- 코치 자신의 상황에 대한 관점이나 학습 스타일에 의한 질문을 하는 경우
- 표준적인 질문 방식이나 대화 모델 밖으로는 질문을 하지 못하는 경우

"코칭은 예술이다"는 말이 있는 것처럼 좋은 질문을 한다는 것은 예술과 같다. 다양한 방법으로 상황에 적합한 응용을 할 수 있어야 한다. 좋은 질문을 하는 데에 획일적인 기준이 있지 않다는 것을 말한다.

하지만 전문 코치가 되고자 하는 사람이라면 강력 질문의 능력을 갖추기 위해 아무 노력도 하지 않고 공자와 소크라테스만큼 지혜가 성장하기를 기다릴 수는 없다. 보다 효율적인 방법으로 질문 능력을 기르는 방법을 찾아야 한다.

이를 위해서 지금부터 효과적인 질문을 하는 데 도움이 되는 질문의 유형과 각각의 장단점을 살펴보자.

02
방향에 의한 3가지 질문

> 만일 누군가의 관점을 바꾸고 싶다면 좌뇌(논리, 이성적)와 우뇌(감성, 정서적)의 사고를 동시에 자극하는 질문을 해야 한다.
>
> – 도로시 리즈

방향에 의한 3가지 질문 유형

질문을 어떤 방향에서 하는가에 따라 질문 유형을 다음의 3가지로 구분할 수 있다.

> **방향에 의한 3가지 질문 유형**
> 1. 부정 질문과 긍정 질문
> 2. 과거 질문과 미래 질문
> 3. 폐쇄 질문과 개방 질문

코칭을 학습하는 사람들에게 개방 질문은 이미 알고 있거나 익숙한 용어이다. 그러나 긍정 질문과 미래 질문에 대하여는 생소한 사람이 많을 것이다. 긍정 질문과 미래 질문은 각각 부정 질문과 과거 질문의 반대이다.

과거의 문제를 치유하는 것에 초점이 있는 상담^{카운슬링}에서는 부정 질문과 과거 질문이 많이 사용되지만, 미래의 발전을 초점으로 하는 코칭에서는 긍정 질문과 미래 질문이 중심을 이루어야 한다.

결국 코치에게 요청되는 질문 역량은 미래 질문, 긍정 질문, 개방 질문에 관한 것이라고 해도 과언이 아니다. 미래 질문, 긍정 질문, 개방 질문의 각각에 대하여 원리와 파급효과를 알고 있으면 코칭을 할 때 현장에서 효과적으로 사용할 수 있다.

첫째, 부정 질문과 긍정 질문

"목사님, 교회를 다니면서 술과 담배를 해도 됩니까?"라고 물으면 목사님의 대답은 "안됩니다"이다. 하지만 "목사님, 술과 담배를 끊지 못하는데 그래도 교회에 다녀도 됩니까?"라고 물으면 목사님은 "아휴! 되고말고요" 하며 환영할 것이다. 동일한 상황에서 긍정 질문을 하면 상대에게 긍정의 에너지를 주며 'Yes'를 얻어낼 수 있다.

부정적 의미의 단어에 초점을 두는 질문이 '부정 질문Negative Question'이다. "실패한 이유가 무엇인가?", "불만이 무엇인가?" 등이 이에 해당한다.

긍정 질문은 "앞으로 어쩌면 되겠는가?"라는 해결 방안을 찾는 것이 특징이다. 동일한 상황에서도 부정 질문 대신에 긍정 질문으로 바꿀 수 있다. "성공하려면 어떻게 해야 되겠는가?", "무엇이 해결되면 만족하겠는가?" 어떤 상황에서도 부정 질문 대신 긍정 질문으로 변환하는 것이 가능하다.

− 라이프 코칭에서

"애야! 왜 성적이 이렇게 떨어졌니?"

"이래서 좋은 대학에 들어가겠니?" 등이 부정 질문에 해당한다.

이를 다음과 같이 긍정 질문으로 바꿀 수 있다.

"애야! 다음에는 성적을 올리고 싶지? 어떤 계획을 추진할 생각이니?"

"좋은 대학에 들어가려면 어떤 변화가 있어야 하겠니?"

− 직원 코칭'수직적 관계의 코칭'에서

"김 대리, 매출액 목표를 달성하지 못하면 안 되는지 알지?", "송 차장, 직원들과 갈등이 있으면 부장 승진에 어려운 것 알지?" 등이 부정 질문에 해당한다.

이러한 부정 질문을 다음의 긍정 질문으로 바꾸면 상대의 반응은 달라진다. "김 대리, 매출 목표를 달성하면 어떤 좋은 일이 있는지 알지?", "송 차장, 직원들과 관계를 개선하는 데에 어떤 방안이 필요할까?"

"왜?"보다 "무엇을 할 것인가?"를 질문하라

우리는 문제점을 만났을 때에 "왜?"라는 질문을 하는 것이 습관화되어 있다.

"왜 이 일을 제대로 못하는 걸까?"

"왜 이런 일이 벌어졌을까?"

"왜?"라는 질문은 두 가지의 기능을 한다.

1. 상대의 잘못을 비난하는 뉘앙스가 있다.
2. 과거를 바라보며 왜 오늘날과 같은 모습이 되었는지 원인을 찾는 데에 초점이 있다. 문제의 원인을 찾고 분석하는 이러한 분석적 사고는 좌뇌에서 일어나는 활동이며, 과거에 갇혀 미래로 나아가는 에너지를 얻지 못한다. 이런 현상을 흔히 '분석에 의한 마비'라고 부르기도 한다. 메리. 라이언, 2008

미래의 발전과 혁신적 사고가 일어나기 위해서는 우뇌를 많이 작동해야 한다. 우뇌는 미래지향적이고, 인식을 확장하며 앞으로 나아갈 수 있는 힘을 만들어 준다. "왜?"가 아닌 "무엇을 할 수 있는가?"에 관심을 갖는 것이 이를 가능하게 해준다. "왜?"라는 질문은 과거 질문이며, "무엇을?"이라는 질문은 미래 질문이다. "왜 이 일이 내게 벌어졌을까?"보다는 "지금부터 무엇을 해야 할까?"라고 질문해야 한다.

긍정 질문은 순방향의 질문이다

긍정 질문은 "어떻게?"를 묻는 것이기도 하지만, 상대방이 원하는 것을 순방향으로 물어보는 방식이기도 하다. 순방향이란 '상대방이 원하는 결과를 이루기 위한 방법'을 묻는 것을 말한다.

순방향을 찾는 데에는 '상대가 원하는 결과'가 무엇인지를 생각해 보면 된다. 예컨대 업무실적이 부진한 직원이 원하는 것은 실적을 높이는 것이다. 이때 순방향 질문은 "업무실적을 높이려면 어떻게 하면 되겠는가?"라고 묻는 것이다. 반면에 "업무 실적이 나쁜 이유가 무엇인가?"라고 묻는 것은 역방향의 질문이며 부정 질문이 된다.

목사님과 신자의 대화에서도 목사님이 바람은 한 사람이라도 더 교회에 나오게 하는 것이다. 따라서 신자가 "목사님, 술과 담배를 끊지 못하는데 그래도 교회에 다녀도 됩니까?"라고 묻는 것은 순방향의 질문이다. 하지만 "교회를 다니면서 술과 담배를 해도 됩니까?"라고 묻는 것은 역방향의 질문이다.

코칭 현장에서 자신의 문제로 고민하는 고객에게 순방향의 긍정 질문을 하면 상대방에게도 긍정의 에너지를 주어 더욱 분발하게 만든다. 동시에 코칭 분위기도 활기를 띠게 되어 코칭의 성공적 진행을 가능하게 해준다.

긍정 질문은 특히 '수직적 관계의 코칭'에서 더욱 빛을 발한다. 상사가 직원에게, 교사가 학생에게 부족한 점을 코칭할 때에는 주로 질책성의 부정적 질문이 나올 가능성이 많다. 이러한 함정을 극복하고 순방향의 긍정 질문을 많이 하면 할수록 코칭은 성공하게 된다.

둘째, 과거 질문과 미래 질문

부정 질문과 긍정 질문을 '내용'에 의한 구분이라면 과거 질문과 미래 질문은 '시점'에 의한 구분이다.

"왜 보고하지 않았어요?", "결근을 한 이유가 무엇이지요?" 등과 같이 이미 발생한 일에 대하여 묻는 것이 '과거 질문 Past Question'이다. 반면에 "언제

보고해 주시겠어요?", "내년도 계획은 어떤 변화가 있지요?" 등과 같이 앞으로의 사항을 묻는 것이 '미래 질문Future Question'이다.

코칭에서 부정 질문은 이미 이루어졌던 사항에 대하여 질책성으로 말하는 경우가 많기 때문에 과거 질문은 부정 질문이기 쉽다. 반면에 긍정 질문은 앞으로 어떻게 할 것인가를 묻는 내용이 많기 때문에 미래 질문이기 쉽다. 하지만 이러한 구분이 절대적이지는 않다.

때에 따라 다음과 같이 과거 질문이지만 내용은 긍정적일 때도 있으며, 미래 질문이지만 부정적인 내용일 수도 있다.

"지난 해 목표를 초과 달성하였는데 그 이유가 무엇이지요?"
"지금 행동이 계속된다면 관계가 악화된다는 것을 알고 있지요?"

코칭 현장에서는 과거의 사항에 대한 질문이 필요한 경우가 전혀 없는 것은 아니다. 그러나 과거 질문은 가급적 자제하는 것이 좋다. 나아가 과거 질문으로 시작한 경우에도 마무리는 미래 질문으로 하는 것이 필요하다.

'수직적 관계의 코칭'에서 부모가 자녀에게, 상사가 직원에게 과거의 실수를 확인하고 탓하는 경우에도 코칭의 궁극적 목적은 미래의 발전이다. 이를 위해서는 코칭 후반에는 반드시 미래 질문을 하여 미래의 계획에 초점을 두도록 해야 한다.

셋째, 폐쇄 질문과 개방 질문

　폐쇄 질문 Closed Question은 상대방이 대답을 할 때 Yes, No로 대답이 가능하거나 몇 가지 중에 선택할 수 있도록 하는 질문을 말한다. 개방 질문 Open Question은 대답의 울타리를 치지 않고 상대방의 자유로운 생각을 말하게 하는 질문이다. 코칭에서 개방적 질문을 해야 한다는 것은 긴 설명이 필요 없을 것이다.

　다만 예외적으로 폐쇄적 질문이 필요한 경우도 존재한다. 다음과 같은 경우가 폐쇄적 질문이 필요한 경우이다.

　1. 고객이 장황하게 말하는 것을 차단하거나 교통정리를 하고자 할 때
　2. 대화 능력이 부족한 고객에게 대화의 실마리를 만들어 줄 때

"~에 대해 말해 주겠어요?"

　개방 질문의 개념을 모르는 사람은 별로 없다. 그러나 실천 단계에서 "~이 어땠어요?"라고 개방적으로 묻는 것은 효과가 적다. 고객에게 "요즘 직장 생활이 어때요?"라고 물으면 "별로예요"라는 대답이 돌아올 수 있다. 그래서 다시 "무엇이 그렇지요?"라고 물으면 "전부 다 그래요"라고 대답한다. 그러한 대답이 거슬리지만 딱히 나무랄 수 없다. 질문에 대한 대답의 외형은 갖추었기 때문이다.

　이러한 것을 예방하는 개방적 질문이 "~에 대해 말해 주겠어요?"이다. "요즘 직장 생활에 대해 말해 주겠어요?"라고 질문하는 형태이다. 이러한 질문은 "직장 생활이 어때요?"라는 질문보다 대답의 범위가 몇 배로 확장

된다. "어때요?"라는 질문에는 "별로예요"라는 대답이 가능하지만 "~에 대해 말해 주겠어요?"라는 질문에는 상대방도 한 마디의 대답으로는 부족함을 느낀다. 기대 이상으로 개방적인 대답이 돌아올 가능성이 있다.

03
질문의 심화 방법

커뮤니케이션의 큰 장애요소 중 하나는 지식의 저주이다. 지식의 저주는 교수 등이 지식이 많을수록 일반인은 알아듣기 어려운 말을 하는 현상을 말한다. 지식의 저주를 피하기 위해서는 듣는 사람이 알아듣는 말을 해야 한다.

― 스탠퍼드대 칩 히스 교수

질문의 심화 방법

코칭 현장에서 유용하게 사용할 수 있는 질문의 심화 방법에는 앞에서 살펴본 것 외에도 다음과 같은 것들이 있다.

> 1. 깔때기 순 질문과 역 깔때기 순 질문
> 2. 추상적 내용과 구체적 내용의 교차질문
> 3. 모호한 내용의 명확한 질문

첫째, 깔때기 순 질문과 역 깔때기 순 질문

래포 형성 등 코칭의 도입과정이 끝나면 본론으로 들어가게 된다. 고객의 이슈가 무엇인지, 고객의 강점이 무엇인지, 어떤 코칭 주제에 집중^{포커}싱할 것인지 등에 대한 대화로 이어지는 단계이다. 이러한 경우에 대화를 어떻게 진행해 갈 것인가에 대하여는 다음과 같은 두 가지의 질문이 사용될 수 있다. Downs 외, 1980

- 깔때기 순 Funnel Sequence 질문
- 역 깔때기 순 Invert Funnel Sequence 질문

깔때기 순 Funnel Sequence 질문은 처음에 포괄적이며 총론적인 내용의 질문을 먼저 하고, 점차 범위를 좁혀가는 방법을 말한다. 코칭의 초기에 대화 주제가 미리 확정되지 않는 때에 사용하는 흐름이다. 예컨대 경영자 코칭에서 "요즘 어떤 사항에 가장 많은 관심을 두고 있습니까?" 또는 청소년 코칭에서 "대형아! 요즘 학교생활에 대하여 좀 말해 주겠니?"라는 것이 이에 해당한다.

총론적 질문에 대하여 고객이 대답을 하면 그에 이어 구체적인 질문으로 좁혀가면 된다. 깔때기 순 질문은 다음과 같은 상황에서 사용하면 효과적이다.

> 1. 고객이 코칭의 주제를 확고하게 가지고 있지 않을 때
> 2. 처음 만나는 고객에게 말문을 트게 하고, 고객의 정보를 찾아야 할 때
> 3. 상대가 중요시하는 가치관이나 생각을 깊이 있게 알고자 할 때

역 깔때기 순 Invert Funnel Sequence 질문은 깔때기 순 질문과 반대의 순서로 진행하는 방식이다. 구체적 사항에 대한 질문을 먼저 한 후에 이에 관련된 포괄적 내용으로 점차 넓혀가는 방식이다. '수직적 관계의 코칭'에서 자주 사용되는 기법이다.

다음은 직원 코칭에서 나타나는 역 깔때기 순 질문의 사례이다.

팀장 : 어제 내가 말한 결론에 대하여 팀원들이 불만인 것 같은데, 무엇 때문이지요?

직원 : 결론 자체보다 회의 방법에 불만들이 있는 것 같습니다.

팀장 : 예를 들어 주겠어요?

직원 : 직원들의 의견에 "그건 이미 검토가 끝난 이야기이다"고 말씀하시니 직원들이 더 말할 의욕이 생기지 않습니다.

— 중략 —

> **역 깔때기 순 질문은 다음과 같은 경우에 유용성이 높다.**
> 1. 서로가 대화의 주제에 대하여 기본적인 사항을 알고 있을 때
> 2. 시간을 아끼며 대화의 본론에 바로 들어가고자 할 때
> 3. 말문을 잘 열지 않는 사람에게 의견을 말하게 할 때

역 깔때기 순 질문이 효과적인 경우는 주로 수직적 관계의 코칭의 경우이다. 예컨대 직장 상사와 직원은 코칭 주제에 관한 기본 사항을 알고 있기 때문에 바로 본론에 들어가는 것이 좋다.

다만 수평적 관계의 코칭인 경우에도 코칭 세션이 5~6차 등 후반으로 접어들면 역 깔때기 순 질문이 효과적인 경우가 늘어난다. 코칭 초기에 이미 주제의 포괄적인 부분을 충분히 논의했기 때문에, 이제는 특정 문제로 좁혀서 질문을 하는 것이 좋을 단계가 되었다.

둘째, 추상적 내용과 구체적 내용의 교차질문

　코칭 중에는 고객이 "요즘 생활이 재미없습니다", "일에 보람을 못 느낍니다" 등과 같이 추상적 내용을 말하는 때가 생긴다. 이때 자칫하면 "아, 그렇군요"하고 넘어갈 수 있지만, 코칭의 고수는 여기서 그만 넘어가지 않는다. 그 의미를 구체화하는 추가 질문을 놓치지 않는다.

　먼저 추가 질문을 하지 않는 잘못된 사례를 보자.
코치 : 요즘 회사 생활에 대하여 말씀해 주시겠어요?
고객 : 스트레스가 많습니다.
코치 : 그렇군요. 그러면 어떻게 하면 되겠어요?

―중략―

　이 대화에서 '스트레스가 많다'는 것은 매우 추상적 내용이다. 어떤 스트레스인지, 얼마나 많은지를 알 수 없다. 고객의 메시지와 코치가 추측하는 내용이 크게 다를 가능성이 많다. 이때에는 추상적 내용을 구체화하는 추가 질문을 해야 한다.

코치 : 스트레스가 많으신데 얼마나 심합니까? 예컨대 스트레스 수준을 1점~10점의 범위로 생각할 때에 몇 점이나 될까요?
고객 : 8~9점 정도입니다.

점수를 묻는 <u>척도 질문이라 한다</u> 추가 질문을 함으로써 고객의 스트레스가 어느 정도인지를 보다 분명하게 알 수 있다. 코칭에서 고객이 말한 추상명사를 구체화하지 않고 총론적이거나 추측에 머무르면서 코칭을 계속하면 성과를 내지 못한다.

고객이 "직장 생활이 재미가 없다"고 말하는 경우에도 그 의미는 너무나 추상적이다. 그것이 무엇을 의미하는지에 대하여 추가 질문이 필요하다.

코치 : "직장 생활이 재미가 없다"고 말씀하시는데, 어떤 내용일까요?
고객 : 일 때문이 아니라 제가 짝사랑한 여직원이 퇴사를 했기 때문입니다.

— 중략 —

추가 질문을 하지 않았다면 코치는 "직장 생활이 재미가 없다"는 고객의 말을 듣고서 '상사가 권위적인가?', '일이 적성에 맞지 않은가?', '월급이 적은가?' 등 나름의 추측을 할 것이다. 하지만 이런 추측은 모두 빗나간 생각일 뿐이다. 추가 질문 하나로 좋아했던 여직원이 퇴직한 것 때문임을 알게 되었다.

고객의 추상적인 말을 추가 질문으로 확인하지 않았다면 후속되는 코칭은 헛수고가 되었을 가능성이 농후하다. 따라서 코칭에서 고객의 말이 총론적이거나 사실fact이 없이 추상적일 때에는 구체적인 의미를 알아내야 한다. "그에 대한 사례를 말씀해 줄 수 있습니까?", "구체적으로 예를 들어 주시겠어요?" 등과 같은 질문을 하면 된다.

고객이 직장 생활에 재미가 없는 이유에 대하여 "애인이 퇴직을 해 버렸기 때문입니다"라고 구체적으로 대답을 하면 다음에는 어떤 질문을 해야 할까? 다시 "애인이 언제 퇴직을 했습니까?", "퇴직한 이유가 무엇입니까?" 등의 질문을 하면 코칭 성과는 떨어진다. 구체적인 질문을 반복하고 있기 때문이다.

구체적인 질문을 계속하는 것은 흡사 취조를 하는 형태가 된다. 나아가 대화 내용이 메마르고, 고객의 인식 확장에 아무런 도움을 주지 못한다. 구체적 내용 후에는 추상적 내용의 질문으로 교대를 하는 것이 필요하다.

고객 : 애인이 퇴직을 해 버렸기 때문입니다.
코치 : 이성 교제와 직장의 성공에 대하여 어떻게 생각합니까?

교차 질문의 기법은 어렵지 않다. 고객이 자신의 경험을 장황하게 구체적으로 이야기하면 그 경험을 통해서 얻은 의미가 무엇인지 물어보면 된다. 그리고 고객의 대답이 추상적인 내용으로 나오면 다시 "구체적인 예를 들어 주시겠습니까?"라고 질문을 교대하는 방식이다.

이와 같이 추상적 답변에 대하여는 구체적 내용의 질문으로, 구체적 내용의 답변에는 추상적 의미를 묻는 질문으로 교차를 하는 것은 고차원의 질문 방법이라고 할 수 있다. 이런 방법은 코칭의 전체 과정이 메마르지도 않고, 추상적 질문으로, 막연하지도 않으며 구체적 질문으로 알차게 진행될 수 있도록 이끌어 준다.

셋째, 모호한 내용의 명확한 질문

고객의 추상적인 답변에 대하여 구체적인 내용으로 진전시키기 위한 다음과 같은 세부 방법들이 있다.

> **구체화 질문의 세부 방법**
> 1. 명확한 질문
> 2. 바꿔 말하기
> 3. 척도 질문

1. 명확한 질문

명확한 질문Clarifying Question은 앞에서 설명한 구체화 질문과는 조금 다른 개념이다. 구체화 질문은 "예를 들어 주시겠어요?"라고 묻는 것이라면 명확한 질문은 "그 말은 어떤 뜻을 가지고 있습니까?"로 묻는 것에 비유할 수 있다.

고객 : "저는 우리 회사의 경영진이 직원들을 존중하지 않는다고 생각합니다."

'직원들을 존중하지 않는다'는 고객의 말은 어떤 의미가 있을까? 인격적인 무시를 뜻하는지, 인원감축을 말하는지 도무지 알 수 없는 매우 모호한 말이다. 이때에 명확한 질문을 하지 않고 넘어간다면 성공적 코칭을 방해한다.

코치 : "직원들을 존중하지 않는다는 것은 어떤 내용을 담고 있습니까?"
고객 : "몇 번 건의를 했는데, 유연근무제를 도입하지 않고 있습니다."

명확한 질문으로 '직원들을 존중하지 않는다'는 추상적 내용은 유연근무제를 도입하지 않은 것에 대한 불만이라는 것을 명확하게 해 주었다.

2. 바꿔 말하기

환언Paraphrasing이라고도 하는데, 이것은 상대방의 말이 애매할 때 "내가 ~로 이해하였는데 그것이 맞느냐?"고 물어보는 방식이다. 이것은 고객의 말을 잘못 해석하지 않도록 도와줄 뿐만 아니라, 고객을 존중하며 경청하고 있음을 느끼게 해 주는 장점도 있다.

고객 : "일과 가정의 균형을 추구할 수 있는 삶을 살고 싶은데요."
코치 : "회사에서 유연근무제를 채택했으면 하는 것을 말씀하는 것 같은데, 제가 바르게 이해한 것인가요?"
고객 : "예! 맞습니다."

3. 척도 질문

고객이 말한 추상적 내용에 대하여 그 정도를 파악하는 것을 척도 질문 Scaling Question이라고 한다.

고객 : "직장 생활이 도무지 재미가 없어 이직을 고민하고 있습니다."
코치 : "기대하시는 재미있는 직장의 모습을 10점이라고 할 때, 지금은 몇 점이나 되겠어요?"
고객 : "3점도 안 될 것입니다."

'직장 생활이 재미가 없다'는 추상적 내용에 대하여 그 정도를 아는 것은 대단히 중요한 정보이다. 이때에 잣대로 재는 듯이 척도 질문을 하면 고객의 가슴 속을 측정할 수 있는 청진기의 역할을 간단하게 해준다.

척도 질문을 할 때에도 코치와 고객이 사용하는 잣대가 동일해야 한다. 이를 위해서는 "스트레스가 제로일 때를 0점이라 하고, 더 이상 근무하기가 곤란한 상태를 10점이라고 할 때 몇 점이나 될까요?" 등과 같이 점수 부여에 대한 가이드를 제시하는 것이 필요하다.

위 대화에서는 '기대하시는 재미있는 직장의 모습을 10점이라고 할 때'라고 가이드를 제시하고 있다. 이것은 고객이 가진 잣대를 사용하면서 점수 부여의 가이드를 제시한 형태에 해당한다.

이러한 가이드를 제시하지 않고 "지금 직장생활의 재미는 몇 점이나 될까요?"라고 질문했을 때를 가정해 보자. 이 질문에 고객이 "3점도 안될 것입니다"라고 대답하였다면, 코치는 그것이 어떤 상태인지를 해석하기가 쉽지 않다.

"기대하시는 재미있는 직장의 모습을 10점이라고 할 때, 지금은 몇 점이나 되겠어요?"라는 질문에 "3점도 안 될 것입니다"라는 고객의 대답은 직장에 대한 불만이 심각한 수준임을 보여주고 있다. 이 질문에 대하여 고객이 "6점 정도예요"라고 대답하는 경우와 비교해 보자. '직장 생활이 재미가 없다'는 동일한 말이지만 척도 질문으로 그 차이를 명료하게 알 수 있다.

필자는 가족들과 외식을 갔을 때에 자녀들이 "아버지, 오늘 맛있게 먹었어요"라고 하면, "10점 만점에 몇 점이지?"라고 웃으며 묻곤 한다. "오늘 10점 나왔어요"라는 대답이 "맛있었어요"라는 대답보다 만족도를 아는데 도움이 되기 때문이다.

척도로 바꾸는 방법은 위와 같이 10점을 사용하는 것 외에 백분율 등 다른 척도를 사용해도 상관없다. 코칭을 학습하는 과정에 척도 질문을 사용해보면 처음에는 작위적으로 느껴질 수도 있다. 그러나 용기를 가지고 계속 사용해 보면 의외의 효과를 경험하게 된다.

04
직접적인 소통

*상대를 효과적으로 설득하려면 상대의 가치기준에 따라
판단을 달리해야 한다.*

— 하세가와 카즈히로

상대방의 눈높이에 맞추는 소통

아프리카 선교사가 처음 성서를 번역하면서 '눈처럼 희고 깨끗하게'라는 문구에 난관을 만났다. 원주민들은 흰 눈을 모르기 때문이다. 고민 끝에 '야자열매 속처럼 희고 깨끗하게'로 번역하였다. 진정한 소통이란 눈높이를 맞추는 것이다.

국제코치연맹과 한국코치협회에서 규정한 코치의 핵심 역량에는 '직접적인 소통Direct Communication'을 11가지 역량 중 한 가지로 규정하고 있다. 이것은 지금까지 논의하였던 경청, 질문과 밀접하게 관련이 있지만, 좀 다른 차원의 역량을 말한다.

'직접적인 소통'은 코칭 세션에 효과적으로 소통하는 포괄적인 역량을 의미한다. 고객에게 가장 간단하며 명료한 의미를 전달해 주는 커뮤니케이션 역량이라고 할 수 있다.

이와 같은 설명에도 불구하고 '직접적 소통'이 무엇을 뜻하는지 그 개념이 명확하게 다가오지 않는다. 직접적 소통의 개념을 보다 구체적으로 이해하는 데에는 이에 관한 ICF의 요구사항을 살펴보는 것이 유용하다.

ICF에서는 직접적 소통이 잘 되기 위해서는 다음의 사항이 충족되어야 한다고 언급하고 있다. ICF Coaching Competencies 참조

> **직접적 소통을 위한 ICF의 요구**
> 1. 질문, 관찰, 피드백을 할 때 명료하고, 정제되게 말한다.
> 2. 장황하지 않게 직접적으로 말한다.
> 3. 고객을 지지하고 존중하는 용어를 사용한다.
> 4. 은유와 비유를 구사하여 의미 전달을 강조한다.

'직접적인 소통' 역량에 관한 ICF의 이러한 설명에도 불구하고 코칭을 학습하는 사람에게는 여전히 모호하게 들린다. 다만 직접적 소통 역량은 코치가 말을 어떻게 표현할 것인가에 대한 문제라고 이해할 수 있다. 이런 관점에서 본서는 질문 역량의 카테고리에서 이를 설명하고 있다.

코칭의 현장에서 코치가 위에서 말하는 직접적 소통을 잘하는 데에는 실천적 지침이 존재한다. 위의 4가지 ICF 요구사항이 개념적인 설명이라면 실천적 지침은 코치에게 구체적인 행동 방법을 가르쳐주고 있다. 직접적 소통을 위한 실천 가이드로 다음의 두 가지를 기억하면 많은 도움이 된다.

> **직접적 소통의 실천 가이드**
> 1. 코치는 30% 말하고, 70%를 들어야 한다.
> 2. 전문용어가 아닌 고객의 용어를 사용하라.

첫째, 코치는 30% 말하고, 70% 들어야 한다.

　티칭과 달리 코칭의 핵심 특징은 코치는 경청과 질문을 하여 고객이 말하게 하는 데에 있다. 이를 위해서는 코치가 말을 많이 하는 것을 억제해야 한다. 전체 대화시간에 코치와 고객이 말하는 비중은 3:7 정도가 되어야 적정한 수준이다.

　물론 이것은 수학적 공식처럼 획일적인 기준은 아니다. 때에 따라 4:6이나 5:5가 될 수도 있다. 하지만 코치의 말이 더 많아 6:4나 7:3이 된다면 곤란하다. 이쯤 되면 코치의 생각을 고객에게 가르치려는 티칭이라고 해야 한다.

　코치의 말이 30% 정도가 적정하다는 근거는 무엇일까? 인간관계론의 고전적 전문가인 데일 카네기가 오랜 연구 끝에 "말을 하는 것보다 말을 듣는 것이 대화를 잘하는 사람의 특징이다"라고 말한 것은 널리 알려진 사실이다.

　좀 더 과학적이며 우리나라 상황에 맞는 실험 결과도 있다. EBS 방송국에서 실시한 '설득의 게임'이라는 실험이다. 설득을 잘하는 실험참가자들이 얼마나 말하고 얼마나 듣는가를 측정한 실험이었다. 그 결과 설득을 잘하는 사람은 30% 말하고 70%를 경청하는 것으로 나타났다. 김종명, 2009

　이에 대하여 "설득과 코칭은 다르지 않느냐?"라고 의문을 가질 수 있다. 물론 차이가 있다. 하지만 상대의 생각이 바뀌는 데에는 설득에서조차도 말하는 사람의 자기주장보다 경청으로 상대의 관점을 파악하고, 이를 반영한 의견 제시가 효과가 높았다. 상대를 잘 설득하는 사람은 달변

가이고 자기주장을 많이 하는 사람일 것으로 생각하기 쉽지만 결과는 그 반대로 나타났다.

코칭에서도 코치가 자기 말을 많이 하면 고객은 심리적인 거부감Psychological Reactance이 생긴다. 하물며 코칭에서는 코치의 생각으로 상대를 설득할 필요가 없다는 점을 감안하면, 코치가 말을 해야 할 필요성은 설득에서보다 더 적다고 단언할 수 있다.

소크라테스가 질문으로 제자들의 기존 생각을 흔들었듯이 코치도 질문으로 대화를 이끌어야 한다. 코치가 대화의 50% 이상을 말하면 코칭의 효과는 감소한다. ICF에서 '질문, 관찰, 피드백을 할 때 명료하고, 정제되게 말하며', '장황하지 않게 직접적으로 말해야 한다'고 요구하는 것도 이러한 배경과 무관하지 않다. ICF Core Competencies 참조

하지만 이미 말하는 습관이 고착화되어있는 코치가 짧게 또는 적게 말하는 것은 쉬운 일이 아니다. 코치가 말을 적게 하여 직접적 소통의 효과가 나타나게 하려면 어떠한 노력이 도움이 될까? 여기에는 다음과 같은 두 가지 방법을 사용하면 좋다.

1. 자신의 말을 녹음하며 교정하라

자신의 말을 녹음으로 들어보면 '내가 정말 이렇게 말하나?' 하고 스스로 어색함을 느끼게 된다. 코칭 훈련 과정에 동료들이나 멘토 코치로부터 많은 피드백을 받는 것도 도움이 된다. 하지만 동료들의 피드백보다 더 정확한 피드백은 녹음을 하고 스스로 들어보는 방법이다.

스마트폰의 녹음 기능을 이용해서 간단히 녹음할 수 있기 때문에, 코치 훈련생은 물론 프로 코치인 경우에도 가끔씩 이 방법을 반복하면 매우 효과적이다.

2. 영어로 표현하는 연습을 해 보아라

하고 싶은 말을 영어로 표현하는 것도 한 방법이다. 물론 대화 도중에 종이에 영작을 할 수는 없기 때문에 마음속으로 구상해 보는 것을 말한다. 이때에 우리가 아무리 영어를 잘하는 경우에도 길게 영작을 하는 것은 한계가 있다. 묻고 싶은 핵심 단어만 생각난다. 이것을 중심으로 질문하면 요점을 짧게 말하는 능력을 증대할 수 있다.

둘째, 전문용어가 아닌 고객의 용어를 사용하라

〈내 남자의 여자〉 등 안방 TV드라마의 인기작가 김수현 씨의 비법이 언론에 소개된 적이 있다. 그것은 다름 아닌 드라마의 주요 고객인 주부들의 생활언어를 그대로 사용하는 것이었다. "당신을 부숴버릴 거야", "복수할 거야" 등이다.

코치는 전문 학습을 한 사람이기에 코칭에서 자칫하면 고객의 용어를 전문 용어로 바꾸기 쉽다.

고객 : "심리적으로 불안정한 느낌이 많이 듭니다."
코치 : "마인드 컨트롤이 잘 안 된다는 말씀인가요?"

이와 같이 고객의 용어를 코치의 용어로 바꾸는 것은 ICF의 직접적인 소통에 위반되는 방법이다. 고객이 사용한 단어를 좀 더 유식한 척 전문용어로 바꾸고 있기 때문이다.

코칭이 아닌 일상의 대화에서도 사람들은 흔히 상대방의 단어를 유식한 자신의 단어로 바꾸는 경우가 많다.

학생 : 너무 추워서 스프링이 빨리 오면 좋겠어요.
교사 : 봄이 빨리 오면 좋겠다고?

위 대화에서 스프링이라고 말한 학생의 단어를 교사는 봄이라고 바꾸고 있다. 이러한 말을 하는 데에는 '왜, 어색하게 외국어를 사용하지?'라고 못마땅하다거나, '너의 영어 실력쯤은 내가 이미 넘어섰다'는 것을 과시하고 싶은 심리가 숨어있다.

코칭에서도 이러한 습관으로 대화를 하는 코치가 있다. 상대의 용어를 자신의 용어로 바꾸는 습관이 자신도 모르게 나타난 것이다. 하지만 이렇게 말하면 두 가지 부작용이 따른다.

첫째, 고객은 코치에 대하여 심리적인 거리감을 느낀다.
둘째, 고객은 자신의 메시지가 그대로 전달되지 못하는 느낌을 갖는다.
이러한 단점을 예방하기 위해서 코치는 고객이 사용한 단어를 그대로 사용하는 것이 바람직하다. 초등학생을 코칭하든 CEO를 코칭하든 상대방의 용어를 바꾸지 않는 것이 직접적 소통의 핵심 요건이다.

다만 한 가지 혼동하지 말아야 할 사항이 있다. '상대방 용어를 코치 용어로 바꾸는 것'과 '바꿔 말하기^{환언, Paraphrasing}'는 다른 차원의 내용이다.

환언은 상대방의 말이 애매할 때에 이해를 명료하게 만들기 위해서 '다른 문장으로 바꿔서 표현하는 것'을 말한다. 이는 고객이 말한 뜻이 불분명할 때에 이를 구체화하기 위해서 필요한 대화 방법이다. 바꿔 말하기^{환언}는 좋은 대화인 반면에, 고객의 용어를 코치의 용어로 바꾸는 것은 삼가야 한다.

직접적 소통에 관한 ICF의 기준

코칭의 핵심 역량 중 하나인 '직접적 소통^{Direct Communication}'의 의미를 이해하는 데에는 앞에서와 마찬가지로 ICF에서 규정하고 있는 자격 심사 기준을 살펴보는 것이 도움이 된다.^{ICF Core Competencies 참조}

– ACC 레벨 합격 기준^{*초보자 수준}
- 질문과 관찰 사항을 길게 설명하는 말을 한다.
- 질문과 관찰 사항을 말할 때 코칭의 훈련용어를 사용한다.
- 대부분의 질문들이 코치에게 매우 편안한 내용을 중심으로 이루어진다.

주지하는 바와 같이 초급 코치인 ACC레벨의 기준은 소통을 제대로 하는 것이 아니다. 위와 같이 말해도 ACC 레벨에서는 합격시켜 주지만, MCC 레벨에서는 불합격으로 처리된다.

- MCC 레벨 합격 기준
  ● 코치는 다양한 언어 구사 능력을 갖추었지만 고객의 언어와 생각의 스타일에 맞추어 질문하고 피드백한다.

6장

긍정의 코칭

01
코칭과 긍정 심리학

> 범부는 도토리를 보고 먹지도 못하며,
> 범보다 못한 존재로 생각해 버린다.
> 도토리를 보고 미래에 커다란 상수리나무로
> 성장하는 모습을 볼 수 있는 사람이 코치이다.
>
> — 문용린 서울대 교수

문제에 초점을 두는 이유

초등학생인 자녀가 다음과 같은 성적표를 받아 왔다고 가정해 보자. '국어 85점, 사회 90점, 음악 95점, 수학 65점' 이 성적표를 보면서 어떤 생각이 드는가? 많은 경우 '국어, 사회, 음악은 양호한데 수학 실력이 문제가 있군?'이라고 생각할 가능성이 크다. 음악 점수가 95점인 것에 대해 주목하기보다 낮은 수학 점수에 신경을 곤두세우는 것이다.

이런 현상은 직장에서든, 학교에서든 마찬가지다. 사람들은 자신도 모르게 단점에 관심을 갖는 것에 습관화되어 있다. 이처럼 단점에 초점을 두는 이유는 무엇 때문일까? 심리학자들은 다음과 같은 이유들을 제시한다.

1. 모든 것을 잘해야 한다는 생각을 바탕에 깔고 있다.
2. 부족한 것만 고치면 전부 잘하게 될 것이라고 생각한다.
3. 문제는 위기감을 느끼게 하여 관심을 촉구한다.
4. 문제를 분석하고 쪼개서 살펴보는 것에 익숙해 있다.
5. 겸손을 가르치는 사회규범은 장점을 강조하기 힘들게 만든다.

지난 30년간의 심리학 연구 흐름을 살펴보면 문제와 부정적 사항에 관심을 두는 사람들의 심리를 엿볼 수 있다. 부정적인 주제에 관한 연구는 4만 5,000개에 달하는 반면 긍정적 주제에 관한 연구는 300개에 불과하기 때문이다. 이것은 문제를 해결하면 '발전적 변화'가 있을 것이라는 가정과 무관하지 않은 현상이다.

그러나 '문제점을 고치면 된다'는 이러한 생각에 큰 변화가 일어났다. 마틴 셀리그만을 비롯하여 많은 학자들이 1990년대 이후로 '긍정 심리학'의 연구들을 봇물처럼 쏟아내기 시작한 것이다. 긍정 심리학은 사람의 발전을 가져오기 위해서는 부정적 측면, 즉 문제점을 고치려는 것보다 긍정적 측면에 초점을 두는 것이 효과적이라고 주장한다.

'국어 85점, 사회 90점, 음악 95점, 수학 65점'의 성적을 받아 온 자녀에게 발전적 변화를 가져오려면 수학에 초점을 두지 않아야 한다는 말이 된다. 오히려 잘하는 과목에 먼저 격려와 지지를 하면서 자녀의 에너지를 올려 줄 때 못하는 과목까지 잘하게 되는 결과를 가져온다.

긍정적 측면을 강조하면 강점이 있는 분야에 더 많은 발전이 있는 것은 말할 것도 없고, 그 긍정 에너지를 바탕으로 수학 성적까지 올리게 될 가능성이 생긴다. 처음부터 수학 성적을 문제로 삼는 것보다 수학 성적을 더 쉽게 올리게 된다는 점이다. 이것이 긍정 심리학에 바탕을 둔 코칭의 핵심 원리이다.

문제 중심 사고의 한계

코칭에서 약점과 문제점을 중심으로 한 대화가 고객의 발전에 효과적이지 못한 것은 다음과 같은 이유들 때문이다.

> 1. 고객의 자신감이 줄어들고, 의욕과 활력이 떨어진다.
> 2. 문제 발생에 대한 비난, 책임이 두려워 방어적 태도가 된다.
> 3. 문제의 원인 제공에 대한 의견상충과 대립적 감정으로 관계가 악화되고 긍정의 에너지가 생기지 않는다.
> 4. 원인 파악에 생각을 집중하여 창의적인 생각을 이끌어내기 어렵게 된다.

상담과 코칭의 차이는 긍정요소의 집중 여부에 있다. 상담과 코칭의 차이를 한 마디로 정의하기는 어렵다. 하지만 상담과 다른 코칭의 중요한 특성은 고객의 긍정적 측면에 초점을 둔다는 점에 있다. 상담은 고객의 과거를 들여다보고, 문제점과 원인을 분석하여 해결 방안을 찾아가는 것이 특징이라고 할 수 있다. 반면에 코칭은 미래를 바라보며, 강점을 찾아내어 발전 방안을 찾는 것이다. 긍정 심리학의 원리와 코칭의 원리는 99% 일치한다고 해도 과언이 아니다.

코칭의 바탕 원리가 되는 긍정 심리학이 인간을 바라보는 관점은 다음의 세 가지 측면을 포함한다. 로버트 디너, 2011

> 1. 사람은 누구나 단점과 아울러 강점을 가지고 있으며, 그 특성을 더욱 강화할 수 있다.
> 2. 사람의 성공을 좌우하는 것은 강점이며, 코칭은 사람들의 나쁜 면 대신 좋은 면에 초점을 맞춘다.
> 3. 긍정적 정서는 인간관계에서부터 작업장의 안전사고 예방까지 인간행동의 거의 모든 결과와 관계가 있다.

상담의 궁극적 목적도 고객의 발전적 변화를 가져오는 것이라는 점에서는 코칭과 큰 차이가 없다고 말할 수 있다. 예컨대 우울증으로 고민하는 고객을 상담하는 것의 목적은 두말할 것도 없이 우울증을 치료하는 것이다. 그런데 이 우울증을 치료하는 데에도 과거에 초점을 두고 원인 분석에 초점을 두는 것보다는 긍정 심리를 자극하는 것이 더 효과적이다. 이런 배경에서 오늘날은 상담에서도 코칭의 원리를 점차 많이 활용하는 추세이며, '상담의 코칭화'가 진행되고 있는 셈이다.

긍정 심리학의 효과에 관한 연구들

사람을 발전적으로 변화시키는데 단점을 고치려는 것보다 강점을 강조하는 것이 효과적이라는 연구는 지난 20여 년간 홍수처럼 쏟아져 나왔다. 다음은 그러한 연구들의 극히 일부이다. 로버트 디너, 2011

1. 팀장의 낙관주의 수준은 팀 프로젝트의 성과 수준을 예측한다.아라카와 그린버그, 2007

2. 강점에 초점을 두고 진행한 심리치료는 '전통적인 심리치료' 집단과 '심리치료와 항우울제 병용'의 집단보다 더 좋은 치료 효과를 보인다.셀리그만 외, 2006

3. 성과가 가장 높은 탁월한 리더는 직원들의 강점에 초점을 맞춘다. 이들은 단점을 고치려 하기보다 이미 있는 강점을 발견하고 이것을 활용하는 데에 초점을 둔다.클리프턴 외, 2003

4. 친절, 유머감각 등의 강점은 질병에서 회복되는 속도와 관계가 있다.피터슨 외, 2006

5. 감사는 인간관계를 우호적으로 향상시키고, 우울증을 감소시킨다.우드 외, 2008

6. 참전 군인들은 낙관주의, 감사 등 긍정 정서가 높을수록 불안 장애에 걸릴 위험이 낮다.캐시단 외, 2006

02
A.I 긍정 심리학과 코칭

> 우리가 고객들의 인생 여정을 도와주고, 어려운 시간을 통과하도록 안내하고,
> 그들에게 가치 있는 것을 가르쳐 주며, 인정받는다는 느낌을 갖도록 해준다면,
> 우리는 그들의 삶에 심대한 영향을 미치고 있는 것이다.
> 우리는 중요한, 아니, 고귀한 사역을 하는 것이다.
>
> – 게리 콜린스

A.I 의 4가지 원리

자사의 서비스에 대한 고객의 만족도가 79%에 불과한 것을 보고 한 CEO가 관계 직원들을 소집하여 호통을 쳤다. "문제가 무엇인지 당장 원인 분석을 시작하고 개선 대책을 수립하라." 직원들이 부랴부랴 대책반을 구성하여 자사 서비스의 품질, 가격, 경쟁사 자료 등 생각할 수 있는 모든 요소들을 분석하고 대책을 수립하였다.

그리고 새로운 대책을 열심히 추진한 후 수개월 후에 다시 고객 만족도를 측정하였다. 그러나 고객 만족도는 1% 정도 개선되는 데 그치고 말았다. 문제점 분석과 대책 마련을 위해 요란을 떨었지만 별 효과가 없는 셈이다.

CEO는 고민에 빠질 수밖에 없었다. 그러던 어느 날 한 대학생으로부터 엉뚱한 질문을 받았다. "사장님, 21%의 고객이 불만을 가지고 있어도 79%

고객은 만족하고 있는데, 그 이유를 아시는지요? 그것을 찾아내어 강화하면 불만고객도 줄어들지 않을까요?"

문제점 분석 방식으로 효과를 보지 못한 CEO는 새롭게 직원들에게 지시하였다. "우리 서비스에 만족하는 요소가 무엇인지 찾아내고, 그것을 집중해 보자." 얼마 후 대책반으로부터 도출된 자사의 긍정적 요소는 문제점들과는 매우 다른 내용들이었다. 문제점 분석을 하였을 때에는 단점 투성이로 보였지만 긍정 요소를 찾아보니 장점도 상당히 있다는 것을 발견한 것이다. 그리고 이때부터 장점에 초점을 두고 이를 더욱 강화시킬 혁신을 추진하였다. 그 결과 고객 만족도는 90% 수준으로 증대하였다. 데이비드 쿠퍼라이드 외, 2009

A.I^{Appreciative Inquiry}는 쿠퍼라이드 교수가 팀을 이뤄 완성한 책이며, 국내에서 《긍정 혁명》으로 번역되어 출판되기도 한 내용이다. '긍정적 탐색'의 의미를 가지고 있는 A.I는 근래에 변화 혁신의 중요 기법으로 인기를 얻고 있다.

A.I의 요점은 조직의 성공적 변화를 위해서는 단점과 문제점에 집중하는 것보다 자원과 강점 등 긍정적 요소에 초점을 두는 것이 효과적이라는 것이다. 코칭을 학습하는 우리가 A.I에 관심을 갖는 것은 이것이 단순한 이론에 그치지 않고, 경영 현장에서 실제로 많은 기업의 성공적 변화를 이끌어내고 있기 때문이다. 나아가 A.I의 성공 원리는 코칭에도 그대로 적용되기 때문이다.

A.I의 원리를 간단히 말한다면 무엇일까? 이를 이해하기 위해 먼저

(1) Appreciative와 (2) Inquiry의 뜻을 살펴보는 것이 필요하다. 사전적인 해석으로 Appreciative는 '진가를 인정하는', '감사하게 평가하는'의 뜻이다. Inquiry는 '질문', '탐색'의 의미이다.

결국 A.I는 "단점보다 강점과 긍정적인 측면을 탐색하고 이것을 변화의 출발점으로 활용한다"는 것을 의미한다. 철저하게 긍정 심리학의 파워를 활용하는 변화 혁신의 도구라고 말할 수 있다. A.I를 정립한 쿠퍼라이드 교수는 A.I의 의미에 대하여 다음과 같이 설명하고 있다. 데이비드 쿠퍼라이드 외, 2009

> **A.I의 의미**
> 1. 과거와 현재의 성공, 잠재력을 발견하고 인식하는 것
> 2. 주변의 사람들과 환경이 가지고 있는 자원과 장점을 발견하고 인식하는 것
> 3. 사람에게 활력, 탁월성을 주는 핵심성공요인 Positive Core 을 발견하고 인식하는 것

긍정심리학에 바탕을 둔 A.I의 방법이 문제점 분석 등 전통적 방법보다 변화혁신을 성공시키는데 더 효과적이라는 사실은 코칭에도 시사하는 바가 많다. 하지만 본서에서 A.I에 관심을 기울이는 이유는 쿠퍼라이드가 정리한 'A.I의 4가지 원리'이다.

> **A.I의 4가지 원리**
> 1. 시의 원리 Poetic Principle
> 2. 동시성의 원리 Simultaneity Principle
> 3. 긍정성의 원리 Constructive Principle
> 4. 예상성의 원리 Anticipatory Principle

이 4가지 원리는 조직 차원을 두고 창안된 이름이다. 그러나 긍정 심리학을 바탕으로 한 A.I의 4가지 원리는 개인을 대상으로 하는 코칭에도 그대로 적용된다. 각각의 내용에 대하여 좀 더 자세히 살펴보자.

첫째, 시의 원리 Poetic Principle

사람과 조직은 시와 같이 해석하고 싶은 대로 해석할 수 있다. 고객의 불만을 야기하는 부정적인 측면을 볼 수도 있으며, 만족시키는 긍정적 측면으로 해석할 수도 있다. 긍정적이든 부정적이든 관점과 해석의 끝없는 원천을 가지고 있다. 어떤 각도에서도 해석할 수 있다는 뜻에서 '해석의 원리'라고 하기도 한다. 코칭에서 고객의 숨겨진 강점을 찾아내고 발전의 에너지를 찾아주는 것에는 '시의 원리'가 작동하고 있다. 고객을 발전 가능성이 있는 긍정의 시각으로 바라보기 때문이다.

둘째, 동시성의 원리 Simultaneity Principle

사람과 조직은 긍정적 측면과 부정적 측면이 공존하기 때문에 어떤 방향의 질문도 가능하다. 무엇을 잘못하고 있는가를 찾는 질문도 가능하며, 무엇을 잘할 수 있는가를 묻는 질문도 가능하다.

또한 어떤 방향의 질문을 하는가에 따라 변화의 방향성과 결과가 좌우된다. 질문은 변화의 중요한 도구이며, 질문하는 순간 변화는 시작된다. '질문의 원리'라고 부르기도 한다.

코칭에서 동시성의 원리에 의하여 어떤 방향의 질문을 하느냐 하는 문제는 코치의 질문 역량에 따라 좌우된다. 과거 질문이나 부정 질문을 하기보다는 미래 질문과 긍정 질문을 하도록 하는 것도 이 때문이다.

셋째, 긍정성의 원리 Constructive Principle

긍정의 질문들은 사람들이 가진 최고의 것을 끌어내고, 긍정적 행동을 촉진한다. 긍정의 질문이 긍정적 미래를 실현할 가능성을 증대하여 준다. 긍정심리학의 바탕을 이루는 원리이다. 코칭은 고객의 발전적 변화를 이끌어내기 위한 과정이기 때문에 긍정성의 원리가 강하게 작용하고 있다.

넷째, 예상성의 원리 Anticipatory Principle

사람들이 가지고 있는 현재와 미래에 대한 이미지는 현재의 행동과 성과에 영향을 미친다. 긍정과 가능성에 대한 이미지는 현재의 에너지를 높여주지만, 실수에 대한 염려 등 부정적 이미지는 현재의 행동까지 위축시키게 된다. 어떤 이미지를 가지고 있는가에 따라 그 방향대로 결과가 이루어지는 '자기충족적 예언 Self-fulfilling Prophecy' 현상이 발생한다.

코칭에서 고객이 가지고 있는 강점과 잠재 능력을 새롭게 인식시켜주는 것은 예상성의 원리를 작동시키는 것이다. 고객의 현재와 미래에 대한 긍정적 이미지는 더 높은 목표를 향한 도전 의욕을 일깨워 준다.

"사람과 조직은 약점과 강점을 동시에 가지고 있다"는 평범할 수 있는 내용을 쿠퍼라이드는 '시의 원리'라고 이름 짓고 있다. 마찬가지로 '동시성의 원리', '긍정성의 원리', '예상성의 원리'도 내용의 본질은 긍정 심리학에서 이미 알려진 내용들이라고 생각할 수 있다. 하지만 쿠퍼라이드가 제시한 A.I의 4가지 원리는 긍정심리학의 이론에 실천적 생명력을 불어넣었다고 할 수 있다. 예컨대 "어떤 방향의 질문을 하느냐에 따라 결과가 달라진다"는 방향성의 원리는 코치가 질문을 어떻게 해야 할 것인가에 대하여 구체적인 방법을 가르쳐주는 것과 같다.

A.I는 원래 코칭이 아니라 조직 차원의 혁신 도구로 발전되었다는 것은 주지하는 바와 같다. 그러나 핵심 원리가 개인을 상대로 하는 코칭과 100% 일치한다는 것은 흥미로운 현상이다. 둘 다 그 뿌리에는 긍정심리학이 자리 잡고 있기 때문이다.

아울러 A.I는 오늘날 미국 등 선진국에서 조직 혁신의 도구로 많은 성공을 거두고 있다. 마찬가지로 개인의 발전을 위한 코칭도 오늘날 계속 확산되고 있음은 주지의 사실이다. 다만 아직도 "코칭의 미래는 어떻게 될 것인가?", "코칭은 과연 효과적인 방법인가?"라는 의문을 가지고 있는 사람들이 있다. 이러한 의문에 대하여 A.I의 성공은 우회적인 대답이 되고 있다. 긍정심리학이라는 동일한 뿌리를 가지고 있는 A.I가 조직혁신의 도구로 지지를 받고 있는 것은 코칭의 강점과 미래도 긍정적으로 보이게 해준다.

03
강점 자극과 코칭의 성과

사람을 만날 땐 질문을 준비하라.
– 소크라테스

강점의 탐색과 약점의 인식

코칭에서 고객을 발전적으로 변하게 하는 것은 결국 고객의 강점에 대한 긍정적 탐색Appreciative Inquiry에 의해 좌우된다. 로버트 B. 디너는 "고객의 강점을 인식하고 표출시키는 능력에 따라 코치로서 당신의 성공 수준이 달라진다"고 하였다. 로버트 디너, 2011

고객들은 겸손해야 한다는 인식 때문에 자신의 강점을 쉽게 오픈하지 않는다. 유능한 코치라면 이점을 감안해서 고객이 서서히 자신의 잠재된 강점을 나타낼 수 있도록 해야 한다. 코치가 좋은 질문을 한다면 고객 스스로도 미처 인식하지 못한 강점을 발견하고 이것을 발전의 원동력으로 활용하게 할 수 있을 것이다.

강점 중시는 약점 무시가 아니다

코칭에서 강점에 주목하라는 말을 "약점을 무시하라"는 뜻으로 해석하면 오해이다. 약점을 무시하면 때에 따라 그 약점 탓에 강점을 발휘하는 가능성 자체를 막아버릴 수도 있다. 이런 경우는 약점에 대한 적절한 대책을 수립하는 것도 반드시 이루어져야 한다.

고객이 돛단배라고 상상해보자. 불행히도 돛단배에 구멍이 났다면 그 구멍은 고객의 약점인 셈이다. 고객이 목표로 하는 지점으로 돛단배가 항해하도록 돕는 것이 코칭이지만, 먼저 주의를 기울여야 하는 것은 돛단배의 구멍을 막는 것이다. 단점에도 최소한의 주의를 기울여야 한다는 것을 뜻한다.

그러나 구멍을 완벽하게 막아도 돛단배를 전진하게 하지는 못한다. 돛단배의 가치는 항해에 있지 항구에 정박해 있는 것이 아니다. 돛단배를 앞으로 가게 하는 것은 강점을 발휘하는 데에서 나온다. 가라앉지 않으려면 구멍에 주의해야 하지만, 앞으로 전진하기 위해서는 돛을 높이 올려야 한다.

코칭에서 고객의 약점을 무시해서는 안 되지만, 강점에 초점을 맞추어 코칭을 해야 하는 이유이다. 오직 강점에만 또는 오직 약점에만 초점을 맞추는 것은 옳지 않다. Biswas-Diener 외, 2009

강점을 초반에 다루어라

사람과의 대면에서 첫인상이 중요한 영향을 미친다는 것은 상식이다. 심리학에서는 이것을 '초두효과Primary Effect'라고 한다. 코칭은 고객에게 긍정적 에너지를 만들어서 현재보다 더 나은 목표를 향해 나아가는 것이 특징이다. 이를 위해서는 코칭 과정의 전체가 밝은 분위기에서 강점 중심의 내용으로 진행될 필요가 있으며, 이를 위해 초두효과를 만드는 것이 필요하다.

1장의 '래포 형성'을 논의하면서 도입의 질문기술에서 다음의 두 가지 특성을 충족하여야 한다고 하였다.

> 1. 고객이 자랑스럽게 대답하고, 대화를 밝은 분위기로 이끌 수 있어야 한다.
> 2. 후속되는 코칭 주제 선정에 도움이 될 수 있는 관련성이 있을수록 좋다.

이 두 가지 조건을 충족하는 내용이 다름 아닌 강점 중심의 질문이다. 강점 중심으로 질문하면 (1) 코칭 초기에 래포 형성을 하는 초두효과를 만들 뿐만 아니라 (2) 코칭의 바탕 원리인 긍정 심리학에도 충실한 기법이 된다.

과용된 강점과 미실현 강점

강점 중심으로 대화를 이끌어가는 데에 유의할 사항이 있다. '과용된 강점'과 '미실현 강점'의 차이를 이해하는 것이다. Rath 외, 2004

첫째, 과용된 강점에 주의해야 한다.

코치가 도입 단계에서 고객의 숨겨진 강점을 자극하는 적절한 질문을 하면 대부분의 고객은 반응을 보인다. 고객은 자신의 성공과 강점 등에 대하여 신나게 이야기한다.

이렇게 발견된 고객의 강점은 앞으로의 코칭에서도 계속 유효하게 활용될 수 있을까? 다시 말하면 과거의 강점이 미래에도 강점이 될 수 있을지에 대한 의문이다. "과거의 성공이 미래에 실패의 씨앗이 될 수 있다"는 말이 있다. 고객이 지금까지 발휘한 강점, 특히 과용된 강점은 미래의 상황에는 강점이 아닐 수도 있다.

다음은 학구열이 대단하고 두뇌가 명석한 여성 고객의 사례이다. 그녀는 전문서적과 잡지를 수도 없이 구독하고 최고의 자신감으로 기업의 사내 교육을 책임지고 있다. 이러한 강점 때문에 모든 대화에서 자신의 지식을 일방적으로 전달하는데 습관화되어 있다. 강점이 과용되어 단점이 되고 있는 상황이다.

이 경우 코치가 고객의 발전을 돕기 위해서는 강점을 어떻게 발전시켜야 할까? 아이러니하게도 이 경우 그 강점을 억제시키는 코칭이 필요하다. 코칭은 기본적으로 고객의 강점을 더욱 발전시키는 것에 초점이 있다. 하지만 고객이 자랑스럽게 말하는 강점이 과용되어 부작용으로 나타나는 경우가 있다. 코치는 한 번쯤은 고객의 강점이 과용된 강점은 아닌지 의구심을 가져야 한다.

둘째, 실현되지 않은 강점을 찾아야 한다.

사람들은 저마다 서로 다른 강점들을 다양하게 가지고 있다. 발달하지 않고 수면 아래 숨어 있으면서 자신도 알지 못하는 강점들이다. 이런 강점을 '실현되지 않은 강점Unrealized Strengths'이라고 한다.

코칭에서 고객이 스스로 밝히는 강점들은 실현되지 않은 강점이 아니다. 오히려 과용된 강점일 수도 있다. 따라서 코칭에서 실현되지 않은 강점을 신바람 나게 말하는 고객은 없다.

자신도 미처 모르고 있거나, 알고 있어도 제대로 발휘하지 못하고 있는 것이 실현되지 않은 강점이다. 탁월한 코치의 역할은 고객의 실현되지 않은 강점을 찾아내는데 발휘될 수 있다. 강력 질문으로 고객도 미처 인식하지 못한 실현되지 않은 강점을 찾아낸다면 고객은 힘을 얻게 된다. "코치님의 질문을 받고 가만히 생각해보니 저에게는 그런 강점이 숨어 있었네요." 고객의 입에서 이런 대답이 나왔다면 코치는 실현되지 않은 강점을 찾아내는 강력 질문을 한 것이다. 고객에 숨겨져 있는 실현되지 않은 강점을 찾아내는 것이 코칭에서 매우 큰 성과이다.

강점 질문과 고객의 반응

강점을 발견할 수 있는 질문의 방법은 무엇일까? 코칭이 '과학적 예술이다'고 하는 말처럼 간단한 공식이 있을 수는 없다. 다만 강점 발견의 질문 능력을 단시간에 증대시킬 수 있는 방안은 있다. 다름 아닌 강점 발견을 위한 질문 사례들을 많이 경험하는 것이다.

로버트 디너는 강점 발견하는 효과적인 질문 기법으로 다음의 세 가지를 소개하고 있다. 과거, 현재, 미래로 구분하여 질문하는 것이다. 시점을 구분하면서 질문의 구체적인 형태는 다양하게 변형시킬 수 있음은 물론이다. 로버트 디너, 2011

> 1. 과거의 행동이나 활동 중에서 당신이 가장 자랑스럽게 여기는 것은 무엇입니까?
> 2. 현재 당신을 신나게 하는 것은 무엇입니까?
> 3. 가까운 미래에 일어날 일 중에서 소망하고 있는 것은 무엇입니까?

코치가 강점 발견을 위한 질문을 제대로 하면 고객은 신이 나서 말이 많아진다. 물론 이 때에도 '이것이 나의 강점이다'고 고객은 말하지 않는다. 자신의 스토리를 길게 말할 뿐이다. 유능한 코치라면 그 속에서 고객의 강점을 간파할 수 있어야 한다. 다음의 사례를 보자.

코칭 : 가까운 미래에 일어날 일 중에서 어떤 것을 소망하고 있습니까?
고객 : 한 달 후에 있을 휴가예요. 모르는 사람들과 일주일 동안 괌 여행을 가기로 했거든요! 낯선 사람들과 여행하는 것이 어색할 것 같아서 고민했지만, 한 번 해 보자고 마음먹었죠. 한 번 사는 인생이잖아요!
그곳은 스쿠버다이빙하기 좋다고 들었어요. 스쿠버다이빙은 안 해 보았지만 이번에 배울 거예요. 또 괌의 문화 탐방도 할 계획이에요. 지금은 무지하지만 출발 전에 책을 읽을 거예요. 이번 여행은 낯선 사람들과 함께 낯선 것을 배우는 기회가 될 것 같아요.

이 스토리에서 코치는 고객의 어떤 강점을 발견할 수 있을까? 모험심, 새로운 것을 배우려는 열정, 학습 능력, 낯선 사람들과 쉽게 어울리는 관계능력 등이다.

코칭에서 고객이 신나게 이야기하는 것이 과장되었거나 심한 경우 진실이 아니라면 어떻게 될까? 고객의 강점을 정확하게 파악하는 것이 불가능해진다. 거짓말 탐지기를 동원하면 고객이 진실을 말하고 있는지 아닌지를 알 수 있을 것이다. 그렇지만 코칭에서 고객에게 거짓말 탐지기를 동원할 수는 없는 노릇이다.

하지만 강점을 말할 때 고객에게 나타나는 공통의 신호를 알고 있으면 진실된 강점을 찾아내는데 도움이 된다. 코칭에서 고객이 대화중에 다음과 같은 모습을 보인다면 자신의 대화에 흥이 나 있다고 할 수 있다. 흥이 난다는 것은 자신을 자랑하고 싶은 강점을 말하고 있을 가능성이 많다.로버트 디너, 2011

강점을 말할 때의 신체적 변화
1. 억양이 높아지며, 높낮이의 변화가 많다.
2. 말하는 속도가 빨라진다.
3. 말하는 자세가 꼿꼿해진다.
4. 눈이 커지고 눈썹을 치켜뜬다.
5. 미소를 많이 짓고 큰 소리로 웃는다.
6. 손짓이 많아진다.
7. 은유적 표현이 증가한다.
8. 더욱 유창하게 말한다.

04
강점 중시와 코칭 프로세스

> 나는 이전까지는 몰랐던 직원들의 잠재된 능력을 이끌어내고,
> 불가능할 것으로 생각되던 문제의 해결 방안을 찾아내는 과정에서
> 코칭의 효과를 놀랍게 경험하고 있다.
>
> – 존 러셀, 할리 데이비슨 전 CEO

코칭 프로세스의 두 가지 요소

코칭은 고객의 발전적 변화를 위해 목표를 정하고, 이를 가능하게 하는 자원의 발견과 긍정의 에너지를 강화해 주는 것이다. 상담이 "무엇이 문제인가?"에 초점을 둔다면, 코칭은 "무엇을 할 수 있는가?"에 초점을 둔다. 고객이 문제에 가로막혀 힘들어할 때에 코치는 잠재된 강점을 발견하게 하고 도전할 수 있는 에너지를 불어넣어 주는 역할을 한다.

이러한 코칭의 효과를 달성하기 위해서는 적합한 코칭의 프로세스를 따르는 것이 필요하다. 코칭 프로세스는 래포 형성부터 코칭 종료시점까지 전체 과정에 걸쳐서 이루어지는 대화의 순서를 말한다.

체계적인 말이라면 서론, 본론, 결론이 있는 것처럼 코칭에서도 대화의 프로세스가 있다. 물론 이 프로세스가 획일적으로 진행되는 것은 아니다. 상황에 따라 변형되거나 고객의 대화에 맞춰서 춤을 취야 한다는 것은 두말할 필요가 없다.

하지만 코칭은 친구들과 하는 잡담이 아니다. 배가 항해할 때에 바람이 부는 대로 가지 않고 나침반의 방향대로 나가야 한다. 코칭도 고객의 대화에 몰입하여 경청하고 질문하지만 방향성을 지켜야 한다. 이것을 가능하게 하는 것을 코칭 프로세스 또는 코칭 모델이라고 한다.

코칭은 고객의 주제를 발견하고, 무엇을 개선할 수 있는지를 발견하며, 계획을 수립하고 이를 실행하도록 이끌어가는 방향성이 있는 대화이다. 나아가 고객의 에너지를 올려주는 긍정적인 분위기가 바탕이 되어야 한다.

이러한 코칭의 효과를 달성하기 위해서는 코칭 프로세스에 다음의 두 가지 요소가 갖추어져야 한다.

> 1. 칭찬과 격려로 고객의 에너지를 올려주어야 한다.
> 2. 코칭 모델에 강점 발견이 구조화되어야 한다.

GROW 모델의 4단계 프로세스

코칭 모델 중에서 우리나라에 널리 알려진 대표적인 것은 'GROW 모델'이다. 존 휘트모어가 주창한 GROW 모델이 오늘날 널리 알려진 데에는 다음의 두 가지 배경 때문이다.

1. 코칭이 세계적으로 보급되는 초창기에 탄생되었으며
2. 성장을 뜻하는 단어인 'GROW'인 것도 한몫하였다.

GROW 모델의 내용을 간단히 살펴보면 아래와 같이 4단계로 구성되어 있다. John W. More, 2002

> **GROW 모델의 4단계 프로세스**
>
> 1. 목표 설정 Goal Setting
> 고객이 어떤 문제를 해결하기 원하고, 어떻게 변화되기를 바라는지를 설정하도록 돕는 단계이다.
> 2. 현실 점검 Reality Checking
> 고객이 현재 처해있는 상태를 파악하는 단계이다. 그 동안의 추진사항과 어려움, 장애물 등을 파악하는 것이 목적이다.
> 3. 대안 전략 Option Strategies
> 목표와 현재 상태의 갭을 어떻게 메울 것인가를 찾는 단계이다. 생각할 수 있는 다양한 방법들을 구상하고, 그 중에서 고객이 취할 수 있는 실행계획을 구체화하는 것이 중심이다.
> 4. 의지에 기반을 둔 실행 Will-Based Action
> 실행 계획이 작심삼일이 되지 않고 끝까지 실행으로 옮겨지도록 이끄는 코칭 단계를 말한다.

이상에서 살펴 본 GROW의 모델은 문제 해결을 위해 방향성을 가지고 진행되는 점에서는 명료한 장점이 있다. 하지만 GROW 모델은 다음과 같은 한계점을 가지고 있다.

GROW 모델의 한계

첫째, 강점을 발견하고, 긍정 에너지를 북돋아 주는 코칭의 중요한 기능을 제대로 구현하지 못한다. 코칭의 본질적 특성이 고객의 숨겨진 강점을 발견하고 에너지를 올려주는 데에 있다. 이를 위해서는 대화 모델에서 자원, 강점 Resources을 발견하는 질문이 중요한 부분을 차지해야 한다. GROW

모델의 4단계 프로세스에서는 이 점이 매우 부족하다.

둘째, GROW 모델에서는 주제 선정의 단계가 없다. 코칭의 실제 상황에서 고객이 제시한 주제는 가짜 주제인 경우가 많다. HR부서의 요청으로 코칭을 받고 있는 직장의 관리자는 "내가 왜 코칭을 받아야 하지?"라며 거부감을 가진 경우도 많다. 이런 상황에 가슴속의 진정한 고민을 코치에게 털어놓는 것은 쉽지 않다. 고객이 제시한 주제가 진정한 주제가 아닌 경우가 얼마든지 있기 때문에, 이의 점검 없이 진행된 코칭 프로세스는 좋은 성과를 달성할 수 없다.

하지만 이미 GROW 모델에 익숙한 코치라면 이를 폐기하기가 아쉬울 수 있다. 이런 경우에는 R을 Reality Checking이 아니라 고객이 가진 강점 Resources을 발견하는 대화로 운용하는 것도 대안이다. 그렇게 하는 것은 휘트모어의 초기 모델을 우리가 긍정심리학의 원리에 맞게 더욱 발전시키는 것이기도 하다.

ARGOP(알곱)ⓒ코칭 모델과 특성

ARGOP(알곱)ⓒ코칭 모델은 본서에서 처음 제시하는 내용이다. 이 모델은 긍정심리학과 행동과학 등 관련 학문의 연구 결과들을 바탕으로 탄생한 프로세스이다. 나아가 국내는 물론 외국에서 소개되는 코칭 모델들의 장단점을 깊이 연구한 후에 정립된 것이기도 하다.

5단계로 진행되는 ARGOP(알곱)ⓒ코칭 프로세스에서 각 단계의 초점이 무엇인지 간단히 살펴보자.

> **ARGOP(알곱)ⓒ코칭의 5단계 프로세스**
> 1. 주제 선정^{Agenda} : 대화의 주제를 좁히고 그것에 초점을 맞춘다.
> 2. 자원 강점^{Resource} : 숨겨진 강점과 주어진 자원을 탐색한다.
> 3. 목표 설정^{Goal} : 원하는 목표 또는 장래의 모습을 구체화한다.
> 4. 방안 탐색^{Options} : 목표를 이루기 위한 추진 방안들을 탐색한다.
> 5. 계획 수립^{Plan} : 탐색 방안 중에서 최적의 방안을 선택하고 구체적 실행 계획을 세우며, 계획대로 실천하는 책임감을 갖게 한다.

ARGOP(알곱)ⓒ코칭이 GROW 모델과 다른 가장 큰 특징은 두 가지이다. GROW 모델에서 간과되고 있는 주제 선정^{Agenda}과 자원 강점^{Resource}을 탐색하는 단계이다. 이것이 있어야 비로소 긍정 심리학에 바탕을 둔 코칭이 활발하게 이루어질 수 있다.

A.I와 ARGOP(알곱)ⓒ코칭

A.I^{Appreciative Inquiry}는 전술한 바와 같이 쿠퍼라이드 박사가 조직 차원에서 변화 혁신을 이끌기 위한 도구로 개발한 이론과 기법이다. 무엇이 문제인가를 분석하기보다 '잘할 수 있는 요소를 찾고 거기에 집중'하는 것이 지름길이라는 원리이다.

A.I의 실행 프로세스는 다음의 5단계로 진행된다.

> **A.I의 5단계 프로세스**
> 1단계 : 주제 선정 Define
> 2단계 : 핵심강점 발견 Discovery
> 3단계 : 목표 설정 Dream
> 4단계 : 계획 수립 Design
> 5단계 : 실행하기 Destiny

5D로 불리는 A.I의 5단계 프로세스에서 각 단계가 무엇을 뜻하는지 주의를 기울여보자. 어디서 본 듯하지 않은가? 바로 ARGOP(알곱)©코칭 프로세스와 거의 일치하고 있다. A.I와 ARGOP(알곱)©코칭의 프로세스를 다음 표에서 비교해 보자.

A.I와 ARGOP(알곱)©코칭 프로세스 비교

구분	1단계	2 단계	3 단계	4 단계	5 단계
ARGOP (알곱)©코칭	Agenda (주제 선정)	Resource (강점 자원)	Goal (목표 설정)	Options (방안 탐색)	Plan (계획 수립)
A.I	Define (주제 선정)	Discovery (강점 발견)	Dream (목표 설정)	Design (계획 수립)	Destiny (실행하기)

이 비교표를 보면 명칭만 다를 뿐 각 단계별 내용의 본질은 동일하다는 것을 알 수 있다. ARGOP(알곱)©코칭과 A.I는 각자 독자적으로 개발되었다. 그럼에도 불구하고 핵심 원리가 동일하다는 것은 매우 흥미로운 결과이다.

이를 통하여 우리는 개인 차원이든 코칭 조직 차원이든[A.I] 성공적인 변화의 프로세스는 본질상 동일하다는 것을 알 수 있다. 아울러 ARGOP(알곱)ⓒ코칭이 타당성이 있는 프로세스라는 것을 A.I가 측면에서 거들어 주고 있다.

코칭 프로세스와 에너지 증대

코칭 프로세스는 획일적인 모델이 존재하는 것은 아니라는 것을 우리는 알고 있다. 다만 효과적인 코칭을 가능하게 하는 데에는 고객의 '강점 발견이 가능하며', '에너지를 올려주는' 두 요소가 충족되어야 한다는 것도 전술한 바와 같다. 그런데 이 두 가지 요소를 충족시켜 주는 시점이 '수평적 관계의 코칭'과 '수직적 관계의 코칭'에서 다르다는 것을 이해할 필요가 있다.

주지하는 바와 같이 ARGOP(알곱)ⓒ코칭은 '수평적 관계의 코칭'에서 사용되는 프로세스이다. '수평적 관계의 코칭'은 프로 코치^{전문 코치}가 고객에게 경청과 질문을 통하여, 고객 스스로 해결책을 찾아가도록 돕는 것을 의미한다. 코치와 고객은 처음 만나는 경우도 많으며, 이미 알고 있는 경우에도 고객의 관심사와 고민사항에 대하여 코치가 해결책^{정답}을 가르쳐 줄 수 없는 내용이다.

이에 반하여 상사와 직원, 교사와 학생, 부모와 자녀 등과 같이 서로가 잘 아는 관계가 '수직적 관계의 코칭'의 상황이다. 코치가 고객의 문제점이 무엇이며, 어떻게 고쳐가야 할 것인가에 대한 정답을 알고 있는 경우이다. 이때에는 POAH_S (포아스)ⓒ코칭 프로세스를 사용해야 한다. ^{상세}

내용은 부록 참조

POAH_S(포아스)ⓒ 코칭에서는 긍정심리의 코칭을 어떻게 실현할 수 있을까?

POAH_S(포아스)ⓒ코칭에서는 강점 자원^{Resources} 등에 대한 언급은 하지 않고, 바로 문제점^{Problem}에 대한 본론으로 들어간다. 그리고 코칭을 끝내면서 희망과 긍정의 말^{Hope}로 마무리 한다. 마무리 대화를 희망과 긍정의 말로 끝낸다고 하여도 코칭 전체 과정을 긍정의 분위기로 이끄는 것에는 미치지 못한다.

'수직적 관계의 코칭'인 POAH_S(포아스)ⓒ코칭에서 긍정의 코칭을 하는 것은 오히려 대화가 끝난 후의 실천 과정에서 나타난다. '_S$^{Support, 칭찬 격려}$'가 _S로 표기되고 있는 것도 실천 과정의 평소에 이루어지는 코치의 행동을 나타내고 있다.

사람의 행동이 한두 번의 코칭으로 바뀌지 않는 것이 보통이다. 특히 문제가 되는 행동이 심각할수록 변화되기는 어렵다. 직원, 학생, 자녀 등 '수직적 관계의 코칭'의 상대도 마찬가지이다. 이들이 긍정의 에너지를 가지고 문제를 극복하고 행동이 바뀌도록 하는 데에는 코칭이 끝난 후, 매일의 상호작용 과정에서 지지와 격려^{Support}를 해 주어야 한다.

'수평적 관계의 코칭'에서는 코칭이 종료되면 코치와 고객의 관계도 끝나기 때문에 코칭 중에 지지와 격려가 충분히 이루어져야 한다. ARGOP(알곱)ⓒ코칭 프로세스에서 강점 자극에 역점을 두는 것이나, 코칭 주제를 긍정의 문구로 표현하는 것들이 모두 이러한 목적을 위한 것이다.

반면에 '수직적 관계의 코칭'에서는 대화의 순간에는 이슈 중심의 냉정한 코칭 분위기를 유지한다. 하지만 실행 시점에는 지속적으로 칭찬과 격려를 해 줄 수 있는 것이 POAH_S(포아스)ⓒ코칭이다. 칭찬 격려를 효과적으로 하기 위해서는 POBS(팝스)ⓒ칭찬기법을 사용하면 된다.

05
긍정 코칭과 주제의 Re-Frame

*우리가 어떤 사람인지 아는 것과, 우리가 무엇을 할 수 있다고 믿는 믿음은
우리의 미래를 결정짓는다.*

– 앤서니 로빈스

부정의 문구로 표현된 코칭 주제는 긍정의 코칭을 방해한다

"코치는 질문만으로도 코칭 상황을 원하는 곳으로 몰고 갈 수 있다." 마사히코 쇼지, 2008 고객에게 부정적인 내용이나 문제점 분석에 치중하는 질문을 하는 것보다 강점을 발견하는 질문을 할수록 긍정적인 코칭으로 이어진다.

그런데 여기서 긍정의 코칭을 하는데 효과적인 또 다른 방법이 있다. 코칭의 주제를 긍정의 문구로 표현하는 것이다. 이것은 코칭의 주제를 정했을 때에 긍정의 문구로 표현하는 것을 말한다.

다음은 실제 코칭에서 고객들이 제시하는 코칭 주제의 사례들이다.

"시간 관리가 잘 안됩니다. 시간 관리를 잘 하는 능력을 코칭받고 싶습니다."

"의지력이 약해 작심삼일이 됩니다. 어떻게 하면 고칠 수 있을까요?"

"갈등으로 스트레스가 많습니다. 갈등관리 능력을 키우고 싶습니다."

위와 같이 코칭의 주제는 대부분 부정적인 내용들이다. "무엇이 잘 안되어 힘듭니다. 이것을 해결하고 싶습니다"의 형태를 띤다. 긍정의 문구가 아니라 부정의 문구로 제시되는 경우가 많다. 코칭을 받는 목적이 현재의 답답한 상태를 벗어나는 것이다. 따라서 고객은 "어렵다"는 의미의 부정적 표현으로 코칭 주제를 말하기 쉽다.

코칭은 양지를 바라보며 고객을 앞으로 나아가게 하는 것이다. 그런데 코칭 주제를 부정적인 문구로 표현하는 것은 목표지점을 음지로 표현하는 것과 같다. 문제점을 바라보며 부정적 뉘앙스를 내포하는 표현이다. 이는 음지를 바라보면서 양지를 이야기하는 형태가 되기 때문에 긍정의 코칭을 하는데 방해가 된다.

따라서 긍정의 코칭이 되기 위해서는 코칭 주제를 긍정의 문구로 표현하는 노력이 필요하다. 고객이 문제점 중심으로 설명한 내용을 충분히 이해한 후에 이것을 긍정의 문구로 재구성Affirmative Re-Framing하는 작업을 말한다.

이것은 고객이 말한 부정적인 주제를 폐기하고 다른 긍정적인 주제를 찾는 것이 아니다. 이미 제시된 주제를 표현만 긍정의 문구로 변경하는 것을 말한다. 동일한 위치에 있는 주제를 음지 방향으로 바라보지 않고 양지 방향으로 바라보게 만드는 것에 비유할 수 있다.

위에서 살펴본 고객의 고민을 한 단어의 코칭 주제로 압축해 보자. 그러면 순서대로 '시간 관리', '변화 관리', '갈등 관리' 쯤이 될 것이다. 한 단어로 압축하였기에 부정적인 뉘앙스가 줄어들었지만, 여전히 긍정적인 표현과는 거리가 있다. 이것을 긍정의 문구로 재구성하는 것이 필요하다.

이를 긍정 표현으로 재구성하면 다음과 같은 내용이 된다.

문제 중심 주제	긍정적 재구성
시간 관리	시간 가치 높이기
변화관리	변화에 앞서가기
갈등 관리	화목한 관계 만들기
실행력 부족	원하는 것을 달성하기
직장 성희롱 문제	남녀 간 시너지 관계 만들기

위 비교표를 보면 코칭 주제를 긍정적 문구로 재구성하는 것의 장점을 좀 더 쉽게 이해할 수 있다. 고객으로부터 "시간 관리가 잘 안 됩니다. 그것을 잘 하는 능력을 코칭받고 싶습니다"라는 말을 듣고 코칭 주제를 '시간 관리'라고 해서는 첫 단추를 제대로 꿰지 못한다. '시간 관리'라는 표현은 부정적 뉘앙스이거나 최대한 중립적인 표현일 뿐이다. 긍정적으로 표현하는 것은 분명히 아니다. 이를 '시간 가치 높이기'라고 재구성하면 이어지는 코칭이 훨씬 더 양지를 바라보는 긍정의 코칭으로 이어진다. 주제 선정 단계부터 고객에게 에너지를 불어넣어주는 코칭의 프레임을 만들어주게 된다.

코칭 주제를 긍정의 문구로 재구성하는 방법은 그리 어렵지 않다. 다음의 3가지 과정을 따르면 쉽게 가능해진다.

> **코칭 주제의 긍정적 재구성 방법**
> 1. 고객의 말을 경청하여 진정한 코칭 주제를 발견한다.
> 2. 고객이 "문제점을 고쳐서 무엇을 얻고자 하는가?"를 질문한다.
> 3. '얻고 싶은 그 무엇'을 코칭 주제로 표현하면 된다.

먼저 고객이 고민하는 주제를 경청한 후에 다음과 같이 질문하면 된다. 예컨대 고객이 "시간이 부족하여 자기계발을 하지 못합니다"라고 말하는 경우를 생각해 보자. 그러면 "시간 관리를 잘 하고 싶은 것은 자기계발을 위한 것입니까?"

이 질문에 고객이 "예, 그렇습니다"라고 말하면 "얻고 싶은 그 무엇"을 바로 찾은 것이며, 이것을 코칭 주제로 표현하면 긍정의 문구가 된다. "자기계발을 할 수 있는 시간 관리"가 새로 표현된 코칭 주제이다.

만약 얻고 싶은 것에 대한 코치의 추정에 대하여 고객이 "아닙니다"라고 말하면, 다시 경청하고 전과 같은 질문을 반복하면 된다. 이런 방법을 사용하면 고객의 고민이 어떤 내용이라도 코칭 주제를 긍정의 문구로 바꾸는 것이 가능하다.

코칭의 시작 시점에 주제Agenda부터 긍정의 문구로 표현해 두고, 후속 대화를 이어가는 것은 코칭 효과를 증대하는 데 크게 기여한다. 일본의 전국시대 쇼군 오다 노부나가의 일화이다. 전투에서 패할 때마다 휘하 장수들이 그날 밤 모여서 "무엇 때문에 패했는지, 무엇이 잘못되었는지" 등 원인에 대한 논란을 벌였다. 그래도 패전은 계속되자 노부나가는 화가 나서 소리를 질렀다. "오늘 밤부터 패전의 원인에 대해 한마디라도 하는 사람은 목을 치겠다. 지금부터는 어떻게 하면 이길 수 있을지에 대해서만 말하라." 작전회의를 '어떻게 이길 것인가?'에만 집중하게 되니 이후부터는 연전연승을 했다.

  작전회의이든 코칭이든 주제를 긍정의 문구로 표현하는 것은 후속되는 대화의 방향을 가르는 분수령이 된다. 긍정의 생각은 긍정의 결과를 낳듯이 부정적 질문은 부정적 생각을 만들어 내고, 부정적 결과를 낳는다. 코칭 주제를 긍정 문구로 표현하면 코칭 프로세스 전체 과정을 긍정의 질문으로 이끄는 데 큰 영향을 줄 수 있다.

7장

코칭의 주제 선정

01
숨겨진 주제의 발견

*분석적 사고는 좌뇌의 활동이며 현재의 문제점을 찾아낸다.
그러나 새로운 발전을 위해서는 우뇌를 활용해야 한다.
우뇌는 미래의 열망, 꿈, 희망이 사는 곳이다.
앞으로 나아가기 위해서는
'왜?'가 아닌 '무엇이 가능한가?'에 초점을 두어야 한다.*

― 메리 J. 라이언

가짜 코칭 주제를 말하게 되는 몇 가지 경우

고객과의 래포 형성 능력, 경청과 질문 능력, 긍정의 코칭 능력 등은 스포츠에 비유하면 준비운동이나 기초 체력에 해당한다. 훌륭한 선수가 되기 위해서는 기술 이전에 태도와 체력 등이 중요한 것과 같다.

기초 체력이 갖춰진 운동선수에게 필요한 것은 경기를 할 때의 '테크닉'이다. 코칭에서도 기초체력에 해당하는 역량을 갖추었다면 이제 코칭의 테크닉을 갖추는 것이 필요하다. 코칭의 테크닉을 발휘하는데 가이드가 되는 것이 대화 프로세스이다.

코칭 모델 또는 코칭 프로세스에서 그 첫 단계가 코칭 주제Agenda를 정확하게 선정하는 것이다. 특히 ARGOP(알곱)Ⓒ코칭 상세 내용은 부록 참조에서는 고객의 말에 의하여 주제가 선정되기 때문에 자칫하면 가짜 주제를 가지고 코칭을 하게 될 위험도 있다. 첫 단추를 잘못 끼우면 그 뒤의 모든 수고가 허사이듯이 코칭에서도 주제를 잘못 선정하면 후속 대화 프로세스에 아무리 많은 노력을 하여도 코칭을 성공시키기 어렵다.

주제 선정은 전문 코치와 고객과의 만남으로 시작되는 수평적 관계의 코칭에서 중요한 이슈이다. 첫 대면에서 래포 형성이 이루어지고 나면 코치는 고객에게 보통 다음과 같은 질문을 한다. "오늘 어떤 주제로 코칭을 할까요?", "오늘 코칭에서 어떤 사항이 해결되었으면 좋겠습니까?"

이러한 코치의 질문에 대한 고객의 대답은 보통 다음의 두 가지 상황에 따라 달라진다.

첫째, 마음속에 구체적인 코칭 주제를 가지고 있는 경우
둘째, 구체적인 주제를 가지고 있지 않은 경우

"주제를 무엇으로 하면 좋겠는가?"하는 코치의 질문에 "~에 대하여 코칭 받고 싶습니다"라고 대답하면 전자에 해당한다. 반면에 "잘 모르겠는데요. 미리 생각해 보지 못했습니다"라고 한다면 후자에 해당한다.

이 두 가지 상황에서 코칭 주제를 선정하는 데에 코치가 조심해야 할 상황은 어떤 경우일까? 얼핏 생각하면 고객이 코칭 주제를 가지고 있지 않은 경우라고 생각할 수 있겠지만 이러한 추측은 틀렸다. 오히려 고객이 코칭 주제를 가지고 있다고 말하는 경우가 더욱 주의를 기울여야 할 때이다. 고객이 말하는 주제가 '가짜 주제'일 가능성이 있기 때문이다.

고객이 주제를 정하지 못하는 경우에는 코치와 함께 주제를 찾아가면

된다. 코치가 경청과 질문으로 고객에게 중요한 사항이 무엇인지를 발견해 가는 대화를 하면 진정한 주제를 찾는 것이 얼마든지 가능하다. 다시 말하면 처음부터 주제를 찾는 대화를 진행하기 때문에 참 주제를 찾게 되고, 후속 코칭이 올바른 방향으로 진행될 수 있다.

반면에 고객이 "저의 주제는 ~입니다"라고 말하는 경우는 주제를 발견하는 대화가 생략되기 쉽다. 코치는 "아! 그렇군요"하면서 고객이 말하는 주제를 곧장 코칭 주제로 확정하게 된다. 하지만 이것은 고객의 진정한 코칭 주제가 아닐 가능성이 존재하는 것을 간과하는 것이다.

환자가 의사에게 "머리가 아프다"고 말해도 의사는 바로 두통약을 처방하지 않는다. 많은 진단과 질문을 거쳐서 진짜 문제가 무엇인지를 찾아내야 한다. 그리고 환자의 진짜 문제는 두통이 아니라 다른 곳이라는 것을 발견하고 이에 맞는 처방을 하는 사람이 명의다. 코칭에서도 고객이 말하는 주제가 진짜 주제가 아닌 경우가 많다. 이를 무시하고 고객이 말한 주제로 코칭을 진행하면 고객의 진정한 코칭 니즈를 충족시키지 못한다. 고객의 가슴속에 숨겨진 진짜 주제를 파악하는 것이 코칭 프로세스에서 성공적 코칭의 첫 관문이라고 할 수 있다.

코칭에서 고객이 가짜 주제를 말하는 이유는 무엇일까? 여기에는 다음과 같은 3가지 이유가 존재한다.

> **가짜 코칭 주제를 말하게 되는 3가지 경우**
> 1. 고객이 본심을 숨기는 경우
> 2. 고객 스스로 착각하는 경우
> 3. 문제 해결 Doing 중심으로 코칭하는 경우

첫째, 고객이 본심을 숨기는 경우

조직의 관리자 등 직장인들을 대상으로 하는 코칭에서 자주 발생하는 경우이다. 코칭 비용을 회사에서 부담하고, 코칭 대상자를 인사부서에서 선정하여 고객이 비자발적으로 코칭에 참여하는 경우가 많기 때문이다.

리더십 평가점수가 낮거나 업무 성과가 부진한 관리자를 인사부서에서 지정하여 코칭 대상자로 확정하는 경우가 있다. 이러한 배경에서 코칭을 받는 고객은 먼저 자신이 코칭 대상자가 된 사실을 못마땅하게 생각한다. 회사에 대한 이러한 불만은 코칭에도 영향을 미친다.

코칭 시간에 코치와 대면하는 것 자체를 떨떠름하게 생각한다. 코치의 질문에도 건성으로 대답하거나 마음은 콩밭에 가 있다. 더구나 코칭 주제를 정하는 것은 코칭의 초기에 이루어져야 한다. 이때에는 고객과 코치 사이에 래포가 충분히 형성되기도 전이다. 이때에 고객에게 "코칭 주제를 무엇으로 할까요?"하고 물으면 고객은 진짜 주제를 말할 수 있을까? 코칭에서 진짜 주제란 가슴 속의 진짜 고민사항에 해당한다. 비자발적으로 코칭에 참여하는 고객에게 본심 또는 진짜 주제를 말하기를 기대하는 것 자체가 무리이다.

이러한 상태에서 코칭 주제를 묻는 코치의 질문에 대하여 고객은 가짜 주제를 제시하는 경우가 많다. 잡담 수준의 부담 없는 주제를 말하는 경우이다. '건강관리', '시간 관리' 등이 자주 등장하는 주제이다. 물론 이러한 주제라도 그것이 고객에게 진정으로 소중한 내용인 경우에는 문제가 없다. 그것은 진정한 주제이기 때문이다. 다만 가슴속의 진짜 고민을 말하지 않은 채 시간 때우기 식으로 부담 없는 주제를 말하는 고객이 있다는 것을 주의하여야 한다.

가짜 주제를 말하는 것은 부모의 요청으로 코치 앞에 앉아 있는 청소년의 경우도 마찬가지이다. 이들이 처음 만나는 코치에게 가슴속의 진정한 고민^{주제}을 털어놓지 못하는 것은 어른과 전혀 차이가 없다.

둘째, 고객 스스로 착각하는 경우

고객이 "저는 의지가 약해서 시간 관리를 계획대로 꾸준히 하지 못합니다. 시간 관리 기법에 대하여 코칭을 받고 싶습니다"라고 말한다고 가정해 보자. 본심을 숨기는 앞의 경우와 다르다. 시간 관리 능력을 제고하는 것이 진정으로 고객이 중요하게 생각하고 있는 상황이다.

코칭은 대화의 전 과정에서 고객의 생각을 존중해야 한다는 것을 우리는 알고 있다. 따라서 고객이 진정으로 중요시하는 이슈를 코칭 주제로 확정하는 것은 당연한 요청이다. 다만 고객 스스로 착각을 하고 있을 가능성이 있다는 점이다. 어린이가 옳다고 생각하는 것이라도 어른의 시선으로 보면 틀린 경우가 많다. 마찬가지로 어른인 경우에도 사람은 좁은 시야나 틀린 판단을 하는 경우가 있을 수 있다. 착각하는 경우에 해당한다. 이때에는 고객의 착각을 바로잡아 주도록 하는 것이 제대로 된 코칭이다.

시간 관리 문제를 자신의 이슈라고 생각하는 고객의 경우를 생각해 보자. 이 고객이 시간 관리를 잘 못하는 원인이 무엇일까? 단순히 스케줄링의 습관이 부족해서일까? 아니면 간절하게 원하는 목표가 없기 때문은 아닐까? 전자의 경우라면 고객의 말처럼 시간 관리 기법이 진정한 코칭 주제가 된다. 하지만 후자가 원인이라면 코칭 주제가 바뀌어야 한다. 가슴 뛰게 하는 삶의 목표와 계획을 명확히 세우는 것이 진정한 코칭 주제가 되어야 한다.

유능한 코치는 이 점을 간파해 낸다. 경청과 질문의 과정을 거치면서 진정한 코칭 주제가 '삶의 목표 확립'이라는 것을 파악해 낼 수 있다. 직감으로 이것을 느꼈다면, 고객에게 "가슴 뛰는 목표가 있다면 시간 관리 습관이 어떻게 바뀔까요?"와 같은 확인 질문을 해 보면 된다. 그 때 고객은 "그 질문을 받고 보니 시간 관리를 못하는 원인이 목표가 절실하지 않기 때문이었군요. 코칭 주제를 그것으로 하고 싶습니다"라고 한다.

셋째, 문제 해결Doing 중심으로 코칭하는 경우

필자에게 코칭을 공부하는 40대 여성이 있었다. 남편이 IT기업의 팀장이었는데, 경영 사정이 어려워 직원을 감원하고, 남은 직원들로 조직을 활성화해야 하는 과제를 가지고 있었다. 코칭을 배운 아내는 힘들어하는 남편을 돕기 위하여 코칭을 시도하였다. 코치는 아내이며 고객은 남편이다.

코치 : 여보, 내가 밖에서는 명색이 코치인데, 당신에게도 도움이 될 수 있으니 코칭을 받아 보겠어요?

고객 : 그래요! 팀원들 문제를 어떻게 해결해야 할지 아이디어를 좀 줘 봐요.

코치 : 직장에서 요즘 무엇이 가장 고민이지요?

고객 : 팀원 중 일부를 퇴직시켜야 하는 반면에, 남아 있는 직원들에게는 새롭게 생기를 불어넣어야 하는 모순적인 역할이요.

코치 : 최근에 어떤 노력을 하고 있지요?

고객 : 저녁 시간에 개별적으로 만나 회사 입장을 설명하고, 설득하고 있어요.

코치 : 그렇게 한다고 효과가 있을까요?

― 중략 ―

코치 : 개별적인 설득보다 좀 더 냉정한 대책이 필요할 듯해요.

고객 : 한번 고민해 볼게요.

― 이하 생략 ―

코치는 고객인 남편의 고민을 해결하는 데 도움을 주기 위하여 자신의 아이디어를 덧붙이며 해결 방안에 대한 코칭을 하였다. 그런데 이 코칭의 결과는 어떻게 되었을까? 그에 대한 최종 판단은 고객만이 할 수 있다. 하지만 이 코칭은 실패로 끝났을 가능성이 매우 높다.

코칭이 성공적이었는지를 알기 위한 간단한 질문이다. "코칭이 얼마나 도움이 되었습니까?' 이 질문을 코치가 직접 하는 경우에 대답은 진심이 아닐 수 있다. 코치의 체면을 생각해서 만족스럽지 못하여도 좋았다고 대답하는 고객이 있기 때문이다. 고객의 진심을 알기 위한 방법은 제 3자^{인사부서 직원, 설문 등}가 확인해 보는 방법이다.

위와 같이 진행된 코칭에 대하여 고객은 많은 경우 "특별히 새로운 발견을 한 것은 없었다"고 대답한다. 또는 "다음에 또 코칭을 받겠는가?"라고 물으면 "시간이 없다"고 말한다. 코칭이 성공적이지 않다는 이야기다. 그 이유는 '해결 방안^{Doing}' 중심으로 코칭을 하였기 때문이다.

Doing 중심 코칭과 Being 중심 코칭

아내가 남편의 직장 생활 속 어려움을 코칭한 앞의 사례를 생각해보자. 코칭의 주제는 인원감축 등 조직 관리의 어려움에 대한 해결 방안을 찾는 것이다. 소위 문제 해결^{Doing} 중심의 코칭이다.

이 주제에서 고객의 고민 즉 감원과 조직 활성화를 이루는 데에는 어떤 요소들이 고려되어야 할까? 직원들의 특성, 팀장의 성격, 조직 환경, CEO의 방침 등 수많은 변수들의 역학관계가 고려되어야 한다. 복잡하게 얽혀 있는 이러한 과제에 대하여 코치가 고객^{남편}보다 나은 생각을 할 수 있을까? 그 가능성은 매우 낮다고 보아야 한다.

코치가 이런 저런 아이디어를 제시하여도 그런 방안들은 이미 고객이 고민해 보았던 범위를 벗어나지 못한다. 고민의 당사자인 고객은 이미 생각할 수 있는 방안들을 충분히 고민해보았다고 보아도 좋다.

코칭을 Doing^{문제 해결} 중심으로 진행하였을 때에 코치가 고객의 생각을 뛰어넘을 수 있는 새로운 해결 방안을 창안해 낼 가능성은 희박하다. 고객에게 만족하지 못하는 코칭이 이루어지는 중요한 이유가 바로 해결 방안 위주로 코칭을 하는 데에 있다.

해결 방안 위주가 아닌 코칭이 '사람^{Being} 중심 코칭'이다. 해결 방안 중심의 코칭이 성공하기 어려운 데 비하여, 사람 중심의 코칭은 고객을 만족시키는 성공적인 코칭이 될 가능성이 크게 증대한다.

Being 중심 코칭의 효과

사람^{Being} 중심의 코칭은 문제가 아니라 문제를 안고 있는 사람 자체에 초점을 두는 방식이다. "고객의 강점과 자원을 발견하도록 돕고, 긍정의 에너지를 북돋아 주는 것"이라고 할 수 있다. Doing 중심의 코칭이 '문제'를 바라보는 데에 비하여 Being 중심의 코칭은 문제를 안고 있는 '사람'에 초점을 두는 것이라고 할 수 있다.

이는 고객의 존재 자체^{Being}를 강화시켜주면 문제의 해결 방안은 고객 스스로 찾아갈 수 있다는 생각이 바탕에 깔려있다. 해결 방안^{Doing} 중심의 코칭이 고기를 잡아 주는 것이라면, 사람 중심^{Being}의 코칭은 낚시할 수 있는 능력을 강화시켜 주는 것과 같다. Being 중심 코칭에 대한 자세한 설명은 뒤에서 하고 있다.

여기서는 우선 앞에서 본 아내와 남편의 코칭 사례를 통하여 Doing 중심 코칭의 한계를 살펴보기로 하자. 만약 아내가 남편에게 구조조정 후의 조직관리 방안에 대한 코칭이 아니라, 심신이 녹초가 되어 힘들어하는 남편에게 긍정의 에너지를 불어넣어 주는 격려의 코칭을 했다면 어떻게 되었을까? Being 중심의 코칭이 되면 남편은 아내와의 코칭 대화를 흡족하게 생각할 것이다.

남편에게 절실히 필요한 코칭 주제는 직장의 고민거리에 대한 해결 방안이 아니다. 이것은 가짜 주제인 셈이다. 진정한 코칭 주제Hidden Agenda는 힘들어 하는 고객남편에게 코치아내가 격려를 해 주는 것이다. 남편이 입으로 말한 코칭 주제는 "팀원들 문제를 어떻게 해결해야 할지 아이디어를 좀 줘 봐요"이지만, 가슴속의 진정한 주제는 "나를 좀 위로해 주세요"이다.

Being 중심으로 코칭을 하였다면 아내인 코치가 한 말은 다음과 같은 것들이 되었을 것이다.

"직장에서 그토록 힘든 일이 있는지 미처 몰랐어요."
"그럼에도 아이들에게는 좋은 아빠가 되려고 애쓰셨네요."
"당신은 지혜로운 분이니 잘 할 수 있을 것으로 믿어요."

이러한 지지 격려 또는 Being 중심의 코칭이 진행되었다면 고객은 눈물을 글썽이기까지 할 것이다. "나를 믿어주는 사람이 있구나!"하고 감동하며 마음이 풀릴 것이다. 그리고 내일 출근하여 해결 방안을 다시 궁리해 낼 에너지가 생긴다. 이것이 바로 사람 중심의 코칭이다.

실제 코칭에서 고객이 말하는 주제는 해결 방안을 찾는 경우가 많다. 그러나 이것은 입의 말일 뿐 가슴의 주제가 아닐 수 있다는 것을 유념하여야 한다. 필자의 코칭 경험에 의하면 지지 격려^{Being}를 받고 싶어 하는 경우가 50% 이상이라고 하여도 과장된 말이 아니다.

물론 이것은 고객 스스로도 인식하지 못할 때도 있다. 두통이 있는 환자가 의사에게 두통을 치료하고 싶다고 말하는 경우에도 두통의 진짜 원인이 다른 곳에 있다는 것을 모르기 때문일 것이다. 이때에 명의라면 근본 원인은 마음의 병이라고 찾아낼 것이며, 마음 중심의 치료를 시작할 것이다.

02
참 주제의 발견 방안

> 코치에게 가장 우선되는 사명은 고객이 자유롭게 자신의 말을 표현할 수 있도록
> 신뢰와 파트너십 공간을 창출하는 것이다.
> – 피에르 앙젤

코치에게 필요한 마음가짐

문제의 해결 방안을 찾고 싶다고 말하면서도 속마음은 '격려받고 싶거나', '본심을 숨기거나', '고객 스스로 착각하며 핵심 주제를 말하지 않는 경우' 등의 상황은 코칭 현장에서 비일비재하다. 이런 상황에서 진정한 코칭 주제를 발견하는 것이야말로 코칭의 성패를 좌우하는 대단히 중요한 역량이다. 표면으로 드러난 가짜 주제를 가지고 코칭을 진행하면 후속되는 코칭은 아무런 소용이 없다는 것은 긴 설명이 필요하지 않다.

명의가 환자의 아픈 원인을 찾아내는 데에는 의사의 총체적 역량이 발휘되어야 가능하다. 코칭에서도 고객의 진정한 주제를 발견하는 것도 마찬가지이다. 간단한 요령으로 되는 것이 아니며, 코치의 집중력과 탐색적 노력이 필요하다. 고객으로부터 진정한 코칭 주제를 이끌어 내는 데에는 코치에게 다음과 같은 노력이 필요하다.

첫째, 고객의 감정을 이해하고 고객과 같은 편이 되어야 한다.

먼저 고객과 래포를 충분히 형성하여야 한다. HR부서의 요청에 의해 비자발적으로 코칭을 받은 고객을 생각해 보자. 이런 경우에도 코치가 고객을 돕고자 하는 진심을 가지고 다음과 같이 말하면 고객의 닫힌 마음이 조금 누그러진다.

"다른 사람의 요청으로 코칭을 받게 되시면 의욕이 떨어지는 것은 당연할 것입니다."

―중략―

"그럼에도 불구하고 코칭 기회를 갖게 되었으니 고객님께 유익한 시간으로 만들어야 합니다. 코치인 저는 고객님의 편에서 도움이 되고 싶습니다."

둘째, 코치에 대한 신뢰감을 갖도록 기다려야 한다.

고객의 마음이 조금 열렸다고 하여 숨겨진 진정한 코칭 주제를 말하기는 아직 이르다. 가슴 속에 진정한 주제를 말하려면 코치에 대한 우호적 감정만으로는 부족하다. "이 코치는 나의 고민사항에 대하여 도움을 줄 수 있는 전문성이 있는 사람이구나" 하는 신뢰감이 필요하다.

비자발적으로 코칭에 임하는 고객이 코치에게 신뢰감을 갖기까지는 흔히 4차, 5차 세션쯤이 되어야 가능하다. 이때까지 코치가 기다리며 충분한 래포 형성과 강점 중심의 대화를 이어갈 필요가 있다. 그러면 어느 순간 고객이 말한다.

"코치님, 지금까지 시간 관리를 고민사항으로 말씀드렸지만, 실제 제 고민은 따로 있습니다. 감정 컨트롤이 잘 안되어 직원들에게 화를 잘 내는 것이 요즘 큰 문제입니다."

비로소 진정한 코칭 주제가 표출되는 순간이다.

주제 발견까지 코칭 시간의 50%를 사용하라

주제 선정Agenda은 ARGOP(알곱)ⓒ코칭의 5단계에서 한 단계에 불과하다. 단순 논리로 생각하면 전체 코칭 시간의 1/5을 사용하면 된다. 예컨대 60분씩 5차 세션으로 이루어지는 경우에 주제 선정은 1차 세션에서 마치는 것이 맞을 것이다. 하지만 주제 선정은 훨씬 많은 시간을 사용할 필요가 있다.

무슨 일이나 첫 단추를 정확하게 끼우는 것이 중요하며 시간도 많이 걸린다. 코칭에서도 주제 선정이 첫 단추의 역할을 하기 때문에 시간을 많이 할애해야 한다. 주제 선정을 하기까지는 래포 형성과 고객 이해 등이 먼저 이루어져야 하므로 이에 필요한 시간을 여유 있게 할애해야 한다.

프로 코치들 중에는 "전체 코칭 시간의 70%를 래포 형성과 주제 선정에 사용하라"고 말하는 사람도 있다. 코칭 주제의 정확한 선정이 너무나 중요하다는 점을 강조하는 말이기도 하다. 하지만 필자의 경험으로는 "코칭 시간의 50%를 주제 발견 단계까지 사용하라"고 말한다. 여기는 래포 형성 시간까지 포함된 시간이다. 따라서 전체 코칭이 5차 세션으로 진행되는 경우에 2차~3차 세션까지 래포 형성과 주제 선정에 할애해도 무방하다.

'주제 발견까지 충분한 시간을 할애하라'는 것을 실천하지 않으면 코칭은 실패할 가능성이 높다. 코칭을 배우기 이전부터 사람들은 상대방의 어려움을 들으면 습관적으로 '문제 해결' 모드로 들어간다. 이런 바탕에서 코칭에서도 "오늘 코칭 주제를 무엇으로 할까요?" 묻고서 고객이 말한 주제를 가지고 바로 문제 해결의 코칭에 착수하기 쉽다. 하지만 코칭 시간의 50%를 주제 발견에 할애하려는 주의를 기울이면 명확한 주제 발견을 할 가능성이 크게 증가한다.

주제 선정에 관한 ICF의 기준

ICF에서도 가장 높은 수준의 코치[MCC] 자격을 테스트하는데 주제 선정 능력을 중요하게 체크한다. 코칭 주제 선정과 관련하여 단계별 합격 수준을 다음과 같이 규정하고 있다. ICF Core Competencies Rating Levels 참조

합격 기준

고객이 다루기를 희망한 주제를 표면적 수준에서 다루고 더 이상 깊이 들어가지 않으면 ACC 레벨에서는 합격을 시켜주지만, PCC와 MCC 레벨에서는 실격 처리된다. PCC와 MCC 레벨 수준의 코치는 반드시 다음 사항을 준수해야 한다.

> 1. 고객이 말한 주제에 대하여 잠복된 주제는 없는지 탐색해야 하며
> 2. 코칭 진행과정에도 고객의 피드백을 바탕으로 고객이 진정으로 원하는 방향으로 코칭이 진행되는지를 점검해야 한다.

불합격 기준

만약 코칭 주제를 코치가 주도적으로 선정하면 ACC 레벨에서조차 불합격으로 처리된다. MCC 수준의 코치 테스트에서 다음과 같이 진행해도 마찬가지다.

1. 고객이 주제와 관련된 사항에 대하여 충분히 말할 기회를 주지 않거나
2. 세션마다 고객이 진정으로 원하는 내용으로 대화가 진행되고 있는지 점검하지 않는 경우

8장

문제 해결 코칭과 사람 중심 코칭

01
문제 해결과 가짜 주제의 가능성

> 사람들은 직장생활의 대부분을 자신의 관점을 고수하면서
> 타인에게 충고를 하며 보낸다.
> 하지만 대부분의 문제들은 고유의 배경과 특성이 있기 때문에
> 자신의 방법이 옳다는 보장이 없다.
> — 피터 셍게

문제보다 사람에게 초점을 두어야 한다

코치는 고객을 만나면 본능적으로 어려움을 겪고 있는 고객을 도와주고 싶은 마음이 작동한다. 문제에 대한 해결 방안을 찾아주는 것이 코치의 사명이라고 간주한다. 고객을 도와주는 것이 코치의 역할인 것은 사실이지만, 도와주는 수단이 해결 방안을 찾는 것에만 있지 않다는 것을 알아야 한다.

앞에서 살펴본 아내코치와 남편고객의 코칭 사례도 마찬가지다. 이처럼 실제 코칭에서 고객에게 필요한 코칭의 성과는 문제에 대한 해결책Solution이 아니라 지지, 격려 자체가 의제Agenda인 경우가 비일비재하다.

문제의 해결 방안 자체보다 오히려 고객의 자원과 강점Resources을 발견할 수 있게 도와주고, 문제의 해결 방안을 고객 스스로 찾아낼 수 있도록 하는 것이 사람에 초점을 두는 코칭이다.

Being 중심의 코칭을 한 마디로 설명하기는 쉽지 않은 개념이다. 하지만 이를 좀 더 손에 잡히게 이해하는 것은 Doing 중심 코칭과 비교해 보는 방법이다. 다음과 같은 질문이 Doing 중심의 코칭에서 나타나는 질문의 사례들이다.

"대학에 가면 어떤 전공을 공부할 생각입니까?"
"평균 매출은 어느 정도입니까?"
"목표 달성을 위해 어떤 방안들을 검토하고 있습니까?"

이런 질문을 들으면 고객은 자칫 취조를 받는 것처럼 느낄 수도 있다. 코치는 대화를 계속하기 위해서 이런 질문을 계속하지만 대답하는 사람은 신바람이 나지 않는다. 더 큰 단점은 이 질문에서 고객은 새로운 배움이 전혀 일어나지 않는다는 점이다. 질문을 받은 고객은 마지못해 대답은 하더라도 질문을 통해 고객에게 인식의 확장 등 새로운 가치 창출이 일어나지 않는다.

위 질문과 동일한 주제를 다루면서도 이것을 사람Being 중심의 질문으로 바꾸어 보자.

"대학 공부를 통하여 앞으로 어떤 삶을 준비하고자 합니까?"
"매출 확대는 직업적 성공에 어떤 중요성을 가지고 있습니까?"
질문을 Being 중심으로 바꿈으로써 전혀 다른 차원의 대화로 전환된다. 고객의 존재Being에 관한 질문을 하면 고객은 얼굴이 상기되어 신나게 말하기 시작한다. 사람은 누구나 자신의 이야기를 말하고 싶어 하며, 특히 자신의 가치관이나 감정 등 존재Being에 관련한 말을 하고 싶어 한다.

Being 중심의 질문을 확대하라

'사람 중심의 코칭'이 성공적 코칭을 하게 할 가능성은 확실히 많다. 하지만 이를 두고 Being 중심의 대화만 해야 한다고 생각하면 오해이다. '5장 03 질문의 심화 방법'에서 살펴보았듯이 좋은 코칭은 추상적 내용과 구체적 내용이 교차되는 것이 좋다.

Being에 대한 질문은 추상적 내용이며 Doing에 대한 질문은 구체적이다. 따라서 코칭에서 Being에 대한 질문과 Doing에 대한 질문이 적절한 균형을 이룰 때 코칭 성과가 좋아진다.

그런데 왜 "Being 중심의 코칭을 하라"고 말하는가? 그것은 코치가 의식적인 주의를 기울이지 않으면 Doing 중심의 코칭이 되기 쉬운 습관 때문이다. 우리는 코치가 되기 이전부터 문제 해결 중심의 대화에 습관화되어 있다. 이러한 오랜 습관은 코치가 되어서도 쉽게 떨쳐버리지 못한다.

특히 실전 경험이 적은 코치일수록 문제 해결 중심의 코칭으로 빠져들기 쉽다. 고객과 마주 앉은 순간 초보 코치일수록 고객의 문제를 해결해주어야 한다는 조급함과 긴장감이 높다. 그럴수록 자신도 모르게 문제 해결 중심의 코칭으로 빠져들게 된다.

여성 코치와 Being 중심의 코칭

뇌 과학에 의하면 남성은 문제 해결과 '사실'에 관심을 두는 좌뇌가 발달되어 있다. 반면에 여성은 감성과 '사람'에 관심을 두는 우뇌가 발달해 있다. 이러한 남녀의 차이는 일상의 대화에서도 쉽게 발견할 수 있다. 여성들은 목적이나 문제 해결보다는 감정을 공감해 주는 등 Being에 대한 대화를 즐긴다. 반면에 남성은 이러한 대화에 좀체 재미를 느끼지 못한다. 남성들의 대화를 살펴보면 뚜렷하게 Doing 중심의 대화에 편향되어 있다.

뇌 구조의 차이에서 비롯되는 이러한 남녀 간의 차이는 코치라고 다르지 않다. 남성 코치는 어린 시절부터 남성의 대화에 길들여져 왔기 때문에 코칭에서도 Doing 중심으로 대화를 할 가능성이 높다. 따라서 성공적 코칭에 필요한 Being 중심의 질문을 하기 위해서는 남성 코치는 여성 코치보다 더 신경을 써야 한다.

여성 코치는 사람 중심의 코칭을 진행하는데 강점을 가지고 있다. 어린 시절부터 관계 중심, 감정 중심의 대화에 익숙해져 있기 때문이다. 관계, 감정을 중시하는 대화가 바로 Being 중심의 코칭이다.

이것은 오늘날 여성 코치들이 코칭계에서 국내외적으로 두각을 나타내는 경우가 많은 것과 관계가 있다. 특히 고객의 삶을 주제로 하는 라이프 코칭 영역에서는 여성 코치가 성공적으로 활동하고 있는 경우가 많다.

여성 코치의 강점은 비즈니스 코칭에서도 종종 나타나는 것을 볼 수 있다. 비즈니스 코칭에서는 업무성과 증진, 조직관리 등 과제 중심의 내용이 코칭 주제로 제기되는 경우가 많다. 이때에는 좌뇌가 발달한 남성 코치들이 여성 코치보다 더 유리할 것 같지만 반드시 그렇지만은 않다. 비즈니스 코칭 영역에서도 고객들이 여성 코치를 원하는 경우가 많이 있다. CEO 등 경영자들도 코칭 받고자 하는 가슴속의 진정한 욕구는 문제 해결보다 인간적 지지와 격려를 받고 싶은 니즈를 갖고 있기 때문이다.

02
사람 중심 코칭과 코치의 부담

대화 주제 중에서 세상에서 가장 마음에 드는 화제는
'자기 자신'이다.

– 보즈 웰영국의 작가

Doing 중심의 질문은 고객을 자극하지 못한다

코칭에서 래포 형성 과정에 고객이 골프에 대한 이야기를 시작하였다고 생각해 보자. 그런데 코치는 골프를 전혀 모른다면 어떻게 해야 할까? 적절한 질문을 한다는 것이 매우 난감해진다.

초보 코치는 Doing 중심으로 다음과 같은 대화를 이어갈 것이다.

코치 : 골프가 취미이시군요. 참 좋으시겠습니다.
고객 : (침묵)
코치 : 골프를 하신지는 몇 년이나 되셨습니까?
고객 : 한 10여 년 되었습니다.
코치 : 골프의 핸디실력는 얼마나 되십니까?
고객 : 보통입니다.

코치가 하는 질문은 모두 행동이나 사실 등 'Doing'에 관한 질문들이다. 이러한 질문을 받은 고객이 할 수 있는 대답은 건조해질 수밖에 없다. 가슴 속의 감정을 말할 수 있는 질문이 아니기 때문이다. 이런 Doing 중심의 질문에 대한 대답은 단답형이 되기 때문에 시간이 흘러도 대화는 썰렁해진다.

만약 코치가 운 좋게 골프에 대하여 잘 알고 있었다면 좀 더 많은 질문을 할 수 있을 것이다. 그럼에도 불구하고 Doing 중심의 질문은 건조하게 진행되며, 고객의 내면을 자극하지 못한다.

Being 중심의 질문은 코치의 두려움을 없애준다

Doing 중심의 코칭이 갖는 또 다른 단점은 코치에게 주는 부담감이다. 해결 방안 중심의 코칭을 하는 코치일수록 새로운 고객을 만날 때마다 "내가 모르는 주제가 나오면 어쩌지?"하는 두려움이 생긴다. 모르는 주제에 대하여 대화를 이끌어가야 하는 것은 코치에게 두려운 일이 아닐 수 없다.

그러나 Being 중심의 코칭은 이러한 두려움을 크게 없애준다. 위 대화에서 코치가 골프를 전혀 모른다 해도 상관없다. 고객을 활기찬 대화의 무대로 초대하여 신나게 춤추게 할 수 있다.

코치 : 사실 저는 골프를 잘 모릅니다만, 골프에 대하여 궁금한 것이 많습니다.

고객 : 그래요? 무엇이 그렇게 궁금합니까?

코치 : 골프는 어떤 묘미가 있는지 궁금합니다.
고객 : 그것은 한두 시간으로 다 말할 수 없지요.
— 중략 —
코치 : 그동안 골프를 하시면서 가장 인상깊었던 순간은 언제입니까?
고객 : 한두 번이 아니지요.
— 중략 —

고객은 신바람을 내며 가슴 속의 감정을 오픈하는 대화를 이어간다. 코치의 질문이 고객의 존재감이나 가슴속 감정을 터치하는 Being에 관한 내용들이기 때문이다. 이러한 질문을 받으면 고객은 자아도취에 빠지면서 자신의 골프 철학을 풀어간다. 이 때 코치가 해야 할 역할은 중간 중간 추임새만 넣으며, 공감적 경청을 해 주기만 하면 된다.

Being 중심의 코칭은 "모르는 주제가 나오면 어쩌지?"하는 코치의 두려움을 없애준다. 질문의 원리만 알고 있으면, 어떤 주제에 대하여도 강력 질문을 할 수 있기 때문이다.

오히려 모르는 주제일수록 고객에 대한 호기심을 가지고 진심어린 질문을 할 수 있다. 고객을 만날 때마다 "이 사람은 도대체 어떤 사람일까?"라는 궁금증을 가지는 것은 매우 좋은 시작이다. 골프를 소재로 대화하지만 '고객의 내면의 가치를 알고 싶은 호기심'을 가지면 Being에 관한 적절한 질문들을 이끌어낼 수 있다.

Being 중심의 질문은 고객의 가치관, 관점, 사고방식에 관한 것이다. 따라서 고객이 골프를 소재로 하든, 음악을 소재로 하든 아무런 제약을 받지 않는다. 코치가 전혀 모르는 분야에 대하여도 활기찬 대화가 가능한 이유가 여기에 있다.

사람 중심 코칭에 관한 ICF의 기준

ICF에서도 코치 자격을 테스트할 때에 Being 중심의 코칭이 이루어지는지를 중요하게 체크한다. 합격 기준과 불합격 기준을 비교해 보면 어떻게 코칭이 진행되어야 하는가를 분명하게 알 수 있다.

ICF에서는 '인식의 확장Creating Awareness'이 어떤 부분에서 일어나는가를 보는데, 이 인식 확장은 어떤 질문을 하는가에 대해 따라오는 결과이다.ICF Core Competencies Rating Levels 참조 Doing 중심의 코칭보다 Being 중심의 코칭이 고객의 인식을 확장하는데 더 효과적이라는 것을 전제로 하는 기준이다.

합격 기준

- ACC 레벨
    - 문제 해결과 목표 달성에 관련된 사항 중심으로 인식 확장이 이루어진다.
    - 고객의 존재self보다는 문제 해결의 기술적 부분에 한정하여 인식 확장이 이루어진다.

ACC 레벨은 코칭의 가장 낮은 수준이다. 즉 코칭을 전혀 모르는 사람보다는 나은 수준이지만, 코칭을 제대로 하는 수준에 못 미친 단계이다. 즉 위와 같이 문제 해결 중심의 코칭을 하는 것은 잘했다는 의미가 아니다. 그래도 ACC 레벨에서는 합격을 시켜주지만 아직 미흡하다는 뜻이다. MCC 레벨 등 제대로 된 수준의 코치가 되기 위해서는 다음과 같이 해야 한다.

- MCC 레벨
    - 문제 해결의 방법^{Doing}뿐만 아니라 고객의 내면^{Being}에 인식 확장이 많이 일어난다.
    - 인식 확장에 고객의 강점과 위대함이 나타날 수 있도록 코치는 선입견을 갖지 않고 질문의 범위를 정하지 않는다.

코칭이 상담 등과 다른 특징은 긍정 심리학에 바탕을 두고 있다는 점이다. ICF에서 강조하는 '고객의 강점과 위대함이 나타나는' 코칭이 되기 위해서는 Being 중심의 질문이 필요하다. Doing 중심의 코칭은 고객의 강점 발견을 하는 긍정의 질문을 할 가능성이 크게 줄어든다.

불합격 기준

아래와 같이 해결 방안^{Doing} 위주로 이루어지는 코칭은 ICF 자격 테스트에서 불합격처리 된다.

- ACC 레벨
  - 코칭 결과나 해결 방안을 코치가 미리 정해놓고 이에 연연하는 경우
  - 강력 질문과 고객 탐색의 대화를 대신하여 표준화된 코칭 진단지나 설문지 등에만 의존하는 경우

- MCC 레벨
  - 고객의 이슈에 대하여 충분한 인식을 위한 탐색을 마치지 않은 채 문제 해결의 대화로 이끌어 가는 경우
  - 인식 확장의 과정에 고객의 직관이나 생각, 지식을 활용할 수 있도록 고객에게 말할 수 있는 공간을 충분히 제공하지 않은 경우
  - 코치가 고객에 대하여 인식한 사항이 오류가 없는지에 대하여 고객에게 충분한 확인을 하지 않은 경우

사람 중심의 질문 사례

해결 방안Doing 중심의 질문이 어떤 것인가에 대한 이해를 하는 것은 어렵지 않다. 코치가 되기 전부터 사람들이 익숙해져 있는 대화 방식이기 때문이다. 하지만 사람Being 중심의 질문이 어떤 것인가는 간단하게 설명하기 어렵다.

어쩌면 "Doing 중심이 아닌 질문이 Being 중심의 질문이다"고 이해하는 것이 편할지 모른다. 그만큼 Being 중심의 질문은 방법이 다양하고 한 가지 원리가 존재하는 것이 아니다. 고객의 특성과 대화의 주제에 따라 무

제한의 응용이 가능하다. 다음은 Being 중심의 질문을 하고자 할 때 코치에게 아이디어를 주는 착안 사항들이다.토니 스톨츠푸스, 2010 스톨츠푸스는 Being에 관한 질문을 할 수 있는 분야를 3가지로 구분하고 있다.

> **Being에 관한 질문의 3가지 분야**
> 1. 정체성에 관한 Being 중심의 질문
> 2. 재능에 관한 Being 중심의 질문
> 3. 역할과 커리어에 관한 Being 중심의 질문

정체성에 관한 Being 중심의 질문
- 이 사람이 해낸 것 중 축하받을 만한 일은 무엇입니까?
- 나는 이 사람의 어떤 특성에 감탄하나요?
- 이 사람의 정체성에 대해 나는 무어라 명명할 수 있습니까?
- 고객의 노력이나 약속에 대해 내가 지지해 주어야 할 것은 무엇입니까?

재능에 관한 Being 중심의 질문
- 당신을 즐겁고 기분 좋게 하는 것은 어떤 종류의 역할 또는 책무입니까?
- 무엇이 당신을 푹 빠져들게 하나요?
- 당신 성격에서 가장 눈에 띄는 특성은 무엇인가요?
- 당신의 가장 훌륭한 재능이나 타고난 능력은 무엇입니까?

- 인생에 있어 가장 열정적으로 추구하는 것은 무엇인가요?
- 당신이 한 것 중에서 가장 만족스러운 것은 무엇이었나요?
- 당신은 어떤 것을 할 때 전적으로 살아 있다는 느낌을 받나요?

역할과 커리어에 관한 Being 중심의 질문
- 당신에게 어울리는 직업은 어떤 것들입니까?
- 어떤 경력이 당신의 열정, 경험, 능력에 가장 잘 맞나요?
- 당신의 커리어에서 이뤄낸 것 중에 가장 자랑스러운 것은 무엇인가요?
- 당신 스스로를 고용한다면, 당신의 경험 중에서 가장 가치를 부여할 만한 것은 무엇인가요?
- 이런 상황을 만드는 데 당신은 어느 부분에 기여했나요?
- 앞으로 이것을 어떻게 진전시키고 싶은가요?

9장

비전 · 영성 코칭

01
사람의 변화와 양가감정

인간은 누구나 의미도 목적도 없이 살고 싶어 하지 않는다.
영성은 종교의 유무와 관계없으며,
직장 내에서나 개인 삶에서나
청년이나 노년이나 영적인 목표를 강화해 주는 영성 코칭은 중요하다.

– 게리 콜린스

문제 해결과 비전 영성 코칭의 관계

Being 중심의 코칭과 Doing 중심의 코칭에서 살펴보았듯이 코칭을 받는 고객의 니즈는 다음과 같이 크게 두 가지이다.

> 1. 코치로부터 지지와 격려를 받고 싶은 니즈
> 2. 문제에 대한 해결 방안을 찾으려는 니즈

두 가지 코칭 니즈 중에서 비전 영성 코칭은 어떤 니즈를 충족하는 코칭이라고 할 수 있을까? 이에 대한 대답을 위해서는 문제에 대한 해결 방안을 찾는 니즈를 좀 더 세분할 필요가 있다. 문제 해결의 코칭 니즈는 아래와 같이 나누어진다.

> 첫째, 당면한 문제를 해결하여 어려움이 없는 상태가 되는 것
> 둘째, 현재보다 더 높은 비전과 목표를 설정하고 발전적인 변화를 추구하는 것

앞에서 논의하였던 Doing 중심 코칭은 보통 전자의 경우를 염두에 두고 하는 말이다. 현재 시점에서 해결하지 않으면 안 될 긴급한 고민 사항들이라고 할 수 있다. 배에 구멍이 나서 물이 새는 경우에 물이 새지 않도록 하는 방안을 찾는 것에 비유할 수 있다.

하지만 배에 물이 새지 않게 되었다고 문제가 없어지는 것은 아니다. 드넓은 바다와 희망의 항구를 향하여 앞으로 나아가는 것이 배의 존재 이유이다. 열정을 갖고 이를 실행으로 옮기지 않으면 물이 새지 않는 배가 무슨 소용이 있겠는가?

코칭에서도 고객이 현재에 머무는 것에 만족하지 못하고 있을 때, 이 또한 문제에 대한 해결 방안을 찾아야 하는 니즈를 가지고 있는 것이다. 당장의 문제를 해결하는 것이 협의의 문제 해결이라면 발전적 목표를 향해 나아가게 하는 것이 광의의 문제 해결이다.

협의의 문제 해결을 위한 대화는 뚜렷하게 Doing 중심의 코칭이 된다. 하지만 광의의 문제 해결을 위한 코칭은 Being 중심의 코칭과 많이 유사한 내용이 많아지게 된다.

현재에 안주하지 않고 더 높은 비전과 목표를 설정하고 변화하도록 하는 것은 코칭에서 자주 등장하는 주제이다. 이것은 지지 격려만으로 끝나지 않고 실행 계획 등 결과물이 남게 된다. 광의의 문제 해결 코칭과 순수한 Being 중심의 코칭은 결과물의 차원에서 차이가 있다.

코칭을 통하여 코치로부터 지지와 격려를 받고 싶은 고객에게는 코칭 과정에 이것이 충족된다. 그리고 코칭이 끝났을 때에는 실행 계획 등 결과물이 존재하지 않는다. 반면에 광의든 협의든 문제 해결 방안을 찾고자 하는 고객에게는 코칭이 종료할 때에 앞으로 추진할 실행 계획이 결과물로 도출되게 된다.

그렇다면 래포Rapport 형성을 시작으로 실행 계획까지 제대로 도출되었다면 코칭이 성공하였다고 할 수 있을까? 코칭이 성공적이었는지의 궁극적인 판단은 고객의 니즈가 충족되었는가에 달려있다. 코칭의 니즈는 두말할 필요도 없이 문제를 해소하고, 변화에 성공하는 것이다. 즉 코칭에서 도출된 실행 계획을 고객이 문자 그대로 실행으로 옮기지 않으면 코칭은 실패한 것이다. 아무리 코칭이 대화 단계에서 잘 되었다고 하여도 계획을 실행하지 않으면 성공하지 못한 것이다.

실제의 코칭에서 많은 고객들이 "대학원을 다니겠다", "운동을 하겠다" 등 의욕적인 계획들을 세운다. 하지만 끝까지 실행하지 못하고 흐지부지 되고 마는 경우가 허다하다. 계획대로 실천하는 경우보다 그렇지 못한 경우가 더 많다고 하는 것이 더 정확할 것이다. 코치가 거듭 다짐을 하고 강조하지만 계획을 제대로 실행하지 않는 고객이 의외로 많다. 그렇게 되면 코칭을 아무리 열심히 해도 무슨 소용이 있겠는가? 코칭은 실패한 것이다.

하지만 고객이 실천하지 않아서 성과가 없는 것까지 코치가 모두 책임을 질 수도 없는 노릇이다. 환자가 지켜야 할 사항을 따르지 않으면 아무리 훌륭한 의사라도 병을 고칠 수 없을 것이다. 이와 같이 고객의 문제 때문에 코칭의 성과가 나타나지 않는 경우를 코칭에서는 '코처빌리티Coachability'가 낮다고 말한다. 코치가 너무 자책할 일은 아니다.

다만 우리가 여기서 관심을 두어야 할 것은 "어떻게 하면 고객이 계획을 실천할 가능성을 높일 수 있을까?"이다. 그에 대한 해답이 '비전·영성 코칭'이다. 비전·영성 코칭을 하면 고객의 열정을 강화시켜 준다. 이는 실행 계획을 끝까지 행동으로 옮기게 하는 가능성을 크게 높여준다.

비전·영성 코칭이 어떤 원리에서 실천 의욕을 강화시켜 주는지, 비전·영성 코칭에는 어떤 기법이 효과적인지를 이해할 필요가 있다. 이는 탁월한 코치에게 필요한 핵심 역량 중 하나이다.

변화의 양가감정과 장애요소

사람들은 대부분 현재보다 발전하고 싶은 변화의 욕구를 가지고 있다. 이와 동시에 지금까지도 지내왔으며 익숙해진 '안전지대Comfort Zone'에 그대로 머물러 있고 싶은 욕구도 가지고 있다. 이를 두고 학자들은 "사람들은 변화를 원한다. 그리고 변화를 원하지 않는다"고 말한다. Miller 외, 2002 즉 변화추구BAS; Behavioral Activation System의 생각과 변화회피BIS; Behavioral Inhibition System의 생각이 마음속에 동시에 자리 잡고 있는 것이다. 이것을 양가兩價감정이라고 부른다.

이 양가감정은 코칭에서 항상 존재한다고 보면 된다. 코칭 후에 어느 감정이 더 우세하냐에 따라 코칭의 성패가 갈라진다. 변화추구 감정이 변화회피 감정보다 클 때에야 비로소 고객은 발전하기 시작한다. 변화추구BAS 감정보다 변화회피BIS 감정이 더 강하면 고객은 실행 계획을 행동으로 옮기지 못한다.

변화를 회피하는 심리를 코칭에서는 '그레믈린'이라고 부르기도 한다. 《라이프 코칭가이드》의 로라 휘트니스는 "코칭은 고객의 삶 속에 중대한 변화를 꾀하기 위한 도전이기 때문에 고객의 내면에 그레믈린이 항상 존재한다고 보는 것이 타당하다"고 하였다. 로라 휘트니스, 2012

변화의 장애요소

변화회피 감정이 크다는 것은 변화를 방해하는 장애물이 많다는 말이기도 하다. 변화의 장애물은 사람에 따라, 상황에 따라 다르기 때문에 수백 가지가 넘을 것이다. 게리 콜린스는 이러한 장애요소들을 다음과 같이 네 가지 범주로 나누고 있다. 게리 콜린스, 2011

1. 습관

사람들은 습관적인 방식으로 행동하고, 좌절에 부딪힐 때에도 익숙한 방식으로 반응한다. 더구나 새로운 사항으로 어려움이 생기면 과거와 비슷한 방식으로 생각하고 행동할 가능성이 높아진다.

2. 두려움

안전지대를 벗어나 다른 방식으로 행동하는 것은 누구에게나 두려운 일이다.

3. 사고방식

세상과 인생에 대한 사람들의 시각은 무의식적인 상태에서 마음속에 강하고 굳게 자리 잡고 있다. 이는 부모나 다른 중요한 사람들로부터 의심의 여지없이 받아들인 결과물이기도 하다.

4. 정체성

오랜 시간을 거쳐 형성된 자신의 정체성을 환경 변화에 맞춰 단시간에 바꾸는 것은 곤란하다. 조금씩 변해가는 데에 시간이 걸린다.

직장인의 변화에 대한 장애요소

변화에 대한 장애요소는 직장 내에서도 많이 존재한다. 조직의 구조적인 특성이나 또는 조직 내 다른 사람들의 행동 특성에서 비롯되는 요소들이다. 조직에서 직원들이 이행하기로 합의한 사항을 실천하지 못하도록 가로막는 장애물은 다음과 같다. Ferdinand F. Fournies, 2007

- 자신들이 그동안 하던 방법이 더 낫다고 생각한다.
- 다른 것이 더 중요하다며 우선순위를 다르게 정한다.
- 하더라도 아무런 유익이 없다고 생각한다.
- 해도 안 될 것이라고 생각한다.
- 왜 해야 하는지 모른다.
- 도중에 그들이 통제할 수 없는 장애물을 만날 것으로 생각한다.

- 구체적으로 무엇을 해야 하는지 모른다.
- 어떻게 해야 하는지 모른다.

장애요소의 파급효과

"변화에 대한 장애물은 잘 보이지 않는다. 두려움, 습관, 불안감 등은 미묘한 것들이지만 실행의 에너지를 고갈시키며 코칭의 성과를 무산시킬 정도로 위협적이다." 《코칭 바이블》의 저자 게리 콜린스의 말이다.

이러한 학자들의 연구 결과가 코치들에게 전해 주는 메시지는 명확하다. 코칭에서 고객이 변화하겠다고 실행 계획을 수립하였지만, 그것을 계획대로 실행하기가 쉽지 않다는 것을 유념하는 것이다. 코칭을 마치면서 고객이 계획대로 실천하고 앞으로 변화할 것으로 기대하는 것은 지나친 낙관이다. 고객은 어지간해서는 변하지 않는다고 생각하는 것이 현실에 더 부합한다. 따라서 성공적 코칭이 되려면 고객의 변화를 가로막은 장애를 뛰어 넘을 방안이 무엇일까 깊이 생각해야 된다.

다음은 경력 3년 차의 코치가 경험한 실제 코칭 사례이다. 고객은 직장인들에게 강의와 컨설팅을 하는 것을 직업으로 하는 프로 강사이다.

코치 : (래포 형성 후)근래에 어떤 활동들이 중요한 사항입니까?
고객 : 유능한 강사로 살아남기 위해서는 책도 읽고 강의 자료도 계속 새로 만들어야 하는 등 할 일이 참 많습니다.
코치 : 많은 사람에게 영향을 미치는 강의와 컨설팅을 하고 계시군요.

고객 : 해야 할 역할을 잘 하려면 건강관리도 잘 해야 하기 때문에 규칙적인 생활과 운동, 시간 관리, 자기관리를 철저하게 해야 합니다. 그런데 그것이 잘 안 되는 것이 애로사항입니다.

코칭 : 좀 더 자세히 말씀해 주시면 좋겠습니다.

고객 : 규칙적인 시간 관리를 위해 저녁 11시경에 잠들고 아침 6시에 기상하여 조깅도 하고 싶은데, 행동이 따르지 않습니다. TV 드라마를 자정이 넘게 보고, 아침에 늦게 일어나 10시경에 출근하곤 합니다. 술, 담배도 끊고 체력관리도 하고 싶은데 마음뿐입니다. 수년 전부터 계획은 하지만 결과는 매년 용두사미입니다.

코칭 : 그럼 시간 관리에 대하여 깊이 있게 대화를 해 봅시다. 먼저 그 동안 어떤 방법들을 시도해 보았는지 듣고 싶습니다.

고객 : 알람시계를 2개를 두고 볼륨을 높여 두기도 했으며

― 중략 ―

코칭 : 밤늦게 술친구를 만나지 않는 것, 거실에 TV를 없애고 서재를 꾸미는 것 등 오늘 코칭에서 몇 가지 실행 계획을 도출하였습니다. 앞으로 열심히 실천해 보시겠습니까?

고객 : 이번에는 반드시 실천해 보겠습니다. 좋은 코칭을 해주셔서 감사합니다.

고객으로부터 "좋은 코칭에 감사하다"는 말을 들은 코치는 보람을 느낄 만도 하다. 하지만 고객이 계획을 실천하여 발전적인 변화에 성공하였을

까? 전혀 아니다. 코칭 이후에 고객의 근황을 체크해보니 고객의 실천은 거의 없었기 때문이다.

이 사례에서 고객을 움직이지 못한 것은 다음의 두 가지 이유이다.

첫째, 문제 해결 Doing 중심의 코칭을 했기 때문이다.

Doing 중심의 접근이 고객을 도와줄 것으로 코치는 생각하지만, 문제의 당사자인 고객은 코치가 말하는 방안들을 이미 다 고려해 본 사항들이다. 눈이 번쩍 뜨이는 새로운 방안들이 제시되기가 어렵다.

둘째, 장애를 극복할 수 있는 동기와 의지를 심어주지 못했다.

코칭을 통하여 변화에 대한 두려움, 불편함 등 자체를 없애는 것은 어렵다. 이러한 장애요소는 너무 예민하고 고객에게는 방어 논리가 충분히 이루어져 있다.

때문에 이를 지적하는 코치의 질문에 쉽게 항복하지 않는다. "난 아직 준비가 되지 않았어요" 등 영리한 핑계들이 대기하고 있다. 로라 휘트니스. 2012 "밤늦게 TV를 보는 것은 좋을 것이 없기 때문에 중단해야 합니다"라고 말한다고 하여 고객이 이에 승복하지 않는다. 그것을 몰라서 변화를 못하였던 것이 아니다.

변화에 필요한 3가지 요소

변화회피BIS; Behavioral Inhibition System와 변화추구BAS; Behavioral Activation System의 양가兩價감정 속에서 고객이 변화를 실행하기 위해서는 다음의 3가지 요소가 충족되어야 한다.

> **변화의 3가지 필요 요소**
> 1. 능력 : 변화를 성공시킬 수 있는 요소를 갖추고 있어야 한다.
> 2. 준비 : 변화를 실행할 방법을 알고 있어야 한다.
> 3. 의지 : 변화의 당위성과 중요성을 인식해야 한다.

앞에서 보았던 강의와 컨설팅을 하는 직업을 가진 고객의 코칭 사례를 생각해 보자. 밤늦게 TV를 보는 등 자기관리를 제대로 하지 못하는 고객의 경우는 무엇 때문에 변화되지 못하고 있을까? 변화에 필요한 3가지 요소 중에서 무엇이 결여되어 있기 때문일까?

다른 사람들에게 강의를 하는 위치에 있기 때문에 '능력'과 '준비'는 충분히 되어 있다고 보아야 한다. 그럼에도 불구하고 습관의 장애를 극복하지 못하는 것은 변화의 의지가 약하기 때문이다.

이 고객의 경우에도 만약 하나님께서 "당신이 변하지 않으면 생명을 거두겠다"고 말한다면 어떻게 될까? 아마도 100% 변할 것이다. 자동차에 끼이는 아이를 보면 어머니는 순간 자동차를 들어 올리는 초인적인 힘이 난다고 한다. 이처럼 사람은 무엇이든 절실함이 있을 때에는 놀라운 추진력이 나오기 마련이다. 변화의 '의지'는 변화를 하고자 하는 절실함의 정도와 관련이 있다.

　실제의 코칭에서 고객이 실행 계획을 끝까지 실행하지 못하는 것이 대부분이고, 의지의 문제이다. 능력이 부족하거나 방법을 몰라서가 아니다. 반드시 실행하고자 하는 의지가 약하기 때문이다. 따라서 고객이 끝까지 실행하도록 하여 진정한 의미의 성공적 코칭이 되는 데의 중요한 관건은 고객이 절실함을 갖도록 하는 것이다. 비전 영성 코칭은 이에 대한 해답을 준다.

02
비전 영성 자극의 파워

영성은 인생에 목적과 의미를 제공하는 원천이다.
– 미트로프 & 덴톤

영성이란 무엇인가?

영성 또는 영적인 목표는 육신적인 목표와 대비되는 개념이다. 사업을 해서 돈을 많이 벌거나 직장에서 승진하고, 해외여행 다니는 등의 목표는 유희적, 육신적 목표에 해당한다. 영적인 목표는 육신을 초월하는 목표이다. 사람은 누구나 언젠가는 죽게 마련이다. 죽음을 생각할 때에 육신적 목표는 한낱 허공으로 사라져버리고 만다. 죽음을 맞이하는 시점에서 돌아볼 때 가치를 느낄 수 있는 것이 영적인 목표이다.

한 인간이 이 세상에 태어나 무엇인가 가치 있는 것을 남기거나 남에게 유익을 끼치는 등의 유산이 없다면 그 사람은 영적인 목표를 아무것도 이루지 못한 것이다. 죽음을 맞이하는 순간에 스스로의 삶에 만족을 얻을 수 있거나, 세상에 유익을 남길 수 있는 가치 있는 어떤 것이 영적 목표이다. 그리고 영적 목표가 있는 사람이 영성이 있는 사람이다.

영성 코칭은 Being^{존재} 중심의 코칭을 하는데 핵심적 사항이다. 코칭에서 사용되는 '본래적 가치', '내면적 가치', '인사이드 아웃 Inside Out', '소명' 등도 모두 영성과 관련되는 용어이다.

영적 목표의 파워

영적인 목표를 갖는 것은 안주하고 싶은 마음을 극복하는데 큰 영향을 미친다. 미국의 한 대학에서 있었던 일이다. 이 대학에 졸업생들에게 전화를 걸어 장학금을 모집하는 부서에서 발생한 이야기이다. 직원들이 모금하는 금액이 한 주에 기껏해야 185달러 수준으로 인건비에도 못 미쳤다. 도무지 일을 열심히 하지 않았다.

그러던 어느 날 리더가 한 가지 아이디어를 내었다. 장학금을 받는 학생들을 초대해 직원들과 식사하는 자리를 갖게 하는 방법이다. 결과는 어떻게 되었을까? 점심식사를 한 바로 다음 날부터 직원들의 업무태도가 달라졌다. 열성적으로 모금 활동에 참여하였으며 모금 액수가 무려 2.7배로 늘어났다.

직원들이 변화된 원인은 바로 영성을 자극하였기 때문이다. 봉급을 받기 위해 근무하는 직원이라는 생각일 때에는 소극적이었지만 자신의 일이 보다 많은 어려운 학생들을 돕는 것이라는 것을 느꼈을 때에 행동이 달라진 것이다. 학생들과 가진 식사 자리가 그것을 실감하게 만들었을 뿐이다.

본래적 목표와 영성 코칭

영성 코칭 Spiritual Coaching 은 고객의 실행 의지를 강화해 주는 중요한 기법이다. 하지만 코치들 중에서도 '영성'의 개념에 대하여 어렵게 생각하거나 심지어 오해를 하고 있는 경우도 있다. 영성의 정확한 개념과 영성 코칭의 기법에 대하여 좀 더 살펴볼 필요가 있다.

영성이라고 하면 종교, 신앙, 귀신 등을 연상하기 쉽다. 따라서 영성코칭이라고 하면 종교적 차원의 정신적 가치를 강조하거나, 또는 명상, 참선 등과 유사한 방법으로 코칭을 진행하는 것으로 생각하는 사람이 있다. 하지만 그것은 오해이다.

코칭에서 사용하는 영성Spirituality은 신앙의 유무와 관계가 없다. 살아 있는 사람은 누구나 영성을 가지고 있기 때문이다. 영성 코칭의 핵심은 대상과 방법에 있는 것이 아니라, 코칭의 내용이 영적인 가치를 강조하느냐의 여부에 달려 있다. 따라서 영성 코칭의 의미를 명료하게 이해하기 위해서는 영적 가치 또는 영성의 의미를 아는 것이 관건이다.

영성에 관한 WHO세계보건기구의 정의

UN의 전문기관인 WHO에서는 인간이 건강하기 위해서는 다음의 4가지 조건을 충족해야 한다고 설명하고 있다.

> **WHO의 4가지 건강**
> 1. 신체적 건강 Physical Health
> 2. 정신적 건강 Mental Health
> 3. 인간관계의 건강 Social Health
> 4. 영적 건강 Spiritual Health

이 4가지 중에서 특히 코치의 관심을 끄는 것은 '영적 건강'이다. 영적으로 건강하다는 것은 다른 말로 영성이 있다는 것을 말한다. 세계보건기구는 세계 모든 인류를 대상으로 하는 기관이다. 따라서 특정 국가나 특정 종교를 염두에 두지 않고 제창된 내용이다. 종교가 없는 사람도 함께 아우르는 내용이다. 다시 말해 영성은 종교적인 의미의 내용이 아니다.

영성이 있는 사람과 영성이 없는 사람의 차이는 특히 노년에 확연히 드러난다. 승진을 하거나 사업을 하는 등의 세속적인 목표가 빛을 바래가는 시점이 노년이기 때문이다. 이 시기에 영적 목표가 없는 사람은 급격하게 내리막길을 걷는다. 세상에 추구하는 목표가 없는 것만큼 사람을 무기력하게 만드는 것이 없다. 노인정에 가거나 등산 다니는 것이 주된 일과인 사람들이 여기에 해당하기 쉽다.

그러나 죽기 전에 세상에 의미 있는 것을 남기려는 영적 목표가 있는 사람은 노년이 되어도 바쁘다. 학문적인 걸작을 남기는 것도 노년기에 많으며, 보통 사람인 경우에도 자원봉사 활동 등으로 바쁘다. 영적인 건강이 없으면 노년기에 육체적인 건강까지도 위협받기 쉽다. 자신의 사명을 발견하고 그것을 실행하는 것은 사람이 평생 동안 활기찬 삶을 사는 원동력이다. WHO에서 영적 건강을 진정한 건강의 4대 조건 중 하나로 명시하고 있는 것도 이러한 이유에서이다.

영성이 있는 사람은 '목적이 이끄는 삶'을 사는 사람이라고 할 수 있다. 더구나 그 목적이 출세하고, 좋은 차를 사는 등의 세속적 목적이 아니다.

"죽기 전에 세상에 남기고 싶은 유산이 무엇인가?"
"삶의 궁극적 목적이 무엇인가?"

이러한 물음에 대한 답이 영적 목표Spiritual Goal이다. 코칭에서는 '내면적 목표', '궁극적 목표', '목표 넘어 목표' 등의 이름으로 부르기도 한다.

코칭에서 고객이 '영어 공부를 해야겠다'는 목표를 갖게 할 때에는 제대로 실천하지 못할 가능성이 농후하다. 그러나 영어 공부를 한 후에 '선교사로 나가겠다'는 목표를 갖게 할 때에는 영어 공부를 계속할 가능성이 증대한다. 코칭에서 목표 넘어 목표, 또는 영적 목표를 자극하였기 때문이다. 이것이 영성 코칭이다.

영성과 계획 실행의 절실함

코칭에서 고객의 실행 의지를 강화시켜 주기에 매우 효과적인 기법이 비전·영성을 건드리는 것이다. 비전은 '직업인으로서의 비전'과 같이 좀 더 직접적이고 현실적인 목표이다. 이에 비하여 영적 목표는 보다 더 깊은 내면과 관련되며, 삶을 마감하는 시점까지를 고려한 궁극적인 목표라고 할 수 있다.

코칭에서 고객이 변화회피BIS의 변명을 예방하는 것은 매우 중요한 사항이다. 이를 위해서는 핑계거리 등 장애 자체를 공격하는 것보다 영적 목표를 건드려야 한다.게리 콜린스, 2011

강의와 컨설팅을 직업으로 하는 고객에게 한 코칭 사례를 다시 살펴보

자. 영적 목표를 자극하는 코칭이 어떤 차이를 가져오는지 비교해 보기 위함이다.

고객 : (강의와 컨설팅을 하려면)건강 관리, 시간 관리를 철저하게 해야 하는데 그것이 잘 안 됩니다.

― 중략 ―

코치 : 밤늦게 술친구를 만나지 않고, 거실에 TV를 없애고 등 실행 계획을 도출하였는데, 앞으로 열심히 실천해 보시겠습니까?

― 중략 ―

이러한 코칭을 받은 고객이 변화에 실패하였다는 것은 전술한 바와 같다. 변화되지 않으면 안 된다는 절실함에 대한 코칭이 부족한 것이 실패의 원인이다.

위 대화에서 삶의 궁극적 목적과 내면의 성취 등을 자극하는 대화를 한다면 다음과 같은 내용이 된다.

고객 : (강의와 컨설팅을 하려면)건강관리, 시간 관리를 철저하게 해야 하는데 그것이 잘 안 됩니다.

코치 : 지금까지와 같은 모습이 변하지 않고 지속된다면 어떻게 됩니까? 5년 후와 10년 후의 고객님의 모습은 어떤 상태가 되어 있습니까?

고객 : 나이가 50대 후반, 60대 초반이 되기에 강사로서 전성기가 넘어가며 책 집필 등 발전적 변화가 없이 현 상태가 지속된다면, 10년 후에 저는 더 이상 프로라고 할 수가 없게 되겠네요.

코치 : 고객님은 직업적인 분야에서 어떤 성취를 이루기를 꿈꾸고 있습니까? 강사로서 어떤 유산을 남기고 싶으십니까?

고객 : 프로 강사로 70세까지 많은 사람에게 좋은 강의를 하는 것이지요.

코치 : 그 꿈을 이루는 것은 고객님의 삶에 어떤 중요성을 갖습니까?

고객 : 그 꿈을 이루는 것은 인생 2막의 성공이라고 생각합니다.

— 중략 —

고객 : 현재의 시간 관리 습관을 바꾸지 않는다면 인생 2막이 실패하는 삶이 될 것이라는 결론이 났습니다.

위 코칭에서 "고객님은 직업적으로 어떤 성취를 이르기를 꿈꾸고 있습니까?", "강사로서 어떤 유산을 남기고 싶으십니까?"와 같은 질문이 비전과 궁극적 삶의 목적을 자극하는 내용이다. 그리고 "지금까지와 같은 모습이 변하지 않고 지속된다면 어떻게 됩니까?", "5년 후와 10년 후의 고객님의 모습은 어떤 상태가 되어 있습니까?"라고 질문하고 있다. 이런 질문을 받으면 고객은 순간적으로 동요하기 시작한다. 삶의 근본에 대한 질문을 받았기 때문이다.

비전이나 삶의 본래적 목표를 자극하면 안전지대Comfort Zone에 머물고 있는 자신이 얼마나 문제가 심각한지를 알게 된다. 현재 답습하는 습관을 고치지 않으면 심각한 결과를 맞게 된다는 것을 인식해야 한다. 변화하지 않으면 단순히 좋지 않은 습관을 벗어나지 못하는 정도가 아니다. 인생 2막의 삶 자체를 실패의 길로 만들게 될 것이다.

영성 코칭을 하는 것은 고객이 변화의 절실함을 알게 하는데 큰 힘을 발휘한다. 실제 코칭에서 고객들은 졸리는 눈이 화들짝 깨는 것과 같은 반응을 보이곤 한다.

고차원적인 코칭을 하기 위해서는 코치는 비전과 삶의 궁극적 목적을 터치하는 질문으로 확장해 가야 한다. 고객이 해결 방안 Doing 중심으로 주제와 목표를 제시할 때에도 코치는 목표 넘어 목표를 자극하는 것을 잊지 않아야 한다. 이것은 실행 과정에 고객이 장애를 극복할 수 있도록 하는 절실함을 강화시켜준다. 영성 코칭으로 고객의 내면을 요동치게 만드는 것은 'Doing' 중심의 코칭 주제를 'Being' 중심으로 확장하는 것이기도 하다.

생활 속의 영성

영적 가치의 자극은 우리 주변 삶은 물론 직장에서도 얼마든지 가능하다. 퇴폐 유흥업소에 근무하는 직원을 생각해 보자. 월급을 받으며 출근은 하지만 영적인 가치는 메말라 있다. 하지만 영세민 지원 단체에 근무하는 직원은 내면의 보람이 있기에 더욱 분발하게 마련이다. 이러한 원리는 일반 직장에서도 얼마든지 찾아낼 수 있다. 바로 '업무 가치 발견'을 찾아내는 방법이다.

호텔의 객실 청소와 침대 정리를 하는 직원을 코칭한다고 생각해 보자. 비록 힘든 직업이지만 영적 가치를 자극하는 코칭은 어렵지 않다.

코치 : 당신의 하는 일이 어떤 가치가 있을까요?

고객 : 글쎄요. 3D 업종이라고 생각해 왔습니다.

코치 : 호텔에서 편한 휴식을 취한 고객이 외국의 바이어인 경우는 어떨까요?

고객 : 한국에 대한 좋은 인상을 갖는 데에 조금의 도움이 되겠지요.

코치 : 당신의 하시는 일은 대한민국 경제의 발전에도 기여하는 바가 있을까요?

고객 : 호텔에서의 깨끗하고 편안한 휴식은 한국을 친근하게 느끼게 하는 데 도움이 되겠네요.

― 중략 ―

미국의 경영 사상가 대니얼 핑크는 《드라이브》란 책에서 "생물학적 동기나 경제적 보상이 아니라 일의 가치와 목적의식에 기반을 둔 리더십이 성공한다"고 하였다. 대니얼 핑크. 2011

직장인의 영성 발견

　직장에서도 영성이 있는 직원은 일에 대한 태도가 확연히 다르다. 경기도 안산의 고속도로 톨게이트의 요금수납 직원의 실제 사례이다. "나의 밝은 미소와 짧은 인사 한마디가 안산을 찾는 수많은 운전자에게 작은 기쁨을 주기를 바랍니다. 나는 안산의 첫인상입니다." 자신의 일을 통하여 세상 사람들에게 기쁨을 주겠다는 영적인 목표가 있는 직원이다. 월급만을 생각하며 근무하는 사람과 일을 통한 영적인 목표를 가진 사람은 직장의 행동에서 천양지차를 만들어낸다.

　직장에서도 영성이 있는 직원일수록 직장에서의 크고 작은 장애요소를 극복하며 스스로 실행하는 셀프 리더가 될 가능성은 높아진다. 영성이 있을수록 세상에 좋은 일을 하려는 믿음이 강하다. 영성은 삶에서 활력과 깊이를 더해 주기 때문에 직장 생활에서도 단기적인 일의 목표를 달성하려는 차원을 넘어서, 소명의 달성이라는 보다 큰 삶의 목표를 늘 생각하게 만들어 준다. 영성이 있는 조직 구성원이 높은 업무 성과를 내는 것도 이 때문이다.

　직장에서 직원들에게 영성을 강화하는 원리는 '현재 맡은 일에서 가치와 선한 목적을 찾아내는 것'이다. 오늘날 직장인들에게 일이 즐거울 수 있는 환경이란 많지 않다. 그렇기에 현재 일에서 가치와 의미를 찾아내는 것은 행동 변화의 원동력이 된다.

　직장 생활에서 업무가치를 발견하도록 도와주는 코칭은 '본래적 가치를 자극하는 것'과 관계가 많다. 다행스러운 것은 어떤 일이든 도둑질 등 일부 제외

그 내면을 들여다보면 가치를 발견할 수 있다는 점이다.

"실패하는 사람들의 특징은 맡겨진 일에 대하여 아무런 가치를 느끼지 못하여 무성의한 태도로 시간만 때우지만, 성공하는 사람들은 어떤 일이든 가치를 부여하고 최선의 노력을 다한다."^{왕따칭, 2006}

업무가치 발견과 백지와의 대화

업무 가치 발견을 도와주는 영성 코칭에서 유용하게 응용할 수 있는 방법이 '백지와의 대화' 기법이다. 이것은 삼성의 본부장, GE 코리아 사장, GE 아시아 회장과 인천공항공사 사장 등을 거친 이채욱 사장이 창안한 말이다. 다음은 그가 사용하는 백지와의 대화 방법이다.

"나는 그동안 새로운 직책으로 발령을 받으면 출근 첫날 반드시 하는 일이 '백지와의 대화'이다. A4용지를 책상 위에 펴 놓고, '오늘부터 새로 시작하는 일이 나에게 무슨 의미를 줄 수 있는가? 일 속에 나의 강점을 발휘할 수 있는 것은 무엇일까? 이 일을 통하여 나는 어떤 발전적 경험을 할 수 있을까?' 등에 대하여 백지에 메모를 한다.

백지 위에 나열하다 보면 동기부여가 되는 요소들을 많이 찾아내게 된다. 그것을 기억할 수 있을 정도로 압축하여 책상 앞에 붙여둔다. 그리고 다음 날부터 그것을 수시로 본다. 그러다 보면 일을 사랑하게 되고, 좋은 성과가 나오며, 성취감을 준다. 그동안 여러 가지 일을 해 보았는데, 그때마다 이 방법으로 일의 가치를 발견하였으며 신바람이 났다."

영성은 '이기적인 목표를 달성하는 것을 넘어서 세상에 유익을 끼치려는 내면적 가치를 추구하는 것'이다. 이것은 인도의 간디와 같이 민족을 해방하려는 위대한 목표에서부터 직장의 맡은 일을 통하여 고객의 가치를 증대해 주는 작은 것까지 얼마든지 다양하다. 비즈니스 코칭에서 영성의 자극은 고객의 일에서 가치를 찾아내는 것이 관건이다.

비록 환경미화원일지라도 '나의 일은 시민과 사회에 도움을 주는 가치 있는 일'이란 것을 발견하면 영성이 강화된다. 보험회사에서 있었던 일이다. 보험 모집인의 역할을 처음에 '생활설계사'로 바꾸니 직원들의 의욕이 증대하였다. 그 다음에 다시 '라이프 컨설턴트'로 바꾸니 직원들의 일에 대한 애착은 더욱 강화되었다.

이를 참고하여 화장품 회사에서도 '화장품 영업사원', '외판원' 등으로 부르던 것을 '뷰티 컨설턴트 Beauty Consultant'라고 변경하였다. 그랬더니 단순히 가입자만 모으고, 물건만 파는 사람에서 고객의 장래를 걱정해 주고, 고객의 아름다움을 도와주는 사람으로 바뀌었다. 이러한 사례는 코칭에서 영적 가치를 강조하는 것이 왜 효과가 있는지에 대한 이해를 도와준다.

영성을 자극하는 질문 사례

질문을 잘 하는 방법에는 간단한 가이드가 존재하지 않는다. '예술의 영역'이라고 할 수 있다. 정해진 매뉴얼이 있을 수 없으며, 코칭의 주제와 고객의 상황에 따라 코치가 창조해낼 수밖에 없다. 영성을 터치하는 질문의 경우에도 마찬가지이다.

다만 다음과 같은 영성 코칭의 질문 사례를 살펴보는 것은 간접 학습이 된다. 이러한 질문 사례들을 참고는 하되, 개별 코칭에서는 그에 맞는 질문을 창안해 내어야 한다.

- 만일 당신이 안이하게 현재에 머문다면, 당신이 후회할 것은 무엇일까요?
- 당신은 후대에 어떤 유산을 남기고 싶나요?
- 세상에 공헌하고 남기고 싶은 것은 무엇인가요?
- 80세 노인이 되어 당신의 생을 되돌아본다고 상상해 보세요. 하지 못하면 후회되는 꿈은 어떤 것일까요?
- 장래에 대해서 끊임없이 상상하는 것은 무엇인가요?
- 당신이 정말 열정을 느끼는 것은 어떤 분야인가요?
- 만약 당신이 큰 부자가 되어 돈 걱정이 없다면 무엇을 하겠습니까?
- 가장 소원하는 것은 무엇인가요?
- 인생에서 꼭 하고 싶은 가장 중요한 일은 무엇입니까?
- 성취할 수 있는 가장 위대한 일은 무엇입니까?
- 이것을 하고자 하는 궁극적 목적이 무엇입니까?
- 현재의 습관을 바꾸지 않으면 10년 후의 모습은 어떻게 되겠습니까?
- 그것을 통하여 궁극적으로 이루고 싶은 것은 무엇입니까?
- 삶의 중요 영역일, 가족, 돈, 개인적 성장, 여가, 공동체, 신앙에서 어떤 꿈을 가지고 있나요?
- 그것을 이루면 당신의 삶은 어떻게 달라집니까?

- 무엇이 당신을 진정으로 감동시키는가요?
- 무엇이 당신의 삶에 강렬한 기쁨을 가져다주나요?
- 당신이 정말 만족스러워 할 삶의 모습을 말해 보세요.

10장

에고리스 Egoless 코칭

01
에고리스와 코칭의 성과

> 대화를 나누면서 호감이 가지 않는 사람이 있다.
> 그것은 자기가 말하고 싶은 것으로 머리가 가득 차서
> 남의 말에 귀를 기울이지 않기 때문이다.
>
> — 라 로슈푸코

에고의 발현

다음은 교장선생님으로 정년퇴직을 한 사람이 코칭 훈련을 받고 코치가 된 후에 후배 교장에게 한 코칭 사례이다.

코치 : 오늘은 어떤 주제로 코칭을 할까요?
고객 : 교사들의 권위가 추락하여 교직에 보람을 잃은 선생들을 교장으로서 어떻게 도와줄 수 있을지에 대하여 코칭받고 싶습니다.
코치 : 지금은 어떤 노력들을 하고 있습니까?
고객 : ― 중략 ―
코치 : 제 생각에는 이런 방안들을 사용하면 좋을 것 같은데요.

15년 동안 교장을 지냈으니 코치는 초임 교장인 고객에게 해 주고 싶은 말이 얼마나 많겠는가? 고객의 고민, 즉 코칭 주제를 듣자마자 코치는 고

객을 도와주기 시작한다. "제 생각에는~" 하면서 자신의 의견을 말해 주는 것이다.

코칭에서 고객에게 코치 자신의 의견을 반영하는 것을 '에고Ego가 있는 코칭'이라고 부른다. 코치 자신의 생각Ego이 대화의 흐름을 주도하는 것을 의미한다.

에고가 있는 코칭은 엄밀한 의미에서 코칭이라고 할 수 없다. 코치의 생각이 많아질수록 컨설팅이나 티칭Teaching이 된다. 코칭과는 거리가 멀어진다. 중요한 것은 코치의 에고가 있을수록 코칭 성과는 떨어진다는 점이다. 비록 고객을 도와주려는 마음에서 비롯되었더라도 결과는 그 반대가 된다. 고객의 인식 전환과 행동 변화를 이끌어내지 못한다.

코치의 에고가 고객을 변화시키지 못하는 데에는 다음의 두 가지 이유 때문이다.

첫째, 고객은 코치의 세계와 다른 세계에서 살아왔다. 그동안의 경험도 다르며 고객 고유의 특성이 있다. 따라서 코치가 제시한 에고는 고객에게 합당한 방안이 될 수 없다.

둘째, 코치의 에고는 고객의 거부감을 초래한다. 코치의 생각을 고객에게 주입하는 에고는 고객에게 강요하는 인상을 준다. 고객이 심리적 거부감을 갖는 것은 자연스런 결과이다.

코칭이 컨설팅이나 티칭Teaching과 다른 가장 큰 특성은 코치의 개인적 견해가 고객을 이끌지 않도록 하는 것이다. 코치 자신의 의견을 최대한 배제한 채 대화를 진행할수록 고객의 변화를 더 강하게 이끌어낼 수 있다. 이러한 코칭 원리를 가장 함축적으로 나타낸 말이 '에고리스^{Egoless} 코 칭'이다.

코칭에서 에고가 나타나는 형태는 매우 다양하다. 앞의 사례처럼 '내 생각에는~'이라는 표현이 없다고 하여도 이면에 에고가 숨어있는 경우도 있다. 다음의 코칭에도 자세히 음미해 보면 에고가 숨어 있다.

〈상황 1〉

고객 : 아이와의 관계를 개선하고 싶습니다. 아이가 자신의 고민을 솔직히 말하는 엄마가 되고 싶습니다.

코치 : 그것을 위해 절실한 노력을 해본 적이 있으신가요?$^{에고:\ 그런\ 적이\ 없을\ 것이다}$

〈상황 2〉

고객 : 직장의 다면 평가에서 좀 더 객관적인 의견을 듣고 싶습니다. 현재 10명으로부터 다면 평가를 받고 있습니다.

코치 : 그 정도면 충분하지 않을까요?$^{에고\ :\ 그\ 정도면\ 적절하다}$

에고가 나타나는 3가지 유형

코치의 에고가 발현되는 경우는 다음과 같이 3가지의 유형이 있다.

1. 명시적으로 코치의 의견을 설명하는 경우

"내 생각에는~"이라며 고객을 가르치는 사례가 이에 해당한다.
2. 묵시적으로 코치의 단정이 개입된 경우
 "그 정도로 충분하지 않을까요?"
3. 대화의 흐름을 고객에게 맞추지 않고 코치의 의도대로 끌고 가는 경우

코칭에서 에고가 자신도 모르게 나타나는 경우는 수많은 상황이 있을 수 있기 때문에, 그것을 전부 논의하기는 어렵다. 또한 대화 프로세스의 어느 부분에서만 에고리스Egoless 코칭이 되어야 하는 것도 아니다. 가장 기초가 되는 것은 코치의 마음가짐이다. 자신의 생각을 주입하지 않겠다는 태도가 코칭의 처음부터 끝까지 녹아 있어야 한다. 코치의 이러한 다짐이 에고리스 코칭을 가능하게 해준다.

에고리스 코칭에 관한 ICF의 기준

ICF에서는 코칭 핵심 역량의 전반에 걸쳐서 에고리스 코칭을 강조하고 있다. "코치의 생각을 말하기보다 고객의 생각을 존중해야 한다"는 점을 반복해서 명시하고 있다. 경청과 질문으로 고객이 주도적으로 말을 하게 해야 하는 것이나, 불가피하게 코치의 의견을 말하는 경우에도 중립적 제안Neutral Suggestion의 형태로 말하도록 요청하는 것도 에고리스 코칭이 되도록 요청하는 내용들이다.

이외에도 ICF는 에고리스 코칭과 관련하여 다음 사항을 명시하고 있다.ICF Core Comperencies Rating Levels

1. 실천 계획을 수립할 때에도 코치는 고객이 실천 계획을 수립하는데 파트너 역할을 하며, 고객이 실천 계획을 주도적으로 수립하도록 이끌어야 한다.
2. 코칭 종료 후에도 계획 실천의 책임을 고객이 갖도록 해야 한다.

02
에고리스 코칭의 실제

진정한 호기심은 관계구축의 강력한 힘이다.
— 로라 휘트워스

에고리스 코칭의 4가지 지침

에고리스 코칭이 충분히 발휘되기 위해서는 코칭의 처음부터 끝까지 이 원칙이 준수되어야 한다. 특정 프로세스에 한정된 기법으로는 한계가 있다. ICF에서도 에고리스 코칭에 대한 직접적인 요청은 위에서 보는 바와 같이 두 가지 정도에 불과하다. 그 이외에 추가적인 나열을 하지 않고 있다.

그 이유는 에고리스 코칭은 코칭의 본질적 특성 자체이기 때문이다. 티칭이나 컨설팅과 다른 코칭의 가장 큰 특성이 '가르치지 마라'는 것이다. 이것을 함축적으로 표현한 말이 에고리스 코칭이다.

에고리스 코칭을 실천하는 데에는 어떤 가이드가 있을까? 앞에서 보았듯이 코칭의 본질적 원리를 이해하는 것이 바탕이 된다. 이것은 에고리스 코칭을 하는 것을 기초 체력을 강화하는 것에 비유할 수 있다.

고객을 "가르치지 않겠다"는 코치의 다짐이 에고리스 코칭의 기초 체력이다. 다만 여기서는 에고리스 코칭에 직접적인 도움이 되는 4가지 지침을 살펴보기로 하자. 이러한 지침은 "에고리스 코칭을 하라"고 막연하게 알고 있는 것보다 유용한 점이 많다. 실제의 코칭에서 어떻게 하면 에고리스 코칭이 될 수 있는지에 대한 지팡이 역할을 해준다.

대화 모델에 구속되지 마라

우리가 알고 있는 ARGOP(알곱)ⓒ코칭, POAH_S(포아스)ⓒ코칭 프로세스는 효과성이 검증된 대화의 순서인 것은 분명하다. 일종의 표준화된 대화 순서라고 할 수 있다.

하지만 이러한 우리의 생각도 일종의 에고^{Ego}일 수가 있다. 사람은 모두 학습스타일이 다를 수 있다는 점을 간과하기 때문이다. Being에 관한 지지와 격려가 더 필요한지 또는 문제의 해결방법을 찾는 것이 중요한지 고객마다 상황이 다를 수 있다. 고객의 상황이 다르면 코칭 프로세스와 강조점도 달라져야 한다. 이를 위해서는 코치가 알고 있는 대화 모델을 획일적으로 적용하지 않아야 한다. 고객과 함께 춤을 추는 것이 에고리스 코칭이다.

훌륭한 무용수가 되기 위해서는 기초 동작들을 몸에 숙지해야 하듯이 코칭에서도 표준적인 대화 모델을 깊이 있게 이해하는 것이 필요하다. 하지만 무용수가 실전이 되면 기초 동작을 뛰어넘어 동작의 유연함을 보여주어야 한다. 코칭에서도 대화 모델에 구속되지 않고 고객의 대화에 맞춰 춤을 춰야 한다.

"프로는 티가 나지 않는다"는 말이 있다. 코칭에서도 고객에 맞춰 대화를 이끌어야 한다. 그럼에도 불구하고 코칭의 큰 흐름을 유지할 수 있는 단계가 프로 코치의 수준이다.

다행스런 것은 코칭 프로세스에서 각 단계가 추구하는 목표와 원리를 마스터하기만 하면 자유로운 응용이 가능해진다. 또한 그렇게 하는 것이 코치의 에고가 나타나는 것을 방지해준다.

ICF에서도 대화 모델에 구속되지 않아야 한다는 것을 강조하고 있다. 코치는 "솔직하고, 유연하고, 자신감 넘치는 태도로 고객과 자연스러운 관계를 만들어낼 수 있어야 한다"고 하면서, 이를 위해서는 다음과 같이 진행해야 한다고 명시하고 있다. ICF Core Competencies, 5 Coaching Presence, h, j

대화 프로세스에 관한 ICF의 기준

합격 기준

- 코칭 과정에 고객에 집중하며 대화 프로세스는 고객의 대화에 맞춰 춤추고 유연성을 보여주어야 한다.
- 고객에 적용할 수 있는 많은 방법들을 살펴보고, 고객의 상황에 가장 효과적인 방법을 선택해야 한다.

불합격 기준

ICF의 코치 테스트에서 다음과 같은 에고가 보일 때에는 PCC와 MCC 레벨에 합격을 시키지 않는다고 강조하고 있다. ICF Core Competencies Rating Levels

- 코칭 진행의 목표와 방향, 진행 방법과 도구의 설정에서까지 고객의

의견을 반영하지 않는 경우
- 고객의 의견을 구하지 않고 표준적인 코칭 양식과 도구, 질문 등을 사용하는 경우

경청과 질문으로 리딩하라

에고가 개입된 코칭, 즉 코치의 의견을 고객에게 주입하는 가장 대표적인 행동은 코치가 말을 많이 하는 것이다. 고객을 가르쳐주는 것이 원인이다. 따라서 에고리스 코칭을 하기 위해서는 코치가 말을 많이 하면 안 된다. 코치가 말을 많이 하는 것은 티칭Teaching이지 코칭Coaching이 아니다. 코치는 경청과 질문으로 이끌며 고객이 말을 많이 하도록 해는 것이 대단히 중요하다.

흔히 상대방의 변화를 이끌어내기 위해서는 강하게 주장해야 한다고 생각하기 쉽다. 하지만 설득의 고수들은 말을 많이 하지 않는다. 이들은 말은 적게 하지만 질문을 중심으로 상대의 생각을 변화시키는 데에 능숙한 사람이다.

이러한 특징은 우리나라 EBS 방송국에서 추진한 '설득의 비밀'이라는 연구 프로그램에서도 확인이 되었다. 2008년에 방송으로도 소개되었던 이 프로젝트에서 가장 성공적으로 상대방을 변화시키는 사람들은 자신은 30%의 말을 하고, 상대방이 70%의 말을 하도록 행동하였다. 말하는 것과 듣는 것의 비율이 3:7로 나타났다. 심지어 30%에 불과한 자신의 말도 주로 질문을 하는데 사용하고 있었다. EBS, 2009

사람의 진정한 변화는 자신의 내면에서 동의가 될 때에만^{Inside Out} 가능하다. 코칭에서도 고객이 자발적인 변화의 의지를 갖게 위해서는 고객의 내면적 동의가 있어야 한다. 코치의 에고가 개입된 대화 또는 코치의 자기 주장은 고객의 생각과 다르다. 말을 많이 할수록, 강하게 주장할수록 고객의 거부감만 키우는 결과를 가져온다. 코치가 자신의 생각을 말하기보다 상대의 말을 듣고, 질문으로 이끌어야 한다.

에고리스 코칭의 당위성은 여기에 그치지 않는다. 코치가 자기 생각을 말하는 것을 자제한 채 고객에게 질문을 많이 해야 하는 데에는 다음과 같은 이유가 있다.

첫째, 고객이 더 많은 정보를 가지고 있다. 자신보다 자신을 더 잘 아는 사람은 없다. 고객의 이슈에 관한 유일한 전문가는 고객이다.

둘째, 질문은 고객의 내면을 오픈시켜 준다. 사람은 누구나 자신의 이야기를 하고 싶어 한다. 코치가 고객을 이해하고 그 가치를 알아주려는 행동만큼 큰 선물은 없다. 질문은 코치와 고객의 유대감을 증대하며 고객의 내면적 생각을 자발적으로 오픈시켜 준다.

셋째, 질문은 고객의 적극성을 강화한다. 코칭은 변화의 핵심이 무엇을 해야 할지 모를 때에 시작된다. 질문에 의해 도출된 고객의 생각과 대답은 스스로 말했다는 책임감^{Ownership} 때문에 실행 과정에서 적극성을 강화시켜 준다.

호기심과 직관을 사용하라

코칭에서 고객의 말을 듣고 있으면 코치의 내면에 많은 생각들이 교차한다. 고객의 말이 공감이 가기도 하고, 설마 그럴까 하는 의문이 들 때도 있다. 또는 고객의 어떤 말이 실마리가 되어 새로운 아이디어가 번개처럼 떠오르기도 한다.

좋은 경청은 '고객의 말을 끝까지 들어주는 것'으로 생각하기 쉽다. 하지만 그것만이 상책은 아니다. 고객의 말이 방해받지 않고 이어지도록 할 필요도 있지만, 더 좋은 경청은 고객의 말을 더 적극적으로 듣는 것이다. 이를 위해서는 가만히 듣고만 있는 것이 아니라 고객이 말을 더 심화시킬 수 있는 질문을 해야 한다. 이 때 유용한 기법이 '직관'을 사용하는 방법이다.

코칭에서 직관Intuition은 매우 중요한 개념이다. 직관直觀은 '판단·추리 등의 사유 과정을 거치지 않고, 대상을 직접적으로 파악하는 것'을 말한다. 직각直覺이라고도 한다. 흔히 눈으로 보이는 것, 귀로 들을 수 있는 것 즉, 오감으로 보거나 느낄 수 있는 것을 세계의 전부라고 생각한다. 그러나 오감으로 입증하기는 어렵지만 직관으로 알 수 있는 영역이 존재한다. 나무를 스치는 바람처럼 눈에 보이지 않지만 감을 잡을 수 있는 '여섯 번째 감각'이라고 할 수 있다.

고객의 말을 경청하다 보면 전광석화 같은 직관이 떠오르는 경우가 있다. 이러한 직관은 코칭에서 귀중한 가치를 만들어낼 수 있는 힌트가 될 수 있다. 이 힌트를 놓치지 않고 활용하는 것을 코칭에서는 '직관을 사용한다'고 한다.

직관은 사라지기 전에 활용할 필요가 있다. 코치가 직관에 대한 증거를 찾느라 주저하면 고객의 대화는 이미 다른 국면으로 진행해 버린 후이다. 타이밍을 잃은 것이다. 직관은 논리나 증거를 기반으로 하는 것이 아니다. 비논리적이만 코칭에서 고객의 인식을 확장하는 데 강력한 효과를 자주 만들어 낸다.

직관을 과감하게 표현하라

코치는 직관이 떠오를 때 '나의 직관이 틀리면 어쩌지?'하고 주저하기 쉽다. 직관을 사용하지 않은 주된 이유이다. 틀리거나 때로는 바보처럼 보일까 봐 뒤로 물러선다. 하지만 정확한 이해를 할 때까지 기다리면 중요한 인식확장의 실마리를 놓치게 된다.

코칭에서 직관을 사용할 때에 '그것이 과연 옳을까?'는 전혀 문제되지 않는다. 틀려도 괜찮다. 과감하게 직관을 사용해야 한다. "내 직감에는 당신이 내면에 걱정거리가 있는 것 같은데, 사실인가요?" 이 질문에 고객이 "아닙니다. 걱정거리가 없습니다"라고 대답할 수 있다. 직관이 틀린 경우이다. 그래도 아무런 손해가 없으며 코칭 진행에 문제가 되지 않는다.

탁월한 코치가 되려면 과감하게 직관을 사용해야 한다. 직관은 어떤 이슈로 고민하는 고객에게 '눈이 번쩍 뜨이는' 도움을 줄 수 있다. 직관은 판단이나 결론이 아니다. "제 직감에 의하면, 말씀하시지 않은 애로가 있는 것 같은데요"라고 말해도 좋다. 직관이 맞았다면 더 깊은 대화로 이어진다.

직관을 표현할 때 고객이 동의하지 않을 때도 있다. 그렇더라도 아무런 부작용이 없다. 심지어 직관이 틀린 경우라도 고객은 자신의 대화에 몰입하여 해결책을 찾고자 도와주려는 코치의 태도를 고맙게 생각한다. 코칭에서 떠오르는 직관을 가지고도 이를 사용하지 않는 코치는 고객이 원하는 서비스의 일부를 주지 않는 것이다.^{로라 휘트니스 외, 2005}

국제코치연맹^{ICF}에서도 코칭에서 직관을 많이 사용해야 한다고 강조하고 있다. 11가지 핵심 코칭 역량 중 '5 Coaching Presence'에서 '직관이 떠오르면 이를 감지하고 직관을 발휘해야 한다'고 명시하고 있다.^{ICF Core Competencies}

직관의 사용은 에고리스 코칭을 도와준다

고객의 말을 경청하면서 틀리지 않는 명확한 증거를 찾을 때까지 기다리는 것은 직관을 사용하는 것과 거리가 멀다. 직관을 사용하지 않고 명확한 판단이 섰을 때에 말하는 것은 코치의 에고가 개입되는 상태이다. 직관을 그대로 사용할수록 에고리스 코칭을 가능하게 해준다. 직관을 사용할 수 있는 코치가 되려면 자신이 틀릴 수 있다는 오픈 마인드를 가져야 한다.

코칭에서 직관을 많이 사용할수록 에고리스 코칭이 증대되는 배경에는 직관이 갖는 다음과 같은 두 가지 효과 때문이다.

> **직관이 에고리스 코칭을 이끄는 이유**
> 1. 직관은 고객을 유연한 시각으로 바라보게 한다.
> 2. 작은 힌트에서 고객의 생각은 확장된다.

첫째, 직관은 고객을 유연한 시각으로 바라보게 해준다.

코치와 대화를 하고 있는 고객의 머리와 마음속에는 코치가 모두 파악할 수 없는 많은 생각과 메시지들이 혼재한다. 오감만으로는 고객의 내면을 모두 파악하는 것이 불가능하다.

오감으로 파악되는 고객의 메시지는 수면 위로 보이는 빙산의 일부일 뿐이다. 보이지 않는 내면을 파악하려면 고객을 더 알고자 하는 호기심과 유연함을 가져야 한다. 직관의 사용이 이것을 가능하게 해준다.

둘째, 작은 힌트에서 고객의 생각은 확장된다.

코칭에서 고객과 코치의 관계는 정답을 모르는 학생과 정답을 알고 있는 선생의 관계가 아니다. 코치도 고객의 이슈를 해결할 방안을 모르는 경우가 대부분이다. 주제에 대하여 해답을 찾고자 고객은 이미 많은 생각을 해 왔던 상황이다. '2%가 부족'하여 해결 방안을 찾지 못하고 있는 상황에 비유할 수 있다.

코칭은 정답 가까이에서 2% 부족하여 고민하는 고객에게 작은 실마리를 찾는 것과 같다. 이 작은 실마리는 명확하게 포착하기보다 직관력으로 느낄 수 있는 영역일 때가 많다.

직관을 발휘하는 코칭 방법

직관이 떠오른다고 하여 아무 때나 고객의 말을 중단할 수 있을까? 코칭의 도중에 직관을 발휘하는 순간을 포착하는 데에도 방법이 필요하다. 직관을 사용하는 순간포착은 다음과 같은 두 가지 방법이 있다.

첫째, 고객의 말을 충분히 듣고 난 후에 직관을 사용하는 방법
둘째, 직관이 떠오르는 순간마다 고객의 말에 개입하여 질문하는 방법

이 두 가지 중에서 두 번째 방법이 직관을 과감하게 사용하는 것에 가깝다. 하지만 이 방법은 코칭에 익숙하지 않은 고객인 경우에는 코치의 이런 개입을 부자연스럽게 받아들일 수 있다. 자신이 말을 하는 도중에 코치가 개입을 하기 때문이다. 따라서 이 방법은 고객이 코칭에 익숙해지거나 코치와 고객 사이에 래포^{Rapport}가 충분히 형성된 경우에만 사용하는 것이 좋다.

심지어 이 경우에도 "대화 중간에 떠오르는 생각이 있을 때에는 질문을 해도 괜찮겠습니까?"하고 사전에 양해를 얻어 놓는 것이 고객이 거부감을 갖지 않도록 하는데 도움이 된다.

직관 사용이 아직 익숙하지 않은 코치이거나 고객과의 래포 형성이 충분하지 않은 경우에는 첫째의 방법을 사용하는 것이 무리가 없다. 고객의 말을 충분히 듣고 난 후에 직관에 관한 질문을 하는 방법이다.

직관을 사용하려면 용기가 필요하다

코치가 되기 전부터 우리들은 이미 직관을 사용하는 것에는 익숙하지 않다. 직관 사용을 권장하기보다 오히려 객관적 증거를 찾느라 기다리는 것에 더 훈련되어 왔다. 따라서 코치가 되어서도 직관을 발휘하는 것은 저절로 되지 않는다. 의도적으로 용기를 발휘하여야 가능하다.

직관 사용의 용기를 갖기 위해서는 코칭에서 직관 사용이 가져다주는 효과를 인식하는 것이 좋다. 고객의 말에 확신이 들 때까지 기다리는 습관을 떨쳐 버려야 한다. 그리고 조금씩 사용 빈도를 늘려가면 직관 사용의 묘미를 알게 된다. 직관력은 신체를 단련하는 것과 비슷하다. 사용할수록 능력을 점차 증대시켜 가는 것이 가능하다.

직관이 떠오를 때에 다음과 같이 말하면 자연스러운 표현이다.

"제 느낌에는~"
"제 생각에 ~이 아닐까 싶은데요?"
"저의 직관을 말씀드려도 될까요?"

코치의 의견은 중립적으로 제시하라

> 질문을 받으면 섬광처럼 깨달음의 순간이 온다.
> 반면 바뀌어야 한다는 명령을 들으면
> 그 명령이 아무리 논리적일지라도 뇌가 거부 반응을 일으킨다.
> – 데이비드 락 & 제프리 슈워츠

"코치의 의견을 고객에게 주입하지 마라. 코치의 생각을 가르치지 마라. 질문을 중심으로 고객 스스로 인식이 확장되도록 하라. 이것이 고객의 진정한 변화인 내면의 변화를 이끄는데 더 효과적이다." 이것이 에고리스 코칭이 필요한 이유이다.

그런데 이러한 주장은 자칫하면 '코치의 의견을 일체 말하지 말라'는 것으로 생각할 수 있다. 그러나 이것 또한 오해이다. 코칭의 현장에서는 코치들의 의견이 수시로 제시되고 있으며, 또한 그것이 바람직한 경우가 많이 존재한다.

직장의 선배가 신입사원의 직장 적응에 대한 코칭을 하는 상황을 생각해 보자. 코치인 선배의 경험과 의견을 말해주는 것은 후배에게 큰 도움이 될 것이다. 이러한 상황은 특히 교사와 학생, 부모와 자녀, 직장 상사와 직원 등 수직적 관계의 코칭에서 더욱 많이 발생한다. 코치의 의견을 말해주는 것이 상대의 발전을 도와주는데 기여할 수 있다.

'코치의 의견을 말하지 않는 것'과 '코치가 정답을 알고 있을 때 말해주는 것'은 서로 상충되는 내용으로 보인다. 그러나 이 두 가지가 효과적으로 발휘될 때 더 성공적인 코칭이 된다. 다만 코칭은 티칭이 아니기 때문에 정답을 말해주는 방법이 달라야 한다. 그것이 바로 '중립적 제안Neutral Suggestion'의 방법이다.

중립적 제안의 방법을 사용하면 고객을 '가르치거나' 코치의 생각을 '주입'할 때 오는 부작용을 예방할 수 있다. 고객에게 도움이 될 수 있는 코치의 의견을 알려주되, 에고리스Egoless하게 말하는 방법이기 때문이다.

중립적 제안에 관한 연구

심리학자 브렘Brehm이 실시한 다음과 같은 연구결과가 있다. 수십 명의 참여자들을 대상으로 말하는 방법을 달리했을 때의 설득 효과를 측정한 연구이다.

먼저 2명씩 짝을 짓게 한 후 의사결정을 하도록 2회의 실험을 실시하였다. 실험결과는 다음과 같이 나타났다. Brehm, S. 1981

> 1차 실험 : A가 "나는 X가 좋다"고 말하도록 하였을 때에
> B도 X를 선택할 확률은 75%가 되었다.
> 2차 실험 : A가 "우리 둘 다 X를 선택할 필요가 있다"고 말하였을 때에
> B도 X를 선택할 확률은 40%로 감소하였다.

이 실험은 간단하지만 시사하는 바가 많다. A가 자신의 의견을 강요하거나 주도적으로 말할수록 B가 그 의견을 받아들이는 수용도가 줄어든다는 점이다. 의견을 강요할수록 상대에게 설득효과가 떨어지는 원인이

무엇일까? 브렘은 '심리적 거부감Psychological Reactance' 때문이라고 하였다.

이 연구 결과는 코치가 의견을 제시할 때에 어떻게 말하는 것이 효과적인가에 대하여 중요한 힌트를 제시해준다. 주입이나 가르치는 방법이 아니라 '중립적 제안'의 방법으로 말해야 한다는 점이다.

중립적 제안의 표현 방법

코치가 고객에게 "이 방법을 사용해 보세요"라는 취지의 표현은 주입이나 가르치는 방법이다. 위 실험에서 "우리 둘 다 X를 선택할 필요가 있다"고 말하는 것에 해당한다. 반면에 중립적 표현은 주입하지 않고 "이러 저러한 성공사례가 있으니 참고해 보세요"라고 말하는 것과 같다. 전자가 식탁의 반찬을 차려주는 대로 먹으라는 것이라면, 후자는 반찬을 차려주되 먹을지 안 먹을지는 고객이 선택하도록 하는 표현이다. 심리적 거부감이 생길 여지가 없다.

거부감은 없지만 차려진 반찬을 먹을지 안 먹을지를 결정할 때에 고객은 어떤 사항을 고려할까? 반찬을 차린 사람이 일류 요리사이거나, 차려진 반찬이 건강에 좋다는 객관적 증거가 있다면 반찬을 먹을 가능성이 증대될 것이다.

코칭에서도 마찬가지이다. 중립적으로 제안을 하되 코치의 의견이 믿을만한 증거를 제시할수록 고객의 수용도는 증대한다. 코치가 단순히 "저의 경험으로는 XX 방안이 효과가 있었습니다", "저의 공부한 바로는 YY 방안이 정답에 가깝습니다"라고 소개하는 것으로는 부족하다. 증거를 제시하는 방법을 사용할수록 신뢰성과 고객의 수용도를 높일 수 있다. 이를 '객관적 증거의 법칙'이라고 한다. 로버트 치알디니, 2002

다음과 같은 표현들이 객관적 증거를 들이대는 중립적 제안의 방법이다.

"통계청의 최근 발표 자료에 의하면~"
"~기업의 사례의 의하면~"
"이 분야의 전문가인 홍길동 박사의 발표에 의하면~"
"~책의 이론에 의하면~"
"신문 보도에 의하면~"

이상의 표현들은 모두 객관적 증거를 제시하는 표현이다. "제 생각에는~"이라고 말하지 않는다. 코치의 개인 의견이 아니라 객관적이며 중립적인 증거를 제시하며 표현하고 있다. 차려진 반찬이 좋은 것이라는 신뢰를 만드는 방법이다.

위와 같이 최대한 객관적 증거를 소개한 후 "이 자료와 아이디어가 고객님의 고민을 해결하는데 어떤 실마리가 될 수 있을까요?"라고 질문하면 코칭에서 중립적 제안을 잘 마친 것이다. 그러면 고객은 "그 방안은 저에게도 활용할 수 있겠는데요"라고 대답하는 경우가 많다.

코치는 중립적으로 제안하였을 뿐, 고객이 그 의견을 채택한 것은 자발적 선택이다. 이렇게 채택된 방안은 고객이 스스로 결정한 것이기 때문에 심리적 거부감이 전혀 없다. 실천 과정에 자발성과 적극성이 증대된다. 결국 코치는 주입하거나 가르치지 않으면서 전문지식이나 지혜를 고객에게 전달하는데 성공한 것이다.

코칭에서 코치의 생각을 말하지 않는 에고리스의 태도는 코칭의 바탕 원리인 것만은 변할 수 없다. 그럼에도 고객이 학습 능력이 부족하거나 열정이 없는 경우에는 고객을 분발Challenge하게 할 필요가 있다. 이처럼 코치의 생각과 소신을 제시하는 것을 '메시징Messaging'이라고 부르기도 한다. 중요한 것은 메시징을 할 때에도 중립적 제안의 방법을 사용하라는 것이다. 의견 제시의 방법을 중립적으로 하면 이것은 결국 에고리스 코칭을 하는 요청과 상충되지 않는다.

아울러 중립적 제안의 방법 자체가 고객의 거부감을 방지하는데 크게 기여하지만, 메시징을 소개하기 전에 사전 양해를 얻으면 고객의 수용도는 더욱 높아지게 된다. 중립적인 제안을 시작하기 전에 "고객님의 주제와 관련된 자료의견, 사례 등가 있는데 말씀드려도 될까요?"하고 양해를 얻는 것도 고객의 거부감을 낮추기에 좋은 방법이다.

11장

전문 코치로 도약하기

01
코칭의 미래 전망

> 자신의 사명을 발견하고 그것을 실행하는 것은
> 사람이 몰입할 수 있는 가장 활기찬 행동이다.
> — 로리 베스 존스

코칭에 관한 더블린 선언

그동안 리더십이나 변화혁신에 관한 이론과 기법은 유행처럼 인기를 누리다가 조만간 사라지는 경우가 많았다. 지난 30년 동안을 돌아보아도 OJT, TQM, 워크아웃, 6시그마, ERP, QC, 액션러닝, Q12 등 수많은 이론들을 보면 알 수 있다. 당시에는 변화 혁신의 최고 도구처럼 인기를 누렸지만 지금은 별 주목을 받지 못하고 있다.

그렇다면 코칭은 앞으로 어떻게 될 것인가? 코칭이라고 그렇지 않을 것이라고 장담할 수 없다. 하지만 코칭의 학문적 특성을 생각해 보면 미래를 예측하는데 도움이 된다. 코칭의 바탕을 이루고 있는 이론들은 심리학, 조직행동론, 인간관계론, 상담학 등이다. 인접 학문들에서 사람의 변화에 효과가 검증된 내용들이 선택적으로 차용되어 코칭의 이론을 구성하고 있다. 따라서 시대가 바뀌어도 코칭의 바탕이론은 바뀌지 않을 것이라고 예측할 수 있다.

코칭은 1990년대 초에 발전하여 학문적 역사가 매주 짧은 상태이다. 신생 학문의 단계라고 할 수 있으며, 앞으로 계속 성장하는 분야이다. "코칭은 과학인가?"라는 의문이 제기되고 있을 정도로 아직도 다양한 이론이 혼재하고 있다.

코칭의 현주소와 앞으로 나아가야 할 방향을 파악하는 데에 도움이 되는 자료가 있다. 바로 〈코칭에 관한 더블린 선언Dublin Declaration on Coaching〉이다. 이는 국제적인 무대에서 전문 코치들이 공감하는 내용들을 압축한 형태이다.

각 항목은 현 상태와 논점들, 우려 사항, 그리고 미래의 발전과 향상을 위한 탄탄한 제언들을 담고 있다. 아홉 개의 세부 사항은 아래와 같다.

> 1. 코칭의 직업적 위치
> 코칭은 표준적이고 공인된 직업으로 자리 잡을 수 있도록 앞으로 많은 훈련생들을 배출하고 문화를 형성한다.
>
> 2. 코칭의 지식적 기초
> 의학, 약학, 생리학처럼 코칭 분야를 구체적으로 한정해 알고 있는 사람은 없다. 코칭은 합의된 지식적 기초가 필요하다.
>
> 3. 코칭 연구
> "연구는 실무에 생명을 공급하는 피와 같다." 코칭을 효과적으로 보여주기 위해 보다 유용하고 보편적으로 인정할 수 있는 연구방법이 필요하다.
>
> 4. 코칭의 핵심 역량
> 코칭의 핵심 기술은 무엇인가? 다른 문화, 나라, 상황에 따라 코칭은 달라지는

가? 보편적으로 수용할 수 있는 코칭 역량은 존재하는가?

5. 코칭 윤리
코치들을 위한 다양한 윤리적 규범이 있다. 윤리적 실천과 의사 결정을 위한 실제적인 지침이 동반된 보편적인 윤리 규정이 필요하다.

6. 코칭 교육과 계발
현재 코칭 교육의 질, 형태, 훈련의 성격과 인증 절차는 매우 다양하다. 이런 것들을 어떻게 국제적으로 표준화할 수 있을까? 어떤 종류의 교육과 훈련이 가장 효과적인가?

7. 코칭 분야의 지도 그리기
코칭은 많은 용어를 다른 학문 분야, 특히 심리학에서 차용해서 사용하고 있다. 코칭이 포괄하는 것은 무엇이고 어떻게 해야 명확히 할 수 있으며, 이것은 관련 분야와 어떻게 다른가?

8. 코치 선정과 코칭 평가
보편적으로 인정하는 코치 선정 기준, 코칭 기준, 코칭 지침, 코칭 효과에 대한 평가 기준이 없다. 어떻게 이것들을 주의깊게 개발하고 얼마나 빨리 발전시킬 수 있을까?

9. 사회와 코칭
코칭은 유료, 편성, 기관과 조직 등 다양한 환경에서 일어난다. 어떻게 하면 삶의 다양한 환경에 있는 사람들에게 코치가 코칭 기술을 발휘할 수 있을까?

한국의 코치들에게 기대되는 역할

선진국에 비하여 우리나라에서는 코칭에 대한 필요성이 훨씬 많다. 스테판 폴터의 연구에서 선진국의 경우에 가정에서 코칭형 아버지가 10%에 불과하며, 90%는 지시통제형이나 방임 부재형으로 나타나고 있다. 스테판 폴터, 2007 만약 같은 조사를 우리나라에서 했다면 코칭형 아버지의 비율이 10%에도 미치지 못할 가능성이 높다.

그 이유는 유교 문화의 환경적 요인부터 영향을 미쳤다. 우리나라는 인간관계 기법, 나아가 코칭 대화 기법에 대하여는 훈련이 너무나 부족하다. 이러한 배경에서 우리나라 사람들의 인간관계에서는 소외, 갈등의 문제가 선진국에 비하여 훨씬 더 심각하다.

이러한 환경에서 직장의 상사, 가정의 부모, 학교의 교사들이 코칭을 배운다면 그 효과는 배가된다. 메마른 땅에서는 적은 양의 물도 생명을 살릴 수 있다. 인간관계 대화기법의 훈련이 미흡한 우리나라에서 코칭을 하는 사람이 늘어날수록 그 파급효과는 선진국보다 더 크게 된다.

코치가 할 수 있는 역할

오늘날 우리나라에서 코칭을 학습하는 사람 수는 크게 늘고 있다. 이들이 코칭을 공부하는 배경은 매우 다양하다. 자녀를 잘 키우고 싶은 엄마, 직원들을 잘 이끌고 싶은 직장의 리더, 전문코치로서 직업을 갖고 싶은 사람 등이 그 예이다.

이미 상당한 코칭료를 받으며 전문 코치로 활동하는 사람도 많이 존재한다. 다만 전문 직업인으로서 코칭을 공부하는 사람은 한 가지 고려할 사항이 있다. 코칭을 배우자마자 직업적 코치로 활동할 수 있도록 문이 활짝 열려있는 상황은 아니다. 우리나라에서 코칭을 배우는 많은 예비 코치들이 전문 직업인으로서 활동할 수 있는 환경이 되기까지는 시간이 걸릴 것이다. 이것은 코칭을 받는 고객들이 너도 나도 코칭을 받겠다는 니즈가 있어야 하기 때문이다.

그러나 코치의 입장에서 재능 기부로 봉사 코칭 Pro Bono 코칭까지 하기로 마음먹는다면, 우리나라만큼 코치의 도움이 필요한 잠재 고객이 많은 환경도 많지 않다. 경쟁적 교육환경에서 장래에 대한 방향을 잃고 힘들어하는 청소년, 취업과 직장의 경력개발에 고민하는 청년층, 고용불안 속에서 인생 2막을 고민하는 중년층, 은퇴 후의 건강한 노년 등이 코칭의 단비를 기다리는 사람들이다.

사람은 누구나 죽기 전에 유산을 남기고 싶어 한다. 성공이란 '자기가 이 세상에 태어남으로서 아무리 작은 것이라도 세상을 나아지게 하는 것'이다. 코치는 세상에 어떤 유산을 남길 수 있는 사람일까?

사람들은 흔히 유산을 '돈을 남겨 자식들에게 물려주는 것'을 연상한다. 하지만 진정한 의미의 유산은 이것보다 훨씬 더 고차원적이며 다양하다. 고든 맥도널드는 사람이 남길 수 있는 유산을 다음과 같이 7가지로 나누고 있다. 고든 맥도널드, 1998

> **우리가 남길 수 있는 7가지 유산**
> 1. 물질의 유산 : 나는 물질적 소유를 얼마나 남길 것인가?
> 2. 인정의 유산 : 내 말과 행동으로 자신감을 얻게 된 사람은 누구인가?
> 3. 도전의 유산 : 내가 갈 길을 제시해 줌으로써 발전한 사람은 누구인가?
> 4. 통찰의 유산 : 나에게 배운 것으로부터 유익을 얻을 사람은 누구인가?
> 5. 표본 된 삶의 유산 : 내 삶의 모습이 다른 사람에게 본받을 가치를 준 것은 무엇인가?
> 6. 추억의 유산 : 가족들과 지인들이 좋게 추억할만한 것은 무엇인가?
> 7. 영혼의 유산 : 내 인생은 영성이 있는 길을 가르치는 것이었는가?

우리가 죽기 전에 세상에 남길 수 있는 유산이 7가지나 된다는 것은 우리에게 '나도 할 수 있다'는 여유를 가져다준다. 위 7가지 유산 중에 코치에게 딱 해당되는 것은 어떤 것일까?

'물질의 유산', '추억의 유산' 두 가지를 제외한 나머지 5가지 유산은 100% 코치들이 남길 수 있는 것들이다. '인정의 유산', '도전의 유산', '통찰의 유산'은 코칭의 기본 목적이라고 할 수 있다. 고객의 에너지를 올려주고, 발전적 목표를 향하여 도전하도록 인식을 확장시켜 주는 것이 코치의 핵심 역할이다. 나아가 영성 코칭은 '영혼의 유산'을 남기는 데에 밀접한 관련이 있으며, '표본 된 삶의 유산'은 코치의 자기 관리에서 발현이 된다.

"코치가 고객들의 인생 여정을 도와주고, 어려운 시간을 통과하도록 안내하고, 그들에게 가치 있는 것을 가르쳐 주며, 인정받는다는 느낌을 갖도록 해준다면, 우리는 그들의 삶에 지대한 영향을 미치고 있는 것이다. 고객이 비전을 찾는 과정을 도와주고, 그들을 격려하고 에너지를 공급해주

는 것은 성직자가 인간을 생명의 길로 인도하는 것처럼 고귀한 사역을 하는 것이다."게리 콜린스 2011

  비싼 코칭료를 받으며 활동하는 프로 코치로 활동하든, 수직적 관계에서 상사가 직원을, 부모가 자녀를, 교사가 학생을 코칭하든, 재능 기부로 사회 곳곳의 사람들을 격려하는 코칭을 하던, 코칭은 사람들에게 많은 유산을 남길 수 있는 영역인 것이 분명하다. 이것은 후손들에게 재산을 물려주는 것보다 더 의미있는 유산이 아니겠는가?

02
성공하는 코치들의 특성

> 성공하려면 변화에 저항하고 실패를 두려워하며 의심하는 것 같은
> 내적 장애물을 처리해야 한다.
> — 티모시 골웨이

성공하는 코치들의 특성

 코치도 고객의 발전을 이끄는 측면에서 리더이다. 효과적인 리더가 되기 위해서는 '몸으로 실천하는 Walking the Talk' 것이 전제되지 않으면 안 된다. 담배를 끊는 것이 건강에 좋다는 말을 고객에게 하면서 정작 코치 자신은 담배를 피운다면 코칭의 효과는 반감되고 만다.

 성공하는 코치가 되는 데에는 경청과 질문 등 코칭 역량을 갖추는 것보다 더 중요한 것이 코치 스스로의 자기 관리이다. 코치다운 삶을 사는 수신修身이 관건이다. 이런 배경에서 대부분의 고급 코칭 교육 프로그램에서는 '탁월한 나'가 될 수 있는 개인 기초 프로그램을 깊이 있게 다루고 있다. 여기에는 자신의 삶의 비전, 강점 분석, 건강관리, 대화특성 분석 등의 내용이 포함되어 있다.

 코치의 자기 관리를 상세히 다루는 것은 본서의 집필 범위를 넘는다. 다만 여기서는 성공적 코치들에서 나타나는 공통적인 특징을 먼저 살펴보고,

이어서 코치의 자기관리에 중요한 사항을 선택적으로 살펴보기로 하자.

먼저 성공한 코치들이 보여주는 행동 특성들이다. 패트릭 윌리엄스 외, 2008, 게리 콜린스, 2011

성공하는 코치들의 특성
- 모든 사람들의 내면에 있는 잠재력과 능력을 믿는다.
- 사람들의 삶을 성장시키는데 열정적이다.
- 판단을 유보하고 다양한 가능성을 열어둔다.
- 전문가의 고집을 갖지 않고 고객과 협력할 줄 안다.
- 하고 있는 일을 즐기고, 삶에 대해 열정적이다.
- 얘기를 잘 들어주며 고객과 공감할 수 있는 능력이 뛰어나다.
- 과거에 집착하지 않고 미래의 발전 가능성에 관심을 둔다.
- 문제나 원인 대신에 가능성에 주의를 기울인다.
- 세계관이 있으며 보다 큰 비전을 가지고 있다.
- 항상 배우며 끊임없이 개인적인 향상과 발전을 추구한다.
- 정신적으로 건강하며 삶이 힘들더라도 곧 회복한다.
- 매우 성실하고 신뢰할 만한 사람이다.
- 솔직하게 "모르겠습니다"라고 말할 수 있으며, 필요한 지식을 어떻게 배울 수 있는지 기꺼이 알아보고자 한다.
- 사업 수완이 있다. 미래를 내다보고 큰 그림을 그릴 줄 알며, 자신과 자신의 일을 현재의 상황에 맞게 재창조 할 수 있다.

위 사항을 좀 더 압축하면 다음의 4가지로 정리할 수 있다.

> **성공한 코치들의 핵심 특성**
> 1. 고객의 잠재력을 끌어내 도와주려는 열정과 대화 능력을 갖추고 있다.
> 2. 코칭에 대한 확고한 비전을 가지고 끊임없이 공부한다.
> 3. 고객이 신뢰할 수 있는 윤리와 솔직함이 있다.
> 4. 코칭 비즈니스를 이끄는 사업수완이 있다.

이 4가지 분야 중에서 첫째의 '고객을 도와주려는 열정과 대화 능력'은 본서의 전반적인 내용이기도 하며, 앞에서 충분히 이해하였다. 이하에서는 나머지 3가지에 대하여 논의하기로 하자.

셀프 코칭 프로세스

코치는 주로 고객의 비전과 목표를 세우고 도전하게 이끄는 전문가이다. 그런데 그러한 과정을 동일하게 자신에게도 실시할 수 있다. 다른 코치의 도움을 받을 수 있으면 더욱 좋겠지만, 코치가 매번 다른 사람으로부터 코칭을 받기는 쉽지 않다. 이 때 할 수 있는 방법이 스스로를 코칭하는 '셀프 코칭 Self Coaching'이다.

어떤 면에서 셀프 코칭은 주기적으로 자신을 점검하고 내면의 목소리를 듣는 가장 좋은 방법이다. 셀프 코칭을 효과적으로 하는 프로세스는 고객을 대상으로 하는 것과 차이가 없다. 아래의 프로세스에 맞추어 내면의 목소리를 들어가면 된다.

> 1. 나는 누구인가? 나는 무엇을 고민하고 있는가?
> 2. 나는 어떤 자원과 강점을 가지고 있는가?
> 3. 나는 무엇을 추구할 것인가?
> 4. 현재 어떤 상황에 있으며, 방안들을 가지고 있는가?
> 5. 어떻게 장애를 극복하고 실행할 것인가?

코치는 수시로 셀프 코칭을 하면서 자신의 비전을 명확히 해야 한다. 비전과 목표가 명확하면 이를 향해 어떤 공부를 해야 하고, 어떻게 자기관리를 해야 하는지 계획을 짜게 된다. 의미 있는 목표를 명확히 갖기만 하면 현실의 장애를 극복하고 계획을 실행으로 옮기는 실행력이 따라온다는 것은 주지의 내용이다.

코치의 윤리와 솔직함

코치는 각자가 법 조항을 위반하지 않는 한 자신이 옳다고 생각하는 것을 고객에게 말하고 제시할 수 있다. 이때에 사실을 과장하거나 심지어 거짓을 말하는 사례도 있다. 어떤 것이 코칭 윤리에 합당한 행동인지, 어떤 것이 코칭 윤리에 위배되는지 알고 있어야 한다. 다음과 같은 코치의 행동은 솔직하지 못하거나 비윤리적이라고 할 수 있다. 게리 콜린스, 2011

- 코치가 자신이 받은 훈련이나 인증 또는 자격 요건을 허위로 진술한다.
- 부정확하거나 근거 없는 정보를 사실인 것처럼 고객에게 제시한다.

- 대중 강의 등 다른 장소에서 고객에 대한 개인 정보를 공유한다.
- 편향적이고 타당한 절차에 근거하지 않은 코칭 효과를 공표한다.
- 개인의 주관에 의존하며 효과가 검증되지 않은 의심스러운 방법을 사용한다.
- 코칭 관계를 자신의 개인적·재정적 이익 혹은 다른 이익을 위해 이용한다.

앞으로 코칭이 확산되고 더 높은 지지를 받기 위해서는 코치들이 고객으로부터 신뢰를 받지 않으면 안 된다. 이를 위해 세계 주요 코칭 기관들이 윤리 규범을 확립하고 보완하는 노력을 지속적으로 기울이고 있다.

우리나라에서도 (사)한국코치협회가 국제코치연맹의 윤리기준을 존중하며 한국의 코치들이 윤리적 행동을 하도록 많은 노력을 기울이고 있다. 예컨대 코치 자격을 부여할 때에는 (1) 윤리규정을 숙지하는 것은 물론, (2) 〈한국코치협회 윤리규정 준수 서약서〉를 아래와 같이 제출하도록 하고 있다. 뿐만 아니라 코치 자격시험에서 윤리규정에 관한 내용을 비중 있게 테스트하며, 나아가 코치로 활동하는 중에 윤리규정 준수 서약 내용을 위반할 경우에는 코치 자격이 취소될 수 있도록 규정하고 있다.

(사)한국코치협회 윤리규정 준수 서약서

나, OOO는 한국코치협회의 인증코치 OOO로서
한국코치협회에서 규정하는 윤리규정을 항상 기억하며 준수하여
한국코치협회의 명예를 훼손하지 않고 지켜나갈 것을 서약합니다.
인증코치 자격을 유지하기 위해서는 정회원(유료회원)의 자격을 유지해야 하며,
자격연장의 책임은 본인에게 있음을 충분히 인지하고 있습니다.

2000년 0월 0일

지원자 : OOO   (인)

(사)한국코치협회 회장 귀하

한국코치협회 윤리규정

윤리강령
1. 코치는 개인적인 차원뿐 아니라 공공과 사회의 이익도 우선으로 합니다.
2. 코치는 승승의 원칙에 의거하여 개인, 조직, 기관, 단체와 협력합니다.
3. 코치는 지속적인 성장을 위해 학습합니다.
4. 코치는 신의 성실성의 원칙에 의거하여 행동합니다.

윤리규칙
제1장 기본윤리
  제1조 (사명)
    1. 코치는 한국코치협회의 윤리규정에 준거하여 행동합니다.
    2. 코치는 코칭이 고객의 존재, 삶, 성공, 그리고 행복과 연결되어 있음을 인지합니다.

3. 코치는 고객의 잠재력을 극대화하고 최상의 가치를 실현하도록 돕기 위해 부단한 자기 성찰과 끊임없이 공부하는 평생학습자(life learner)가 되어야 합니다.
4. 코치는 자신의 전문분야와 삶에 있어서 고객의 롤모델이 되어야 합니다.

제2조 (외국윤리의 준수)
코치는 국제적인 활동을 함에 있어 외국의 코치 윤리규정도 존중하여야 합니다.

제2장 코칭에 관한 윤리
제3조 (코칭 안내 및 홍보)
1. 코치는 코칭에 대한 전반적인 이해나 지지를 해치는 행위는 일절 하지 않습니다.
2. 코치는 코치와 코치단체의 명예와 신용을 해치는 행위를 하지 않습니다.
3. 코치는 고객에게 코칭을 통해 얻을 수 있는 성과에 대해서 의도적으로 과장하거나 축소하는 등의 부당한 주장을 하지 않습니다.
4. 코치는 자신의 경력, 실적, 역량, 개발 프로그램 등에 관하여 과대하게 선전하거나 광고하지 않습니다.

제4조 (접근법)
1. 코치는 다양한 코칭 접근법(approach)을 존중합니다. 코치는 다른 사람들의 노력이나 공헌을 존중합니다.
2. 코치는 고객이 자신 이외의 코치 또는 다른 접근 방법(심리치료, 컨설팅 등)이 더 유효하다고 판단될 때 고객과 상의하고 변경을 실시하도록 촉구합니다.

제5조 (코칭 연구)
1. 코치는 전문적 능력에 근거하며 과학적 기준의 범위 내에서 연구를 실시하고 보고합니다.
2. 코치는 연구를 실시할 때 관계자로부터 허가 또는 동의를 얻은 후 모든 불이익으로부터 참가자가 보호되는 형태로 연구를 실시합니다.

3. 코치는 우리나라의 법률에 준거해 연구합니다.

제3장 직무에 대한 윤리
 제6조 (성실의무)
  1. 코치는 고객에게 항상 친절하고 최선을 다하며 성실하여야 합니다.
  2. 코치는 자신의 능력, 기술, 경험을 정확하게 인식합니다.
  3. 코치는 업무에 지장을 주는 개인적인 문제를 인식하도록 노력합니다. 필요할 경우 코칭의 일시 중단 또는 종료가 적절할지 등을 결정하고 고객과 협의합니다.
  4. 코치는 고객의 모든 결정을 존중합니다.

 제7조 (시작 전 확인)
  1. 코치는 최초의 세션 이전에 코칭의 본질, 비밀을 지킬 의무의 범위, 지불 조건 및 그 외의 코칭 계약 조건을 이해하도록 설명합니다.
  2. 코치는 고객이 어느 시점에서도 코칭을 종료할 수 있는 권리가 있음을 알립니다.

 제8조 (직무)
  1. 코치는 고객, 혹은 고객 후보자에게 오해를 부를 우려가 있는 정보전달이나 충고를 하지 않습니다.
  2. 코치는 고객과 부적절한 거래 관계를 가지지 않으며 개인적, 직업적, 금전적인 이익을 위해 의도적으로 이용하지 않습니다.
  3. 코치는 고객이 고객 스스로나 타인에게 위험을 미칠 의사를 분명히 했을 경우 한국코치 협회 윤리위원회에 전달하고 필요한 절차를 취합니다.

제4장 고객에 대한 윤리
 제9조 (비밀의 의무)
  1. 코치는 법이 요구하는 경우를 제외하고 고객의 정보에 대한 비밀을 지킵니다.
  2. 코치는 고객의 이름이나 그 외의 고객 특정 정보를 공개 또는 발표하기 전

에 고객의 동의를 얻습니다.
　3. 코치는 보수를 지불하는 사람에게 고객 정보를 전하기 전에 고객의 동의를 얻습니다.
　4. 코치는 코칭의 실시에 관한 모든 작업 기록을 정확하게 작성, 보존, 보관, 파기합니다.

제10조 (이해의 대립)
　1. 코치는 자신과 고객의 이해가 대립되지 않게 노력합니다. 만일 이해의 대립이 생기거나 그 우려가 생겼을 경우, 코치는 그것을 고객에게 숨기지 않고 분명히 하며, 고객과 함께 좋은 대처 방법을 찾기 위해 검토합니다.
　2. 코치는 코칭 관계를 해치지 않는 범위 내에서 코칭 비용을 서비스, 물품 또는 다른 비 금전적인 것으로 상호교환(barter)할 수 있습니다.

부칙
제1조 이 윤리규정은 2011.01.01부터 시행한다.
제2조 이 윤리규정에 언급되지 않은 사항은 한국코치협회 윤리위원회의 내규에 준한다.

윤리규정에 대한 맹세
　나는 전문코치로서 (사)한국코치협회 윤리규정을 이해하고 다음의 내용을 준수합니다.
　1. 코치는 개인적인 차원뿐 아니라 공공과 사회의 이익을 우선으로 합니다.
　2. 코치는 승승의 원칙에 의거하여 개인, 조직, 기관, 단체와 협력합니다.
　3. 코치는 지속적인 성장을 위해 학습합니다.
　4. 코치는 신의 성실성의 원칙에 의거하여 행동합니다.

만일 내가 (사)한국코치협회의 윤리규정을 위반하였을 경우, (사)한국코치협회가 나에게 그 행동에 대한 책임을 물을 수 있다는 것에 동의하며, (사)한국코치협회 윤리위원회의 심의를 통해 법적인 조치 또는 (사)한국코치협회의 회원자격, 인증 코치자격이 취소될 수 있음을 분명히 인지하고 있습니다.

코칭 비즈니스를 이끄는 사업수완

소비자들에게 상품을 잘 팔기 위해서는 상품Product만 좋은 것으로는 부족하다. 광고, 판매망 등이 받쳐주지 않으면 안 된다. 프로 코치로서 성공하는 데에도 마찬가지이다. 코치가 윤리적이고 우수한 코칭 역량을 갖추는 것이 출발점이지만, 이것을 고객에게 배달하기 위해서는 마케팅 수완이 있어야 한다.

마케팅의 제1원리는 코칭 훈련을 받고 코칭을 잘 한다고 해서 사람들이 저절로 몰려들지 않는다는 것을 아는 것이다. 잠재 고객들은 코칭이 무엇인지 알지 못하기에 코치가 코칭이 무엇인지, 자신은 어떤 코치인지 알려야 한다. 마케팅을 잘하는 코치가 큰 성공을 거둔다.

코칭 사업이 번창하도록 키워가는 것은 하나의 도전이다. 코칭이 전망 있는 사업이라고 말하지만 처음 몇 년 동안은 성장과 수익이 더디게 발생한다. 이러한 환경에서 실패하지 않고 살아남기 위해서는 다음과 같은 4가지 영역의 준비를 하여야 한다. 게리 콜린스. 2011. 린 그로드즈키 외. 2007. 패트릭 윌리엄스 외. 2007

성공적 코칭 비즈니스를 위한 4가지 수완
1. 코칭 사업을 하기 위한 기본적 사항 준비
2. 코치로서 자신만의 강점 파악
3. 마케팅에 대한 구체적 능력
4. 코칭의 성과에 대한 고객 설득

첫째, 코칭 사업을 하기 위한 기본적 사항 준비

- 공인된 코칭 훈련 수료증이나 그 외 신용을 얻을 수 있는 것
- 재정적 기복이 있더라도 사업을 지속해 나갈 수 있는 충분한 초기 자본금 확보
- 도중에 장애물이 나타나도 계속해서 나아가리라는 결심
- 비즈니스에 대한 기본 지식과 현실적인 사업 계획을 세울 수 있는 능력
- 부기, 세금, 사업과 관련된 행정 업무를 처리할 수 있는 능력
- 혼자 일하고 시간을 잘 관리할 수 있는 능력
- 인터넷과 기본적인 컴퓨터 프로그램 활용 능력

둘째, 코치로서 자신만의 강점 파악

- 나의 핵심 고객은 어떤 사람인가? 내가 가장 코칭하고 싶은 사람은 어떤 사람인가?
- 고객이 필요로 하는 것 중에 내가 제공할 수 있는 것은 무엇인가?
- 내가 코칭 서비스를 제공할 충분한 자격이 갖추어졌다는 것을 보여 주는 표지는 무엇인가?
- 사람들이 나의 어떤 점을 보고 코칭을 요청하겠는가?
- 사람들에게 코칭을 받아 보라고 어떻게 설득하겠는가?
- 내가 시작할 수 있는 방법은 무엇인가?

셋째, 마케팅에 대한 구체적 능력

- 틈새시장을 확보하라.
  자신의 코칭에 어떤 강점이 있는지를 바탕으로 어떤 업계, 어떤 사람들을 주요 타깃 고객으로 할 것인지 심각하게 생각해야 한다.
- 잠재 고객의 기반을 확대하는 데 주중 시간을 적어도 40% 정도 할애해야 한다.
- 기업, 협회 등 잠재 고객을 직접 방문하여 자신의 강점을 발표하고, 나아가 그들의 고객에게까지 당신의 서비스 제공을 제안하라.
- 독특한 마케팅 메시지를 만들어라.
  고객에게 자신의 행동 지침서를 소개하라. "저는 ~을 약속합니다"라는 서류를 동봉한다. 약속 서류는 당신의 코칭 성과, 가치, 윤리 및 코칭 방법에 초점을 맞추어 기술한다. 이것은 코치에 대한 고객 의구심을 없애며 신뢰를 증대한다.
- 책을 출판하라.
- 무료나 참가비를 저렴하게 해서 워크숍을 열어라.
- 언론이나 정기 간행물에 원고를 게재하라.
- 언론에 홍보자료를 보내라. 홍보 정보의 일부로서 추천서나 클라이언트의 이야기를 사용할 수 있다.
- 코치 협회의 위원회나 각종 연구 활동에 참여하라. 다른 코치들과의 모임을 통해 아이디어를 만드는데 필요한 도움을 얻을 수 있다.
- 당신에 관한 이야기가 기사화될 수 있도록 하라.

- 고객에 소개 편지나 엽서를 보내라.
- 언론이나 교육 관련 정기 간행물에 안내 광고를 내라.
- 종합적인 고객용 안내 책자를 만들어라.
- 이전의 고객들에게 연락하고 코칭 A/S를 제공하라.
- 이전의 고객에게 소개를 부탁하라. 개인적인 추천서나 그들의 경험에 대한 짧은 이야기를 적어달라고 요청하라.
- 온라인 뉴스레터를 제공하라.
- 컨퍼런스 등 다양한 기회에 발표를 하라.
- 다른 코치들과 상호 협력관계를 만들어라.
- 워크숍에 참가하고 자신의 강점을 알려라.
- 홈페이지와 웹사이트를 만들어라.
- 코칭 수수료를 너무 낮춰서 신뢰도를 파괴하지 않도록 조심하라. 당신의 투입보다 고객이 얻는 잠재 가치를 고려하라. 일단 당신이 선택한 시장에서 당신의 명성이 확고해지면 그에 따라 수수료도 높일 수 있다.

넷째, 코칭의 성과에 대한 고객 설득

국내 L사의 사례이다. 1992년에 부장급 이상 관리자들의 리더십 역량이 그룹사 54개 중 53위를 차지하여 최하위의 수준에 있었다. 이를 탈피하기 위한 방안으로 2년간 코칭 리더십을 훈련시켰으며, 그 결과 94년에는 리더십 수준이 54개 그룹사 중 2위로 뛰어 올랐다. 너무 큰 상승폭 때문에 비리는 없었는지 의심을 받았다. 그룹 감사실의 현장 감사를 받기도 했지만, 측정 오류는 없는 것으로 나타났다.

그런데 문제는 리더십의 변화에 불구하고 경영성과는 별로 개선되지 않았다. 비용을 들여 관리자들에 코칭 훈련을 실시하였고, 이어서 리더십 수준의 뚜렷이 개선되었음에도 불구하고 회사의 경영성과는 뚜렷이 좋아지지 않은 것이다. 그렇다면 관리자들에게 투자한 코칭 교육비는 낭비란 말인가?

코칭 비즈니스를 하는데 중요한 문턱이 있다. 고객특히 기업 고객들로부터 제기되는 코칭과 경영성과와의 관계에 대한 대답이다. "간부들에게 코칭 교육을 실시하면 매출액 증대 등 경영성과가 개선이 되어야 할 텐데, 그것을 어떻게 증명해 줄 수 있는가?" 비용/효과 분석 또는 ROI Return On Investment 의 관점에서 코칭에 투자한 비용 이상으로 기업에 이익을 가져다주어야 코칭을 실시하겠다는 것이다.

이것은 고객의 입장에서 당연하게 물어야 할 질문이다. 하지만 고객으로부터 이 질문을 받을 때 코치가 할 수 있는 대답은 간단하지 않다. 앞의 L기업 사례에서도 2년간에 걸친 코칭 교육으로 관리자들의 리더십 역량이 놀랄 정도로 증대되었다. 그럼에도 불구하고 경영성과가 개선되지 않았다면 코칭의 성과를 어떻게 납득시킬 수 있을까? 이에 대한 해답을 찾는 것은 코칭 비즈니스를 성사시키는데 대단히 중요한 문턱이다.

아래에서 코칭 성과 측정에 주로 사용되는 방법들을 간단히 살펴본 후에 효과적인 대안을 살펴보기로 하자.

코칭의 성과 측정 방법

오늘날 코칭 효과를 입증하는데 주로 사용되는 방법들은 다음과 같다.

코칭 성과의 측정 방법

- 질문지와 설문지
주관적이고 편견에 치우치기 쉽다.

- 360도 피드백
360도 도구는 직업수행 능력, 대인관계 능력, 리더십 역량, 태도 등 조직 내 행동들을 다루는 질문지다. 코칭의 경우에는 응답자가 피 평가자와 근접하여 있는 경우가 많기 때문에 실제 이상으로 관대하게 응답하는 경향이 있다.

- 주관적 보고
코치나 고객 개인에게 의견을 말하거나 후기를 써 달라고 요청하는 방법이며, 미국 및 유럽에서는 가장 흔히 사용되고 있다.

- 투자 수익률^{ROI}
코칭에 투자한 대가로 무엇이 돌아오는지를 보여주는 증거를 도출하려는 것이다. 논리상으로는 가장 객관적이고 계량적으로 생각될 수 있다. 하지만 실질적으로는 많은 가정이 추측이 포함되어 있기 때문에 효과적인인 방법이 아니다. 가장 적게 사용되는 방법이다.

ROI 관점의 성과 입증에 대한 개선책

코칭의 성과에 대한 입증의 방법으로 투자 수익률^{ROI} 관점을 요구하는 것은 기업의 입장에서는 가장 간단명료하게 보이는 지표이다. 하지만 이것은 현실적으로 가장 어려운 방법이며, 타당성이 적은 방법이다. 우리나라보다 일찍 코칭 교육이 발달한 미국과 유럽에서조차도 ROI 방법이 사용 빈도가 가장 적은 것도 이 때문이다.

위 L기업의 사례를 다시 생각해보자. 코칭 교육으로 리더십 수준이 크게 개선되었지만 경영성과는 개선되지 않았다. 여기서 제기되는 의문이 있다. 경영성과에 영향을 미치는 변수들은 무엇인지? 말할 것도 없이 경영성과는 관리자들의 리더십뿐만 아니라 많은 요인들이 영향을 미친다. L사의 경우에도 당해 연도에 해외 원자재값 인상, 경쟁사의 가격인하, CEO의 교체 등이 있었다. 이런 요인들이 경영성과를 악화시킨 주된 요인이었다. 이런 요인들 때문에 관리자들의 리더십 능력 개선에도 불구하고 경영성과는 좋아지지 않았던 것이다.

이런 맥락이 있음에도 불구하고 "코칭 교육을 해도 경영성과는 나아진 것이 없었다. 따라서 코칭 교육은 할 필요가 없다"고 말하는 사람이 있었다. 틀린 의견이다.

경영의 최종 성적표인 경영성과는 수많은 요소들의 복합적 산물이다. 나아가 그 많은 요소들 중에는 영향력이 크고 작은 것이 섞여 있다. 조직에 따라 영향요소의 종류와 크기는 다르며, 또한 시점에 따라 변하기도 한다. 한마디로 복합적 역학관계에 있다고 말할 수 있다.

경영성과에 영향을 미치는 많은 요소 중에서 관리자의 코칭 교육이 미치는 영향을 분석해 내는 것은 과학적으로 거의 불가능하다. 이것은 코칭뿐만 아니라 인력개발HRD의 다른 분야도 마찬가지이다. 이러한 이유 때문에 우리나라보다 코칭교육이 발전한 나라에서도 코칭성과를 ROI 방법으로 측정하는 경우는 별로 없다. 대신에 설문, 주관적 피드백 등 개인의 의견을 수집하는 방법을 가장 많이 사용하고 있다.

이러한 상황이 있음에도 불구하고 기업의 CEO나 코칭 교육의 비용을 지출하는 부서에서는 끈질기게 묻는다. "경영성과를 얼마나 개선시켜줄 수 있습니까?" 이처럼 코칭의 가망 고객이 ROI 관점의 성과 입증을 요청하는 경우 어떻게 대응할 수 있을까? 그에 대한 해결책이 '중간 변수'를 측정하는 방법이다. 이의 구체적 방법은 다음과 같이 진행하면 된다.

> **중간 변수에 의한 ROI 예측 방법**
> 1단계 : 고객이 원하는 최종 목표의 결정
> 2단계 : 최종 목표에 영향을 미치는 중간 변수의 도출
> 3단계 : 중간 변수의 현재 상태 측정
> 4단계 : 코칭 실시 후의 중간 변수의 증대수준 측정

만약 고객이 "코칭을 실시하면 매출이 증대합니까? 그렇다면 코칭 교육을 실시하겠습니다"라고 말하는 경우를 생각해 보자. 위 프로세스에 따라서 진행해 보면 다음과 같다.

1단계 : 고객이 원하는 최종 목표는 '매출액 증대'이다.

2단계 : 매출액에 영향을 미치는 중간 변수의 도출
중간 변수를 찾기 전에 고객과 먼저 토론해야 한다. 매출액 증대에는 경쟁사 전략, 경제상황, 직원들의 근무 태도 등 많은 변수가 섞여 있기 때문

에 코칭의 성과만을 추출하는 것이 불가능하다는 점을 설명해야 한다. 다행스러운 것은 이러한 설명에 대부분의 고객이 쉽게 수긍한다.

이어서 매출액 증대에 중요한 영향을 미치는 요소 중에서 코칭으로 영향을 미칠 수 있는 것을 찾는다. 경쟁사 전략이나 경제 상황은 코칭과 관계가 없다. 여기서는 '직원들의 근무태도'가 코칭으로 영향을 미칠 수 있는 변수이다.

이어서 근무 태도에 영향을 미치는 하위변수가 존재한다. 연봉과 복지개선, 고용안정, 인정과 존중의 리더십, 고충불만 해소 등을 생각할 수 있다. 이 중에서도 관리자의 코칭으로 영향을 미칠 수 있는 변수는 '인정과 존중의 리더십', '고충불만 해소'이다.

이제 고객과 상의하여 이 2개의 중간 변수를 코칭의 목표로 선정하면 된다. 이때 어떤 변수가 가장 중요한 영향 변수인지에 대한 의견은 고객의 의견을 반영하면 된다. 고객 회사의 내부 사정은 고객이 코치보다 더 자세히 알고 있다.

이런 절차를 거쳐서 위 사례의 기업에서 '인정과 존중의 리더십'과 '고충불만 해소'의 두 가지 요소를 중간 변수로 선정하였다고 가정하자.

3단계 : 중간 변수의 현재 상태는 어떤 수준인가?

코칭 교육을 도입하기로 계약을 체결한 후 첫 작업은 '인정과 존중의 리더십'과 '고충불만 해소'의 현 상태를 측정하는 것이다. 측정 방법에는 다양한 도구가 개발되어 있다. 설문지 기법, 인터뷰 기법 등에서 설문지 기법이 가장 많이 사용된다.

4단계 : 코칭 실시 후의 중간 변수가 어떻게 증대되었는가?

코칭 종료 후에 두 가지 중간 변수를 다시 측정하여, 변화 정도를 평가한다. 코칭 실시 후에도 중간 변수의 증대가 미흡하였다면, 코칭의 성과도 미흡한 것으로 결론을 낼 수 있다.

반면에 중간 변수의 상당한 증대가 있었다면 그것은 코칭의 성과라고 말할 수 있다. 앞에서 L기업에서 부장급 이상 관리자들의 리더십 수준이 코칭을 실시하기 전과 후에 뚜렷한 변화가 있었다면 그것은 코칭의 성과가 분명히 있었던 것이다. 그럼에도 매출액 중 경영성과가 변화되지 않은 것은 그 원인이 다른 데에 있었다고 해야 한다.

중간 변수에 의한 코칭 성과의 입증 방법은 이론적으로 타당한 방법이며, 고객들에게도 설득 효과가 상당히 높다. 아울러 중간 변수의 증대를 계량적으로 제시하는 것과 더불어 코칭 교육을 직접 경험한 관리자나 직원들의 의견을 덧붙이는 정성적인 보고를 병행하면 더욱 효과적이다.

03
코칭의 전문 분야

*우리는 과거의 성과를 보고 사람을 평가할 것이 아니라
미래의 잠재력을 보고 사람을 평가해야 한다.*

— 존 휘트모어

전 세계 코칭의 세분화 현황

코칭을 공부한 후 전문 코치로서 활동하려면 나름의 전략을 세워야 한다. 경영학에서 경영전략의 중요 내용은 시장의 세분화이다. 코칭 비즈니스도 마찬가지이다. 자신의 코칭 강점은 무엇인지, 어떤 분야의 코칭을 할 것인지 등 전문 영역을 설정하여야 한다. 그리고 자신에 맞는 고객이나 시장을 세분화해야 한다.

코칭 비즈니스가 우리보다 앞서 있는 나라의 코치들의 세분화 현황은 우리에게 좋은 참고가 된다. 미국과 유럽의 경우에 코치들이 전문 영역으로 세분화하고 있는 코칭의 영역들은 다음과 같다. 토니 스톨츠푸스, 2010 스톨츠푸스는 각 영역별로 심화된 지식을 얻으려는 코치들을 위하여 관련 서적과 웹 주소 등 자료를 함께 제시하고 있다.

조직Organizational 코칭

개인 차원이 아니라 조직 전체 또는 모든 팀을 코칭하는 영역이다. 조직 코칭의 성공요인은 해당 조직이 코칭이 가능한지를 판단하는 것이다. "이 회사는 경영 환경이 어떤가? 인력 구조조정 등 절박한 환경인가? 어떤 조직 문화를 가지고 있는가?"

- 추가 자료 : 제인 크레스웰Jane Creswell : www.Internal-Impact.com

조직화Organizing 코칭

일과 가정의 균형, 집과 직장에서 효과적인 업무 처리, 우선순위와 시간 관리 등에 전문화된 영역이다. 여기에는 초기진단, 우선순위 설정, 선택과 집중의 기법 등이 다루어진다.

- 추가 자료 : 론다 룩켈Rhonda Ruckel : www.MakeaChangeCoaching.com

소규모 사업Small Business 코칭

중소기업의 창업과 경영, 개인 기업 등 소규모 사업의 발전 계획을 도와주는 영역이다.

- 추가 자료 : 빌 짚Bill Zipp : www.BillZipp.com

경력개발Career 코칭

직업혹은 업무과 진로 변경을 고민하는 고객을 위한 코칭 영역이다. 고객의 강점과 열정, 기술 및 가치를 업무와 일치시키는데 초점을 맞춘다.

직장을 바꾸기를 고민하는 고객에게는 "당신은 무엇에 대해 열정적인가요?", "희망 직장의 문화와 미션을 신뢰하나요?", "이 조직은 나를 얼마나 필요로 하는가?"에 초점을 맞춘다.

업무에 열정을 잃은 고객에게는 열정을 다시 점화하기 위한 도움을 주기 위해 다음의 질문을 중요시한다. "당신의 처음 비전은 무엇이었나요? 그것은 왜 바뀌었죠?", "현재 업무 또는 역할들의 어떤 부분이 당신의 비전과 직접적으로 관련이 있나요?", "5년 후에 무엇을 하기를 원합니까?"

- 추가 자료 : 키스 웹 Keith Webb : CreativeResultsManagement.com

관계 Relationship 코칭

관계 코칭은 데이트에서부터 결혼에 이르기까지 모든 영역을 다루지만 특별히 관계에서 단절이나 배신을 경험한 커플들이나 개인들에 초점을 맞춘다. 관계에 대한 갈등을 해소하고 다른 사람의 시각에서 볼 수 있는 능력을 증대시켜 주는 영역이다. 갈등의 상황에 대하여 사실, 생각, 느낌의 차이를 알게 하고 승/승의 관계 관리를 도와주는 코칭 영역이다.

- 추가 자료 : 데이브 매킬라스 Dave McIllrath : www.TruthCoaching.com

건강 Wellness 코칭

신체 건강, 특히 다이어트와 운동에 관해 고민하는 고객들을 도와주는 영역이다. 보편적 건강 평가, 건강수레바퀴 평가 수면, 에너지, 소화, 운동, 체중, 스트레스, 면역, 변화 만들기 등이 중요 대화 내용이다.

- 추가 자료 : 샤론 그레이엄 Sharon Graham : www.TheCoachingPair.com

목회자 코칭

목회 지도자들의 모든 삶의 영역이 코칭 분야이다. 소명, 개인적 및 영적인 훈련, 진로 전환 및 변화 관리, 낙담과 쇠진, 소명의 재평가 등이 자주 있는 이슈들이다.

"당신은 삶에서 안식과 재충전을 어떻게 얻나요?", "참 신앙과 성도들을 위한 교회의 계획과 과정은 무엇인가요?" 등의 질문들이 다루어진다.

- 추가 자료 : 제리 그레험 외 Jerry Graham : heCoachingPair.com

교회 소그룹 코칭

목회 활동과 리더십 문제들을 다루는 소그룹 코치들을 위한 코칭 영역이다. 주로 자원 봉사를 하는 코치에 의해 실시되며, 5명 이내의 소그룹 리더들을 대상으로 한다.

코칭 의제들은 그룹원들의 영적 성장을 둘러싼 리더들의 역할에 관한 것이다. 교회 내에서 성공적인 리더였던 사람들 중에 코치들을 선정하며 그들이 코치로서뿐 아니라 멘토로서 역할을 수행한다.

- 추가 자료 : 랜달 네이버 Randall Neighbor : www.TouchUSA.org/SmallGroupFriends.com

결혼 코칭

커플로 하여금 목표를 설정하도록 돕는 코칭은 한 사람을 대상으로 하는 코칭과 다르다. 두 사람 모두가 달성하기 원하는 성장 목표를 파악하고 추구하도록 돕는 코칭 영역이다. 먼저 개인의 시각을 도출하고, 다음에 목표들과 행동들에 대해 두 사람이 협상하도록 돕는다.

- 추가 자료 : 제프 윌리엄스 Jeff Williams ; www.GraceandTruthRelationship.com

변혁적 Transformational 코칭

개인의 가치, 핵심 신념들, 정체성, 소명 등과 같은 내적 존재를 다루며, 심오하고 지속적이면서 의미 있는 변화를 성취하도록 돕는다. 이는 고객의 획기적인 변화를 목표로 이루어지는 코칭이다.

고객의 표면 밑에 있는 신념과 정체성의 핵심을 건드리는 데에는 다양한 기법들이 존재한다. 불만족스러운 현재의 상황에 체념하지 않고 반항자 또는 희생자의 자세에서 가치 있는 목적을 추구하는 자세로 전환하는 데 도움을 준다.

"이 도전에 굴복하면 당신의 삶은 어떤 모습이 될까요?", "이 상황에서 최선의 결과는 무엇일까요?"

- 추가 자료 : 토니 스톨츠푸스 Tony Stoltzfus ; www.CoachingPastors.com

비교문화 Cross-Cultural 코칭

한국에 진출해 있는 외국인의 한국 적응을 돕는 코칭은 비교문화 코칭의 예이다. 이는 이 문화에 성공적인 적응이 이루어질 수 있도록 돕는 영역이며, 코치는 문화적 차이에 대한 전문적 식견을 갖추고 있어야 한다.

비교문화 코칭은 고객이 자신의 문화적 패러다임을 인식하도록 도와주는 데에 노력을 기울인다. "당신의 문화에서는 이런 상황이 어떻게 다루어집니까?", "당신의 직장생활의 가치는 이 상황에 어떻게 적용됩니까? 당신의 개인적 가치는 이런 환경에서 어떤 어려움을 경험합니까?"

코칭의 주제는 조직생활에 관한 내용이 될 수도 있으며, 국제결혼을 한 사람의 가정의 갈등 등과 같이 사생활에서의 내용이 될 수도 있다.

- 추가 자료 : 티나 스톨츠푸스 호스트 Tina Stolzfus Horst ; Tina@CoachingMission.com, 폴 힐하우스 Paul Hillhouse ; www.DiscoveryL3.com

나의 코칭 영역 찾아가기

위에서 분류한 영역들은 프로 코치들이 자신의 특화 분야로 발전시켜 나갈 수 있는 분야의 일부에 불과하다. 우리나라에서는 코칭 역사가 짧기 때문에 위의 자료들이 참고가 될 수는 있다. 하지만 우리가 얻어야 할 시사점은 위의 자료에 그치는 것이 아니다. 위에서 나열한 것보다 몇 배 더 다양한 분야로 확장되어야 한다.

훈련 과정을 마치고 전문코치가 되면 자신의 전문 영역을 세분화해야 한다. 좀 더 바람직하게는 코칭을 공부하는 단계에서부터 미래를 대비하여 공부의 초점을 정해야 한다. 코칭의 분야에도 라이프 코칭, 비즈니스 코칭, 조직리더십 코칭 등 많은 분야가 있다. 공부를 시작하는 단계에서 이를 모두 알기는 쉽지 않을 것이다. 따라서 코칭 공부를 조금씩 진행해 가면서 자신의 경력에 대한 커리어 코칭을 받아 보는 것도 좋은 방법이다.

앞에서 소개한 코칭의 영역 이외에 한국에서 전문 코치로 도약하는데 어떤 영역이 추가로 개발될 수 있을까? 은퇴자 코칭, 다문화가정 코칭, 부모 코칭, 학습 코칭 등 많은 영역들을 새롭게 개발할 수 있다. 전문 코치가 되었다고 하여 모든 분야에서 코칭을 잘할 수 있는 것은 아니다. 자신의 강점이 무엇인지, 어떤 코칭에 전문성이 있는지를 특색 있게 소개해야 한다. 그래야만 고객이 나의 코칭 서비스를 구매하게 된다.

04
코칭 관계의 관리

> 코칭 사업을 번창하도록 키워 가는 것은 하나의 도전이다.
> 수익성 있는 사업이라고 전망하지만, 코치들은 처음 몇 년 동안은
> 성장과 수익이 더딘 과정을 거친다.
> — 린그로드즈키

코칭 계약의 체결

코칭 마케팅에 성공하면 고객으로부터 코칭을 도입하겠다는 승낙을 받게 되고 이어서 코칭 계약서를 체결하게 된다. 계약서에 포함되어야 할 내용은 보통 다음과 같다.

코칭 계약서의 포함내용
- 코칭 대상과 기간 ^{예: 격주 1회, 1세션당 90분, 총 8회 등}
- 코칭 비용 ^{코칭 전체 비용, 사전 조사 등 별도 비용, 교통비} 등
- 코치와 고객의 책임과 의무 ^{비밀 유지, 일정 변경에 대한 24시간 전 협의 등}

코칭 계약서는 표준 양식을 작성해 놓은 후, 이를 기초로 하여 개별 고객과의 협약 사항을 반영하면 편리하다.

고객과의 별도 합의서 작성

코치의 목적은 표면상으로는 코칭료를 받고 코칭을 실시하는 것이지만, 고객의 발전을 돕는 '유산'을 남기는 것이 진정한 목적이다. 이를 달성하기 위해서는 코칭을 받은 고객이 변화 약속을 제대로 실천하는 것이 관건이다. 하지만 현실의 고객들은 약속 사항을 제대로 이행하지 않는 것이 다반사이다. 특히 회사의 비용으로 코칭을 받는 기업 관리자들의 경우에는 약속을 이행하지 않는 사례가 더 많다. 열심히 코칭을 하였지만 다음에 확인을 하면 "바빠서 못했습니다"라는 대답을 듣는 경우가 많다.

고객이 약속 사항을 이행할 가능성을 크게 증대하는 방법이 있다. 회사와 체결한 코칭 계약서와 별도로 코칭을 받는 개별 고객과 '코칭 합의서'를 체결하는 방법이다. 비록 회사와 회사 간에 코칭 계약을 체결했다고 하더라도 코치와 고객피 코치 사이에 코칭 참여에 대한 약속과 다짐을 별도로 하는 것이다. 합의서에 포함되는 주된 내용은 다음과 같다.

코칭 합의서에 포함될 내용
- 비밀 준수에 대한 다짐
- 코칭에 적극 참여하겠다는 다짐특히 실행계획을 적극 실천하고, 그 결과를 코치에게 피드백 하겠다는 약속 포함
- 코치와 고객이 서로의 약속을 이행하지 않은 경우에는 코칭 기간 중에도 서로를 해고할 수 있음을 명시
- 코치와 고객의 서명 후 각자 1부씩 보관

코칭의 3각 관계

초등학생 자녀를 둔 엄마가 코치를 찾아와 "우리 딸의 생활습관을 고치고 싶습니다. 딸에게 코칭을 부탁합니다"라고 하는 경우를 생각해 보자. 코칭 비용은 엄마가 부담하고, 고객은 딸이 되는 코칭 관계이다. 이때에 코치는 자칫하면 "예, 좋은 결과가 있도록 딸에게 코칭을 하겠습니다"라고 계약을 체결할 가능성이 있다. 이것은 실패하는 코칭의 지름길이다.

딸의 습관을 변화시키는 데에 큰 영향을 미치는 사람은 함께 생활하는 엄마이다. 엄마의 역할에 대한 고려 없이 코치와 딸의 사이로 코칭 관계를 설정하는 것은 잘못된 구도이다.

딸의 변화를 위한 코칭에서 딸, 엄마, 코치의 관계를 '코칭의 3각 관계'라고 부른다. 서로 영향을 미치는 세 사람이라는 의미이다. 이러한 상황에서 코칭이 성공하려면, 엄마도 코칭 고객으로 포함시켜야 한다. 어떤 면에서 딸보다 엄마가 더 중요한 코칭 고객이라고 해야 한다.

엄마와 딸을 함께 코칭해야 하는 필요성을 설명하면 엄마는 이를 이해한다. 엄마의 코칭 주제는 '딸의 변화를 위한 엄마의 역할'이 된다. 코칭의 진행은 딸과 코치, 엄마와 코치, 두 사람의 동시 코칭 등을 세션별로 섞어서 진행하면 된다.

위와 같은 코칭 3각 관계에서 엄마를 배제하고 딸만을 코칭해주는 것을 '고객 구조Rescue 모델'이라고 부른다. 엄마가 책임져야 할 부분을 코치가 대신 떠맡아 딸을 나쁜 습관에서 구조해 내어야 한다는 의미이다. 성공적인 코칭이 되기 위해서는 '고객 책임Responsibility 모델'로 끌고 가야 한다.

트릭 윌리엄스 외, 2008 고객 변화에 영향을 미치는 사람 엄마 을 코칭 관계에 포함시켜 엄마가 딸의 변화를 이끌도록 함께 코칭해주는 구도를 의미한다.

고객의 코쳐빌리티와 코치의 스트레스 관리

코칭 합의서를 작성하고, 최선을 다하여 코칭을 마쳤다고 생각해보자. 그러면 고객들은 약속을 이행하고 발전적인 변화를 하겠다고 다짐을 한다. 코치로서 보람을 느끼는 순간이다. 그러나 모든 고객이 그렇지는 않다. 아무리 훌륭한 코칭을 하였다고 하여도 고객의 특성 때문에 코칭의 성과가 나타나지 않는 고객이 존재한다.

의사가 환자의 중병을 고치는 데에는 환자가 감당해야 할 부분이 존재한다. 마찬가지로 코칭에서도 고객이 감당해야 할 역할은 코치가 대체할 수 없다. 코칭의 성과에 영향을 미치게 되는 이러한 고객의 특성을 코쳐빌리티 Coachability, Coach + ability 라고 한다.

고객 중에는 주제 선정 단계에서부터 질문을 해도 "잘 모르겠는데요" 하거나, 생각을 해보라고 해도 "생각이 안 나는데요" 하고 호응을 하지 않는 사람이 있다. 또한 힘들게 코칭을 진행하여 실행계획을 도출하여도 이를 실천하지 않는 사람도 있다. 이런 유형의 고객을 만나면 코치는 자괴감에 빠지기까지 한다. "나의 코칭 능력이 부족하기 때문은 아닐까?"

코치의 스트레스가 증대되는 순간이다. 이때 코치는 좀 더 의연하게 생각할 필요가 있다. 코칭이 실패한 원인이 고객의 코쳐빌리티가 낮은 데에 있을 수 있기 때문이다. PCC 등 높은 수준의 코칭 역량을 갖춘 코치들의 경우에도 코칭이 실패하는 경험을 할 때가 있다. 심지어 고객으로부터 해고$^{코칭\ 중단\ 요청}$를 당하는 경우도 있다.

코칭의 성과가 나타나지 않는 경우에 코치는 스스로 다음 사항을 자문해 보는 것이 좋다.

> 1. 코칭의 과정과 방법에서 미흡한 사항은 없었는가?
> 2. 코칭 합의서 작성 등 필요한 기법을 동원하였는가?
> 3. 코치로서 최선을 다하지 않은 부분은 없었는가?

이러한 자문에 반성해야 할 부분이 있다면 당연히 고쳐야 한다. 하지만 코치로서 반성할 부분이 전혀 없다면 더 이상 마음고생을 하지 않는 것이 좋다. 코칭이 실패한 이유는 고객의 코처빌리티가 낮기 때문이며, 코치의 문제가 아니다.

고객과의 적정거리 유지

가족이 응급환자가 되어 병원을 찾았을 때의 상황을 생각해 보자. 가족들은 감정이 고조되어 안절부절 못하지만 의사들은 냉담할 정도로 침착하다. 환자나 가족들과 감정의 거리를 두는 것이기도 하다.

코치는 고객의 감정 상태와 어떤 거리를 설정하는 것이 필요할까? 코치는 고객의 감정과 상황에 대하여 공감할 수 있는 능력은 매우 중요하다. 고객의 감정을 파악하고, 그것을 공감해 주고 거울처럼 반사^{Mirroring}해 주는 것이 코치의 역할이다.

하지만 공감적 경청은 고객의 감정을 함께하는 것과는 전혀 다르다. 공감과 동감은 다르기 때문이다. 코치가 주의해야 할 것은 동감으로 빠져들지 않는 것이다. 공감과 동감은 '감정'이라는 점에서 유사한 개념이지만 코칭에 있어서는 정반대의 결과를 초래할 수 있다. 서로 다르며, 매우 거리가 있는 개념이다.

코치가 고객의 상황이나 감정에 동감을 하면 효과적인 코칭을 할 수 없다. 코치는 고객과 어느 정도의 일정 거리를 유지하면서 객관적인 시각, 다양한 시각을 잃지 않는 것이 필요하다. 바둑을 두는 사람보다 옆에서 훈수를 두는 사람에게 묘수가 보인다. 문제 상황을 객관적이고, 전체로 볼 수 있기 때문이다. 코치가 고객의 감정 상태로 빠져서 함께 동감하는 것은 고객을 도와줄 수 있는 시야를 가려버린다.

코치가 고객과의 거리를 유지해야 하는 데에는 또 다른 이유가 있다. 코치 자신의 정신 건강을 지키기 위해서다. 의사가 수없이 만나는 환자들의 감정 상태와 동일하게 감정기복을 겪는다면 어떻게 되겠는가? 얼마 지나지 않아 자신의 건강에 탈이 날 것이다. 코칭에서도 프로 코치는 하루에도 2~3명의 고객을 만나는데 고객과 감정적 거리를 지나치게 가까이 하면 코치의 정신적 에너지가 고갈되고 만다.

코치는 고객과 적정 거리를 유지하는 것이 좋다. 거리를 유지한다고 하여 고객의 말에 몰입하지 않거나, 코칭에 최선을 다하지 않는 것이 아니다. 적정 거리를 유지하여도 고객에 대한 호기심을 가지고 공감하고 경청하며, 직관을 발휘하여 고객의 인식을 확장해 주는 것이 충분히 가능하다.

오히려 한 발 물러선 거리가 더 좋은 성과를 달성한다.

가족, 지인에 대한 코칭의 성공 조건

코치가 되면 초기에 겪는 고민이 있다. 내가 배운 코칭을 자녀, 배우자, 친구 등 가까운 사람들에게 해 주고 싶은데 그것이 잘 안 된다는 점이다.

"우리 딸 코칭 좀 해 줘"라고 말하는 친구도 정작 자신은 "얘 관둬, 코칭은 무슨!"하고 사양을 한다.

코칭은 잡담이나 일상적인 대화 방법과는 여러 가지 면에서 차이가 있다. 상대의 말에 대하여 추가질문을 하는 등 깊이를 추구하는 대화이다. 만약 대화 상대가 코칭을 받고 있다는 것을 미리 알지 못한 상태라면, 의미 있는 대화를 위한 이러한 질문은 상대를 방어적으로 만들게 된다. "평소처럼 말해줘. 좀 이상해."

따라서 코칭이 제대로 진행되기 위해서는 상대가 '지금 코칭을 받고 있다'는 것에 동의를 해야 한다. 코칭 계약을 체결하고서 시작하는 외부 코칭의 경우에는 고객이 코칭을 받는다는 준비가 되어 있기 때문에 어려움이 없다. 그러나 가족, 친구 등 가까운 지인의 경우에는 '코칭을 한다'는 환경을 만들기가 쉽지 않다. 지인들에게 성공적인 코칭을 하는 데에 가장 큰 난관은 코칭의 진지함Seriousness을 확보하는 것이다.

지인들을 코칭에 초대하는 방법으로는 '코칭 자격증을 따기 위해 도와달라'고 하는 것도 한 방법이다. 그리고 처음에는 좀 가벼운 주제로 짧게 코칭을 실시하는 것이 전략이다. 주로 상대의 강점을 확인하는 대화에 초점을 두는 방법이 지혜로운 접근이다.

평소에 사람들은 가까운 관계일수록 잔소리에 가까운 대화가 많은 경향이 있다. 때문에 지인에 대한 코칭에서도 자칫하면 Doing 중심의 코칭이나 충고의 내용이 될 가능성이 높다. 그렇게 코칭을 하면 지인은 더 이상 코칭을 받고 싶어 하지 않는다. 긍정 심리에 바탕을 두는 코칭의 바탕 원리는 가까운 사람을 코칭할 때에 더욱 많은 효과를 발휘한다.

부록

부록1 수평적 관계의 대화 프로세스

    수평적 관계의 코칭은 정답이 없는 포괄적인 주제를 다룬다. 때문에 질문을 통하여 상대방이 스스로 답을 찾아가도록 도와주는 것이 특징이다. 코치는 자신의 의견을 제시하기보다 철저하게 질문 중심으로 대화를 이끌어 간다. 고객이 고정관념에서 벗어나 '상자 밖으로$^{Out\ of\ Box}$' 인식을 확장하도록 하는 것이 목적이다. 따라서 코칭의 철학에 가장 가까운 것이 수평적 관계의 코칭이며 이를 위한 구체적 대화 프로세스가 ARGOP(알곱)ⓒ코칭 모델이다.

ARGOP(알곱)ⓒ코칭의 개요

    코칭은 고객을 현재 위치에서 원하는 위치로 이동시켜 주는 마차^{Coach}에서 그 이름이 유래하였다. 코칭 프로세스는 마차^{Coach}의 역할을 수행하기 위한 대화 순서인 셈이다.

    대화 프로세스에서 관심을 두는 중요한 부분은 다음의 세 가지이다.

> 1. 고객은 현재 어떤 위치에 있는가?
> 2. 가고자 하는 목표 위치가 어디인가?
> 3. 목표에 도달하기 위하여 어떻게 할 것인가?

    ARGOP(알곱)ⓒ코칭은 위 3가지의 대화를 효과적으로 진행하기 위한 구체적 도구라고 할 수 있다. ARGOP(알곱)ⓒ코칭은 다음과 같이 5단계로 진행되며, ARGOP(알곱)의 이름은 각 단계의 내용을 나타내는 첫 글자에 의해 만들어졌다. 각 단계의 용어와 의미를 간단히 살펴보자.

> **ARGOP(알곱)ⓒ코칭의 5단계 프로세스**
> 1. 주제 선정 Agenda : 대화의 주제를 좁혀서 거기에 초점을 맞춘다.
> 2. 자원 강점 Resource : 숨겨진 강점과 주어진 자원을 탐색한다.
> 3. 목표 설정 Goal : 원하는 목표 또는 장래의 모습을 구체화한다.
> 4. 방안 탐색 Options : 목표를 이루기 위한 추진 방안들을 탐색한다.
> 5. 계획 수립 Plan : 탐색방안 중에서 최적방안을 선택하고 구체적 실행계획을 세우며, 계획대로 실천하는 책임감을 갖게 한다.

ARGOP(알곱)ⓒ코칭은 대화의 흐름이 방향성을 가지고 단계적으로 진행된다. ARGOP(알곱)의 5단계 프로세스에서 "고객의 현재 위치가 어디인가"를 논의하는 것은 주제 선정 Agenda과 자원 강점 Resources을 찾는 부분에서 이루어진다. 이어서 "가고자 하는 목표 위치가 어디인가?"를 다루는 대화가 목표 설정 Goal 단계에서 이루어진다. "목표에 도달하기 위하여 어떻게 할 것인가?"는 방안 탐색 Options과, 실천 계획 Plan 단계에서 다루어진다.

ARGOP(알곱)ⓒ코칭의 흐름과 원리를 이해할 수 있도록 간단한 사례를 살펴보자. 다음 대화는 직장 일 때문에 남편과 아버지로서의 역할을 못해 고민하는 40대 가장의 고민에 대한 코칭 사례이다.

(Agenda, 코칭 주제의 선정)

코　　치 : "반갑습니다. 요즘 어떤 일로 바쁘게 지내시는지요?"

박 차장 : "직장에서 팀장이 되어 새로운 프로젝트를 맡아 주말도 없이 생활합니다."

코　　치 : "바쁘게 사시는군요. 오늘은 어떤 주제로 코칭을 하실까요?"

박 차장 : "직장에서도 팀장으로 유능하다는 소리를 듣고 싶고, 가장으로서도 필요한 역할을 잘 하고 싶은데 현재는 그것이 잘 안 되고 있습니다."

코　　치 : "그러시군요! 그러시면 일과 가정에 불균형을 이루고 있는 현재의 생활 모습에 대하여 좀 더 듣고 싶습니다."

박 차장 : "직장에 성공해서 '경제적으로 가정을 책임지는 것이 우선이다'고 생각하며 생활해 오는데, 근래에 이르러 아내와 자녀들로부터 대화가 거의 없어지는 등 문제점이 나타나고 있습니다."

코　　치 : "충분히 공감이 가는 고민입니다. 지금 설명하신 내용을 바탕으로 오늘의 코칭 주제를 말씀해 주신다면 어떻게 말할 수 있을까요?"

박 차장 : "'일과 가정의 균형을 실천할 수 있는 방법을 찾고 싶다'입니다. 이에 대하여 코치님의 조언을 부탁합니다."

주제 선정은 오늘 코칭에서 다루고자 하는 주제를 선정하는 단계이다. 고객에게 질문을 하여 상대가 고민하는 주제Agenda, 즉 수요자 중심으로 선정해야 한다. 주제 선정을 하면서 필요한 것은 현재 어떤 상태에 있는지를 이해하는 것이다.

다만 코칭은 상담이나 카운셀링과 달리 과거나 현재의 상처나 문제점을 분석하고 치유책을 제시하는 것이 목적이 아니다. 따라서 현재 상태 파악은 지나치게 깊이 들어갈 필요는 없다. 코칭에서 필요한 현재 상태 파악의 수준은 미래를 향한 해결 방안을 찾는 질문을 하는데 코치가 알고 있어야 할 정도이면 족하다.

코칭의 본래 목적인 미래를 향해 더 중요한 질문을 해야 할 사항은 '선정된 주제가 왜 중요한지 Agenda' 그리고 '가고자 하는 목표 Goal'에 대한 내용이다.

(Resources, 자원 강점 발견)

코　치 : "일과 가정의 균형을 위해서는 어느 한 곳도 소홀히 하고 싶지 않은 것이지요?"

박 차장 : "직장에서도 성공하면서, 동시에 가족들에게도 충실하고 싶습니다."

코　치 : "직장에서 잘하고 있는 자원과 강점은 어떤 것들이 있습니까?"

박 차장 : _____

코　치 : "좋은 남편이 되는데 사용할 수 있는 자원과 강점은 무엇이 있을까요?"

박 차장 : _____

코   치 : "아이들에게 더 긍정의 영향을 미칠 수 있는 차장님의 자원과 강점은 어떤 것이 있을까요?"

― 중략 ―

자원 강점 파악의 단계는 앞의 주제 선정 단계에서 선정된 주제와 관련하여 고객이 사용 중이거나 앞으로 가동할 수 있는 잠재된 자원과 강점을 찾아내는 것이다. 이 단계에서 많은 자원과 강점을 찾아내면 목표를 높게 설정할 수 있으며, 고객에게 자신감을 불어넣어줄 수 있다.

(Goal, 목표 설정)

코   치 : "일과 가정의 균형에 대하여 차장님이 소망하는 상태를 100점이라고 가정할 때 현재는 몇 점이라고 할 수 있을까요?"
박 차장 : "글쎄요, 가족들은 50점 정도밖에 주지 않을 것 같아요."
코   치 : "6개월 후를 기한으로 할 때, 가족들로부터 몇 점을 받고 싶습니까?"
박 차장 : "80점~90점을 받고 싶습니다."
코   치 : 가족들에게 받아야 할 점수를 30~40점을 올리고 싶으신 차장님의 마음을 알겠습니다."

― 하략 ―

목표 설정의 단계는 현재의 고민하는 상황을 극복하고, 앞으로 나아가

고자 하는 최선의 목표를 설정하는 단계이다.

(Options, 실행 방안의 탐색)

코　　치 : "일과 가정의 균형을 증진하는데 어떤 방안들을 생각할 수 있을까요?"

박 차장 : "코치님이 전문가이시니 저에게 아이디어들을 주시면 좋겠습니다."

코　　치 : 그동안 이 문제에 대하여 고민하거나 시도해 본 사항이 있습니까?"

박 차장 : "아내에게 격려금도 주고, 주말에 외식도 시켜주고, 영화도 보러 가고."

코　　치 : "새롭게 시도해 볼 방안들을 생각해 본다면 어떤 것들이 있을까요?"

박 차장 : "1년에 한 번쯤 가족 여행을 해 볼 수 있겠습니다."

코　　치 : "그 외에 또 어떤 방법들이 있을 수 있을까요?"

─ 중략 ─

(심층 대화를 통하여 다양한 방안들을 탐색해 내었다.)

　방안 탐색의 단계는 목표를 달성하기 위해 실행해볼 수 있는 방안들을 최대한 많이 찾아내는 단계이다. 즉 밥상 위에 놓을 반찬거리를 최대한 여러 가지로 만들어 놓는 단계이다. 여러 가지 방안을 강구해 내기만 하면 그 중에서 '당장에 실천 가능하거나', '적은 노력으로 많은 효과를 볼 수 있는' 등의 우선적 방안을 쉽게 선별할 수 있다.

(Plan, 실천 계획의 수립)

여러 방안 중에서 어떤 것들이 최선인지를 선별하고, 선별한 방안을 언제 어떻게 추진할 것인지 구체화하는 대화가 Plan 단계의 과제이다.

코　치 : "지금까지 찾아낸 방안들 중에서 우선순위가 높은 방안 3가지를 간추린다면 어떤 것들일까요?"

박 차장 : "먼저, 가족들과 1:1 대화를 해서 그들이 원하는 사항을 듣겠습니다. 다음에, 직장의 업무 중에서 위임을 할 수 있는 사항을 찾겠습니다. 셋째로, 가족회의를 하여 실행방안을 함께 수립하겠습니다."
(질문과 경청의 과정을 거쳐 박 차장 입으로 구체적인 실행계획들을 말하게 하고 있다.)

― 중략 ―

코　치 : "박 차장님이 직장과 가정에서 균형적 성공을 진심으로 응원 드립니다. 오늘 계획한 사항들이 어떻게 성공적으로 진행되는지 진척 사항을 알려주시면 좋겠는데 가능하시겠어요?"

박 차장 : "그럼요. 매월 한 번씩 전화 드리고, 연말에 성공 스토리를 만들

어서 보고 드리겠습니다."

코　치 : "그리고 그 중간에라도 제가 도움이 될 사항이 있으면 말씀해 주세요."

실천 계획 단계의 마무리 대화는 실천 계획들이 흐지부지되지 않고 반드시 실행되도록 쐐기를 박는 기법이다. 고객에게 "진척 사항을 코치에게 알려주시면 좋겠는데 가능하시겠어요?"라고 질문하면 고객은 대부분 그렇게 하겠다고 약속을 한다. 이것은 결국 고객이 작심삼일이 되지 않고 약속대로 실행되도록 쐐기를 박는 것과 같은 효과를 낸다.

사람의 변화는 머리의 계획대로 이루어지지 않는 것이 다반사이다. 이를 예방하기 위하여 '실천 의지의 확인'을 비롯하여 진척 상황에 대한 '중간 점검'을 어떻게 할 것인지, '코치가 지원할 사항'은 무엇인지 등에 대하여 고객과 약속을 하는 것은 실행력을 크게 높여준다.

컨설팅은 고객에게 보고서를 설명하는 것으로 그 역할을 거의 다하였다고 해도 과언이 아니다. 하지만 코칭은 발전적 변화를 도와주기 위한 지속적인 파트너십의 관계이다. 코칭 대화에서뿐만 아니라 코칭 이후의 실천 단계에서까지 고객에 대한 응원과 지원 활동을 계속하여야 한다.

ARGOP(알곱)ⓒ 코칭 모델의 장점

국내외적으로 코칭 교육을 실시하는 교육 기관들은 각자 독자적으로 개발한 코칭 모델들을 가지고 있는 경우가 많다. 우리나라에서만 보아도

GROW 모델, 8단계 대화 프로세스, TIPS 모델 등 모두 나열하기가 어려울 정도로 다양한 모델들이 있다.

　이렇게 다양한 코칭 모델들은 각자 나름대로의 특성과 장단점을 가지고 있다. 우리나라에서 가장 널리 보급되고 있는 GROW 모델도 예외가 아니다. GROW 모델은 고객이 제시하는 주제를 코치는 의문을 갖지 않고 그대로 수용하는 상태에서 바로 목표^{Goal} 설정의 대화로 진입하고 있다. 이어서 현재 상태^{Reality} 파악, 실천 방안^{Options} 탐색, 그리고 실천 의지^{Willingness}의 순서로 프로세스가 진행되고 있다.

　GROW 모델의 목표^{Goal}와 실천 방안^{Options}, 실천 의지^{Willingness}의 3가지 내용은 ARGOP(알곱)ⓒ코칭의 목표^{Goal}와 실천 방안^{Options}과 차이가 없으며, 실천 계획^{Plan}을 GROW에서는 실천 의지^{Willingness}로 명칭만 다를 뿐이다.

　GROW 모델에는 자원 강점^{Resource}과 주제 선정^{Agenda} 대화가 빠져 있다. 자원 강점의 대화가 고객에 미치는 긍정적 파급효과를 감안할 때 중요한 결함이 아닐 수 없다. 좋은 코칭 모델이라고 할 수 있기 위하여 다음과 같은 2가지 조건을 충족해야 한다.

첫째, 대화 프로세스가 복잡하지 않아야 한다.
　코칭 프로세스를 활용하는 사람은 전문 코치만이 아니다. 부모나 교사, 직장의 리더처럼 전문 코치가 아닌 사람이라도 쉽게 기억하고 따라갈 수 있는 가이드 역할을 할 수 있어야 한다.

둘째, 코칭의 핵심원리를 포함하고 있어야 한다.

　긍정의 심리학 등 사람의 변화 원리를 바탕으로 하여야 한다. 따라서 대화 프로세스를 따르기만 하면 고객의 생각을 상자 밖$^{\text{Out of Box}}$으로 끄집어낼 수 있는 파워풀한 성과를 만들어낼 수 있어야 한다.

　ARGOP(알곱)ⓒ코칭 프로세스는 이 두 가지 조건을 충족시킨다. 내용이 복잡하지 않을 뿐만 아니라 긍정 심리학 등 코칭 이론의 핵심 원리가 충실히 반영되어 있기 때문이다.

5단계의 탄력적 운영

　ARGOP(알곱)ⓒ코칭 프로세스는 그 순서를 기계적으로 지켜야 하는 것은 아니다. 상대와의 대화 흐름에 맞추어 순서를 다소 변경하여도 별 문제가 없다. 다만 1단계인 주제 선정은 대화의 초기에 할 필요가 있으며, 5단계인 실천 계획은 최종 단계에서 이루어져야 한다.

　다른 사항들은 순서가 바뀌어도 코칭을 성공적으로 마무리할 수 있다. ICF에서도 고객에 맞춰 춤을 추는 이러한 방식을 더 우수한 코칭이라고 규정하고 있다. 참고 ICF 11가지 핵심 역량

부록2 수직적 관계의 코칭 프로세스

부하 직원이 업무 수행이나 일 처리에 문제가 있어서 리더에게 스트레스를 주는 경우를 생각해 보자. 이 때 상사가 취할 행동은 여러 가지가 있을 것이다. 그러나 가장 효과가 높은 지도 방법이 코칭이다. 밥 애덤스, 2005

코칭을 실시할 때에 ARGOP(알곱)ⓒ코칭에서 보았듯이 고객의 고민을 대화 주제로 선정하는 것이 첫 단계이다. 그리고 문제를 해결하는 데에 어떤 방안이 최선인가에 대하여 대하여도 코치는 의견을 제시하지 않는 것이 바람직하다. 고객의 의견이 우선되어야 하기 때문이다. 하지만 수직적 관계의 코칭 상황은 다르다.

직장의 직원이나 가정의 자녀가 문제가 있어 코칭을 한답시고 "오늘 어떤 주제로 코칭을 할까요?"라고 말할 수 없다. 이미 코치의 마음에는 '~행동'을 바로잡아야 되겠다고 판단을 하고 있다. 그리고 문제 행동이 어떻게 고쳐져야 할 것인가에 대하여도 상사나 부모는 의견을 가지고 있다.

수평적 관계의 코칭에서는 코치의 의견은 말하지 않아도 되지만 수직적 관계의 코칭에서는 그렇지 않다. 코치의 의견이 큰 영향을 미칠 수밖에 없다. 다만 가르치거나 훈계처럼 되어서는 안 된다. 경청과 질문을 하면서 상대방의 의견도 반영해야 한다.

지시 통제형 대화에서 코칭 대화로

상사, 부모, 교사는 직원, 자녀, 학생 등과 함께 생활하는 당사자이다.

이들이 코칭을 배우지 않으면 상대의 문제 행동을 접했을 때에 감정 통제를 못하고 화를 내거나 지시 통제형 대화를 하게 된다. 하지만 이런 상황에서도 침착하고 생산적인 대화를 할 수 있도록 하는 것이 POAH_S(포아스)ⓒ코칭 프로세스이다.

POAH_S(포아스)ⓒ코칭의 대화 프로세스

POAH_S(포아스)ⓒ코칭은 다음과 같이 5단계로 이루어진다. POAH_S(포아스)ⓒ라는 명칭은 각 단계의 영어 이니셜에서 비롯되었다. 김영기, 2014

> **POAH_S(포아스)ⓒ코칭의 5단계 프로세스**
> 1. Problem^{문제점 공유} : 문제점을 공유한다.
> 2. Options^{개선방안 의논} : 개선방안을 의논한다.
> 3. Action^{실천사항의 확인} : 실천할 사항을 확인한다.
> 4. Hope^{희망적 마무리} : 희망과 긍정의 말로 마무리한다.
> 5. _Sustain^{평소의 격려와 계도} : 평소에 격려하고 계도한다.

간단한 사례를 통해 5단계의 의미를 살펴보자. 아래 사례는 직장에서의 주제이지만 자녀, 학생 등 다른 대상자인 경우에도 그 원리는 동일하다.

1단계 : 문제점을 공유한다 Problem

상대방의 행동이 초래하는 문제점에 대하여 서로가 인식을 '공유'하는 단계이다. 상사는 직원의 행동이 문제가 있다고 느끼는데 부하는 공감하지 않을 수 있다. 상사의 생각을 일방적으로 주입하지 않고, 직원이 상사의 생각에 공감할 수 있도록 이해시키는 것이 핵심이다.

부　　장 : "이 과장, 1/4분기 업무 실적이 지난해보다 크게 떨어졌는데 어떤 문제가 있지요?"

이 과장 : "지난 2년간 승진을 기대하며 열심히 했는데, 다른 사람에게 밀리니 일이 손에 잡히지 않습니다."

부　　장 : "그런 내면의 입장이 있군요. 하지만 지금 이 과장의 행동이 지속되면 어떤 결과가 있을까요? 또는 승진이 누락되었음에도 불구하고 열심히 하는 모습을 보이면 사장님은 이 과장을 어떻게 볼까요?"

이 과장 : "말씀을 듣고 보니, 지금이 중요한 시점이라는 생각이 듭니다. 심기일전해야 할 것 같습니다."

1단계 대화의 말미에 "말씀을 듣고 보니, 지금이 중요한 시점이라는 생각이 듭니다"라고 하고 있다. 문제점 '공유'에 성공한 것이다.

2단계 : 개선 방안을 의논한다 Options

1단계에서 공유한 문제 상황을 개선하기 위한 방안을 찾는 단계이다.

부　　장 : "현재 상황에 대한 문제점을 이해해 주니 다행입니다. 그러면 앞으로 어떤 개선 방안들이 있을까요?"

이 과장 : "우선 2~3일 휴가를 내어 마음을 다잡겠습니다. 출근하면 지난해 말에 중단되었던 프로젝트를 다시 챙기고, 2/4분기부터 ABC, XYZ 방안 등을 추진하겠습니다."
부   장 : "이 과장의 애로를 해소하기 위하여 또 다른 방안은 없을까요?"
이 과장 : "사장님께도 저의 입장을 간접적으로 알려 주시기 바랍니다."
부   장 : "알겠습니다. 이 과장의 실적 만회를 지켜보면서 응원하겠습니다."

3단계 : 실천 사항을 확인한다 Action

  2단계에서 도출된 여러 가지 방안들 중에서 어떤 방안을 언제, 어떻게 추진할 것인가에 대한 계획을 구체화하는 단계이다.

부   장 : "그럼 이 과장이 실적 증대를 위해 해야 할 가장 우선적인 사항은 무엇이며, 언제 착수할 생각입니까?"
이 과장 : "지난해 말에 중단되었던 프로젝트는 내주에 바로 시작하고, XYZ 방안을 5월 중에 마무리 하겠습니다. 그리고 추진 결과를 5월 말에 보고드리겠습니다."

4단계 : 희망과 긍정의 말로 마무리한다 Hope

  수직적 관계의 코칭은 상대의 문제 행동을 바로잡으려는 내용이 많다. 자연히 대화중에 약자의 위치에 있는 상대방이 위축되기 쉽다. 대화의 마무리를 긍정의 톤으로 끝내면 상대방의 에너지를 올려줄 수 있다.

부   장 : "좋아요. 계획한 사항을 사명감을 가지고 추진해 주기를 바랍니다."
이 과장 : "알겠습니다."
부   장 : "나는 이 과장의 프로젝트가 성공하고, 실적이 좋아져서 좋은 결과가 있기를 소망합니다. 앞으로 내가 도와줄 수 있는 사항은 계속 상의하도록 합시다."

5단계 : 평소에 격려하고 계도한다_Sustain_

　수직적 관계의 코칭과 수평적 관계의 코칭은 코치와 고객의 관계가 지속되느냐의 측면에서 큰 차이가 있다. 전문 코치와 고객의 만남으로 이루어지는 수평적 관계의 코칭에서는 코칭이 끝나면 코치와 고객의 관계는 종료된다. 두 사람의 공식적인 관계는 코칭이 끝나면 더 이상 없는 경우가 일반적이다.

　하지만 수직적 관계의 코칭에서는 코치와 고객의 관계는 코칭이 종료된 후에도 계속된다. 따라서 코칭 대화의 순간보다 더 중요한 것이 코칭 후의 평소에 코치가 해야 할 역할이다.

　5단계인 '평소에 격려하고 계도한다_Sustain_'는 것은 코칭이 종료된 후 평소에 코치가 역점을 두어야 할 역할을 뜻한다. '_S'에서 보는 바와 같이 '_'을 두고 있는 것도 대화 프로세스_POAH_ 다음의 실천 기간의 의미를 내포하고 있다.

5단계_Sustain, 격려와 계도의 중요성

POAH_S(포아스)ⓒ코칭 프로세스에서 대화 자체는 4단계[H. Hope]에서 끝난다. 5단계인 '평소에 격려하고 계도한다_Sustain'는 대화 이후의 실행 과정에 장기간에 걸친 칭찬 격려로 고객을 도와주는 것이다. 수직적 관계의 코칭에서는 코칭 자체보다 실행시점에서의 지속적인 격려와 계도가 중요하다.

실행 기간은 몇 개월이 될 수도 있고 몇 년이 될 수도 있다. 직원과 자녀, 학생 등이 고쳐야 할 사항에 대하여 나쁜 습관을 고치는 데에는 많은 시간이 걸린다. 이 기간에 코치가 해 주어야 할 역할이 격려와 생산적인 계도이다.

POAH와 S사이에 밑줄 '_'이 그어져 있는 것은 실행기간 동안에 코치는 겸손한 마음가짐을 나타내야 한다는 것이다. 윗사람으로서 지시 통제를 하지 않고, 겸손한 자세로 상대를 존중하면서, 지속적인 칭찬 격려를 해 주어야 한다는 의미이다.

5단계에서 코치가 평소에 해 주어야 할 역할은 크게 다음의 세 가지이다.

1. 코치가 지원해 주어야 할 사항이 없는지 챙겨야 한다.
2. 칭찬과 격려의 피드백을 지속해야 한다.
3. 작은 실수의 반복에는 생산적 방법으로 질책하고 계도해야 한다.

첫째, 코치가 지원해 주어야 할 사항이 없는지 챙겨야 한다.

수직적 관계의 코칭의 관계에서 코치가 원하는 것은 진정한 상대방의 발전이다. 상대방도 이것을 원하는 것은 마찬가지이다. 그럼에도 상대방이 변화에 성공하지 못하는 것은 나름의 장애를 만나기 때문이다. 장애의 유형에는 실행 방법을 자세히 모르거나 정보와 자원이 부족하거나 등 여러 가지가 있을 수 있다.

이러한 어려움에 처한 상대를 보고 '나 몰라라' 하는 것은 코치의 자세가 아니다. 코치는 코칭 대화 이후의 실천 과정에 도와줄 사항이 없는지 유심히 관찰하고, 필요한 것은 챙겨야 한다.

이러한 마음은 4단계인 마무리 대화에서 미리 포함되는 것이 좋다. 긍정의 멘트 효과도 있을 뿐만 아니라, 상대가 코치에게 도움을 청할 수 있다는 것을 미리 알아주는 장점이 있다.

부　　장 : "박 대리가 앞으로 발전하기를 바라는 것이 나의 진심입니다. 앞으로 나도 계속 도울 것이 없는지 관심을 가지고 응원하겠습니다. 오늘 약속한 사항들이 잘 이행되기를 바라며, 추진과정에 내가 도와줄 사항이 있으면 언제라도 말해 주기 바랍니다."

말뿐으로 그쳐서는 안 된다. 코치는 실제로 실천 과정에서 상대가 마주하는 어려움을 해결하는데 도와주지 않으면 안 된다. 수직적 관계의 코치가 당연히 해야 할 역할이다.

둘째, 지속적 칭찬 격려로 에너지를 불어넣어 주어야 한다.

칭찬과 격려가 상대방을 변화시킨다는 것을 모르는 사람은 거의 없다. 하지만 이것을 활발하게 실천하는 사람은 의외로 적다. 사람들이 칭찬과 격려를 잘 하지 않는 이유는 무엇일까? 이에는 다음과 같은 2가지 이유가 있다.

1. 칭찬과 격려가 가져다주는 파급효과를 제대로 모르고 있다.
2. 칭찬과 격려의 기법을 제대로 모르고 있다.

사람들에게 칭찬을 하지 않는 이유를 물어보면 다음과 같이 말한다. "닭살 돋는 것 같아서……", "칭찬할 만한 행동이 없어서……" 하지만 이러한 생각은 모두 칭찬 기법을 모르기 때문이다.

칭찬은 아무렇게나 하는 것이 아니라 효과적인 방법이 따로 있다. 성과가 부진한 직원이나, 말썽꾸러기 자녀, 성적이 부진한 학생에게도 긍정의 에너지를 심어줄 수 있다. 이것이 POBS(팝스)ⓒ칭찬 기법이다. POBS(팝스)ⓒ칭찬 기법은 다음의 4가지 프로세스의 첫 글자에서 비롯된 이름이다.

> **POBS(팝스)ⓒ칭찬 기법**
> 1. 과정을 칭찬하라 Process
> 2. 다른 사람과 비교하지 마라 Only
> 3. 행동 중심으로 칭찬하라 Behavior
> 4. 작은 것을 칭찬하라 Small

셋째, 지적사항 발생 시 생산적 방법으로 질책하고 계도해야 한다.

코칭을 하고, 평소에 칭찬과 격려를 하면 상대방은 발전적으로 변하기 쉽다. 하지만 예외적인 상대도 있다. 잘못된 행동을 계속하거나, 작은 실수를 반복하는 사람이 있다.

이런 경우에 코치는 계도를 해야 한다. 중요한 것은 '생산적 질책기법'을 사용해야 한다는 점이다.

효과적인 칭찬기법, 생산적인 질책기법에 대한 자세한 사항은 본서의 집필 목적을 넘는다. 따라서 이에 관한 자세한 내용은 필자의 다른 저서인 《리더는 어떻게 말하는가》김영사, 2014에서 다루고 있다.

POAH_S(포아스)ⓒ코칭을 활용하는 사람

POAH_S(포아스)ⓒ코칭 전문 코치의 경우에도 숙지할 필요가 있다. 그것은 고객이 "부하 직원을 잘 지도하는 대화법을 배우고 싶다"는 경우가 있기 때문이다. 코칭의 주제가 POAH_S(포아스)ⓒ코칭 능력을 갖추는 것이 되는 셈이다. 필자의 경험으로는 실제 상황에서 이것이 코칭 주제가 되는 경우도 자주 발생한다.

부록3 코칭의 11가지 핵심 역량과 상세 리스트

A. 기초 세우기 SETTING THE FOUNDATION

1. 윤리지침과 직업기준 충족시키기 Meeting Ethical Guidelines and Professional Standard

코칭 윤리와 기준을 이해하고, 그 기준을 모든 코칭 상황에서 올바르게 적용할 수 있는 능력.

① 한국코치협회의 코치 행동기준을 이해하고 실천한다.
② 한국코치협회의 윤리지침을 이해하고 따른다. 윤리기준 참고
③ 코칭과 컨설팅, 심리치료, 기타 다른 분야와의 상이점을 분명하게 밝힌다.
④ 필요시에 고객을 심리치료 등 다른 전문인에게 소개한다.

2. 코칭 관계에 합의하기 Establishing the Coaching Agreement

코칭 상황과 고객의 특성을 파악하고, 코칭 과정과 관계에 대한 합의를 이끌어낼 수 있는 능력.

① 코칭 관계의 가이드라인과 구체적인 조건 예컨대 준비사항, 코칭료, 일정, 기타 필요사항 을 이해하고 고객과 효과적으로 상의한다.
② 코칭 관계에서 적합한 것과 적합하지 않은 것, 제공되는 것과 제공되지 않는 것, 그리고 코치와 고객의 책임사항에 대해 합의한다.
③ 코치의 코칭 방법이 고객의 코칭 욕구 충족에 적합한지 판단한다.

B. 관계의 공동구축 CO-CREATING THE RELATIONSHIP

3. 고객과의 신뢰와 친밀감 형성 Establishing Trust and Intimacy with the Client

상호간 존중과 믿음을 주는 안전하고 편안한 대화 환경을 만들어낼 수 있는 능력.

① 고객의 행복과 미래에 대해 진정한 관심을 보여준다.
② 시종일관 인간적인 성실성과 정직성, 진실성을 보여준다.
③ 합의한 사항들은 명료하게 정하고, 약속 사항은 준수한다.
④ 고객의 지각과 학습스타일, 개성을 존중하는 모습을 보여준다.
⑤ 위험과 실패의 두려움을 감수하는 고객의 새로운 태도와 행동에 대하여 지속적인 지원과 격려를 제공한다.
⑥ 민감한 부분이나 새로운 영역을 코칭하고자 할 때에는 고객의 사전 허락을 얻는다.

4. 코치의 존재감 Coaching Presence

솔직하고, 유연하고, 자신감 넘치는 태도로 고객과 자연스러운 관계를 만들어낼 수 있는 능력.

① 코칭 과정에 고객에게 집중하며 대화 프로세스는 고객의 대화에 맞추고 유연성을 보여준다.
② 직관이 떠오르면 이를 감지하고 직관을 발휘한다. 직감을 따라간다
③ 모르는 것은 이를 솔직하게 인정하고, 고객의 실망 등 위험을 감수

한다.

④ 고객에 적용할 수 있는 많은 방법들을 살펴보고, 고객의 상황에 가장 효과적인 방법을 선택한다.

⑤ 밝고 활기찬 대화 분위기를 조성하기 위해 유머를 효과적으로 사용한다.

⑥ 성공적 코칭을 위하여 소신껏 코치 자신의 관점을 바꿔보고 새로운 가능성을 실험해 본다.

⑦ 분노 등 고객의 강한 감정에 휩쓸리지 않도록 자신의 감정을 절제할 수 있으며, 감정적인 고객과도 함께 코칭할 수 있는 자신감을 견지한다.

C. 효과적으로 의사소통하기 | COMMUNICATING EFFECTIVELY

5. 적극적으로 경청하기 | Active Listening

고객의 가슴속 메시지를 제대로 파악하고, 고객의 자기표현을 지원할 수 있도록 고객이 표현한 말은 물론 표현하지 않은 메시지까지 맥락으로 들을 수 있는 능력.

① 코치가 고객에게 설정한 의제가 아닌, 고객과 고객의 의제에 집중한다.

② 고객의 관심사와 목표, 가치, 그리고 가능성에 대한 고객의 믿음에 귀 기울인다.

③ 말하는 내용이 말의 톤 등 비언어적 표현의 메시지와 다른지를 헤아려 듣는다.
④ 고객이 한 말의 의미를 명료하게 하거나 정확히 이해하였는지 확인하기 위하여 들은 내용을 요약, 반복, 환언하여 말한다.
⑤ 고객이 감정이나 생각, 관심사, 믿음 등을 충분히 표출하도록 격려하고, 표출된 내용을 수용하고 그 의미를 탐구한다.
⑥ 고객의 아이디어와 제안을 종합하고 그 토대 위에서 추가논의를 전개한다.
⑦ 고객이 말하고자 하는 것의 핵심을 이해하고, 그가 장황하게 설명하지 않고 간결하게 핵심 내용에 도달할 수 있도록 도와준다.
⑧ 다음 단계로 넘어가기 전에 고객이 상황을 정리하고 감정을 표출하게 하며, 고객의 생각과 감정에 평가와 단서를 달지 않는다.

6. 효과적인 질문하기 Powerful Questioning

코칭 관계와 고객에게 도움을 줄 수 있는 유용한 정보를 이끌어내는 질문을 할 수 있는 능력.

① 적극적인 경청과 고객의 관점에 대한 이해를 바탕으로 질문한다.
② 새로운 발견, 통찰, 약속, 행동을 이끌어내는 질문을 한다. 예컨대, 고객의 평소 생각에 도전하는 질문
③ 명료성과 가능성의 증대, 새로운 학습 등이 일어날 수 있는 개방형 질문을 한다.

④ 고객이 자기 합리화를 하거나 뒤를 향하게 하는 질문이 아닌, 원하는 것을 향해 앞으로 나아가게 하는 질문을 한다.

7. 직접적인 커뮤니케이션 Direct Communication

코칭 중에 효과적으로 의사소통하고, 고객에게 가장 긍정적인 영향이 있는 언어를 사용할 수 있는 능력.

① 명료하고 군더더기가 없도록 솔직하게 의견을 나누고 피드백을 제공한다.
② 원하는 것이 무엇인지 등에 대하여 고객이 스스로 혼란스러워할 때에 고객의 인식 확장을 도울 수 있도록 다른 관점으로 재구성해서 말한다.
③ 코칭 목표와 의제, 코칭 기법과 실습의 목적 등을 분명하게 말해준다.
④ 고객에게 존중의 언어를 적절하게 사용한다. 성/인종차별적 언어와 어려운 전문용어를 사용하지 않는다
⑤ 요점과 메시지를 효과적으로 전달하기 위하여 은유와 비유를 사용한다.

D. 학습 촉진과 효과적인 목표달성 FACILITATING LEARNING AND RESULTS

8. 의식 확대하기 Creating Awareness

다양한 정보 소스를 통합하고 정확하게 평가하며, 고객의 인식 확대와

기대한 성과를 달성하는데 도움이 되도록 정보를 활용하는 능력.

① 고객의 관심 사항을 판단할 때에 그가 한 말에 얽매이지 않고, 말하지 않은 사항까지 나아간다.

② 고객에 대한 더 많은 이해와 인식 확장, 분명한 이해를 위하여 탐색한다.

③ 고객에게 드러나지 않은 관심사, 스스로와 세계를 인식하는 방식, 사실과 해석의 차이, 사고와 감정 및 행동 간의 불일치를 알게 한다.

④ 고객이 더 중요한 것을 성취하고 행동을 강화하는데 필요한 새로운 생각, 신념, 지각, 감정, 기분을 스스로 찾을 수 있도록 도와준다.

⑤ 고객에게 보다 넓은 시야를 보게 하고, 새로운 가능성을 향한 열정을 불어넣는다.

⑥ 고객이 그와 그의 행동에 영향을 미치는 상호 연관된 요소들(사고, 감정, 신체, 배경 등)을 볼 수 있도록 도와준다.

⑦ 고객에게 유익하고 의미가 있는 방법으로 통찰의 의견을 전달한다.

⑧ 고객의 학습과 성장의 주요 영역에서 고객의 주요 강점이 무엇인지 밝히고, 코칭에서 다룰 사항 중 가장 중요한 사항이 무엇인지 밝힌다.

⑨ 고객이 말한 내용과 실천 행동의 차이를 논의할 때에 사소한 것과 중요한 것, 일시적 현상과 반복적 현상의 여부를 구분해 주도록 요청한다.

9. 행동 설계하기 Designing Actions

고객이 코칭 과정이나 실생활에서 지속적으로 학습하고, 새로운 실천 방법으로 코칭의 합의 결과가 최종 열매를 맺을 수 있게 하는 방안을 강구하는 능력.

① 고객이 새로운 학습사항을 보여주고 실행하고 심화시키는데 필요한 행동계획을 수립하는데 브레인스토밍 등으로 돕는다.
② 합의된 코칭 목표의 달성에 중심이 되는 주제에 초점을 맞추고 이를 체계적으로 탐구할 수 있도록 돕는다.
③ 고객이 다양한 아이디어와 방안들을 탐구하고 각 방법들을 평가한 후에 관련 결정을 내리게 한다.
④ 코칭 중에 토의하고 배운 것을 세션 후 직장이나 실생활에서 즉시 적용하여 직접 체험과 자기발견을 하도록 권장한다.
⑤ 고객의 성공적 체험과 미래의 성장 잠재력을 축하해준다.
⑥ 고객의 고정관념을 깨는 도전적 질문으로 새로운 관점과 행동방안을 생각해 보게 한다.
⑦ 객의 목표 달성에 일치하는 발전적 관점을 소개하고, 그러한 관점을 유지하도록 지지한다.
⑧ 코칭 세션 중에 고객이 '당장 실행하도록' 도와주고, 바로 지원한다.
⑨ 더 많이 노력하고 도전하도록 고무하되, 동시에 학습속도가 편안하게 느껴지도록 한다.

10. 계획수립과 목표설정 Planning and Goal Setting

고객과 함께 효과적인 코칭 계획을 수립하고 유지할 수 있는 능력.

① 수집된 정보를 종합하고, 고객의 관심사와 학습 및 개발이 필요한 사항에 대하여 코칭 계획과 개발목표를 수립한다.

② 계획은 달성 가능하고, 측정 가능하고, 구체적이고, 완료시점이 정해져 있어야 한다.

③ 코칭 과정에 필요성이 대두되거나 상황이 바뀌면 계획을 수정·보완한다.

④ 고객이 학습에 도움이 되는 다른 자원^{책, 다른 전문가 등}을 찾거나 이용할 수 있도록 도와준다.

⑤ 고객에게 중요하면서 조기에 성공할 수 있는 사항을 찾고 여기에 목표를 둔다.

11. 진행 상황과 책임 관리 Managing Progress and Accountability

고객이 중요한 사항에 관심을 집중하게 하고, 책임감을 가지고 실행하게 하는 능력.

① 고객에게 설정된 목표를 향한 행동을 하도록 분명하게 요구한다.

② 직전 또는 이전의 코칭 세션에서 고객이 약속한 행동과 실천경험을 질문하고 점검한다.

③ 이전 코칭 세션 이후 고객이 실행한 것과 실행하지 않은 것, 새롭게 인식하거나 배운 것에 대하여 인정해준다.

④ 코칭 중에 얻은 정보가 어떤 것인지에 대하여 고객과 함께 논의 내용을 준비하고, 정리하고, 복습한다.
⑤ 코칭 세션들이 서로 일관성을 가지고 진행되도록 코칭 계획과 목표, 합의한 행동계획, 앞으로의 코칭 주제가 무엇인지를 고객이 늘 알고 있게 한다.
⑥ 계획대로 코칭이 진행되도록 초점을 맞추되 코칭 과정에 계획 변경의 필요성이 대두되면 수정의 가능성을 열어둔다.
⑦ 큰 그림으로 고객이 현재 상황과 미래 목표 상황의 차이를 알게 하고, 지금 논의해야 할 사항이 무엇인지까지 유연하게 제시한다.
⑧ 고객이 약속한 대로 실행하고, 의도한 결과를 도출하며, 정해진 시한을 준수할 수 있도록 스스로를 통제하며 책임감을 갖도록 한다.
⑨ 고객이 스스로 판단하고 핵심문제를 해결하며 피드백을 얻고, 우선순위를 정하거나 학습 속도를 조절하며, 경험을 통해 배워갈 수 있도록 능력을 개발해준다.
⑩ 고객이 합의한 사항을 실천하지 않았을 때에는 긍정적 방법으로 그 사실을 지적해준다.

참고문헌

- 게리 콜린스, 《코칭 바이블》, IVP, 2011.
- 고든 맥도날드, 《남자는 무슨 생각을 하며 사는가》, IVP, 1998.
- 김영기, 《리더는 어떻게 말하는가》, 김영사, 2014.
- 김인수 외, 《해결중심 단기 코칭》, 시그마프레스, 2011.
- 김종명, 《설득의 비밀》, EBS, 2009.
- 다니엘 골먼, 《감성의 리더십》, 청림출판, 2003.
- 더글러스 스톤 외, 《대화의 심리학》, 21세기북스, 2003.
- 데이비드 쿠퍼라이드 외, 《조직변화의 긍정혁명》, 쟁이, 2009.
- 듀크 코퍼레이션, 《중간 관리자의 성과코칭 방법》, 이너북스, 2009.
- 랄프 니콜스 외, 《강한 회사는 회의시간이 짧다》, 21세기북스, 2004.
- 로라 휘트니스, 《라이프 코칭 가이드》, 아시아코칭센터, 2012.
- 로버트 디너, 《긍정심리학 코칭 기술》, 물푸레, 2011.
- 로버트 하그로브, 《마스터풀 코칭》, 중앙경제, 2010.
- 로버트 치알디니, 《설득의 심리학》, 21세기북스, 2002.
- 로브 커피 외, 《인력관리》, 21세기북스, 2000.
- 리처드 스텐걸, 《아부의 기술》, 참솔, 2006.
- 마사히코 쇼지, 《질문력》, 웅진지식하우스, 2008.
- 메리, 라이언, 《아이윌》, 리더스북, 2008.
- 메리 베스 외, 《경영자 코칭》, 아시아코치센터, 2009.
- 밥 애덤스, 《팀장 리더십》, 위즈덤하우스, 2005.
- 브라이언 트레이시, 《끌리는 사람의 백만불짜리 매력》, 한국경제신문사, 2008.
- 사이토 다카시, 《질문의 힘》, 루비박스, 2003.
- 셀리그만 외, 〈Positive Psychotherapy〉, American Psychologist, 61, 2006.

- 스테판 폴터, 《아버지》, 씨앗을 뿌리는 사람, 2007.
- 스티븐 스토웰 외, 《윈윈파트너십》, 21세기북스, 2002.
- 신유근, 《인간존중경영》, 다산출판사, 2005.
- 아라카와 그린버그, 〈International Coaching Psychology Review〉, 2, 2007.
- 왕따칭, 《35세 이전에 성공하는 12가지 법칙》, 수다, 2006.
- 제프리 아워바흐, 《일반코칭과 임원코칭》, 영재, 2005.
- 존 휘트모어, 《성과향상을 위한 코칭리더십》, 김영사, 2007.
- 칩 히스, 《스틱》, 엘도라도, 2009.
- 칼리 마틴 외, 《NLP 라이프 코칭》, THE 9, 2010.
- 켄 블랜차드, 《칭찬은 고래도 춤추게 한다》, 21세기북스, 2002.
- 틱낫한, 《화》, 명진출판, 2002.
- 토니 스톨츠푸스, 《코칭 퀘스천》, 동쪽나라, 2010.
- 트릭 멜러비드 외, 《Job EQ를 코칭하라》, 한국비즈니스코칭, 2011.
- 패트릭 윌리엄스 외, 《라이프 코치가 되는 법》, 아시아코치센터, 2008.
- 피에르 앙젤 외, 《코칭 이론과 실행》,성균관대학교출판부, 2012.
- 호 로 외, 《코칭 심리 지음》, 학지사, 2010.
- 혼마 마사토, 《질책의 힘》, 에이지21, 2004.
- Baldwin 외, 《Developing Management Skills》, McGraw-Hill, 2008.
- Biswas-Diener 외, 《Strengths-based performance management》, Human Capital Review Knowledge Resources, 3, 2009.
- Brehm, S., 《Psychological Reactance》, New York, Academic Press, 1981.
- Clifton 외, 《Positive organizational scholarship》, Berrett-Koehler Publishers, 2003.
- Downs 외, 《Professional Interview》, 1980.

- EBS, 《설득의 비밀》, 쿠폰북, 2009.
- Ferdinand Fournies, 《Why Employees Don't Do What They're Supposed to Do and What to do about it》, New York: McGraw-Hill, 2007.
- ICF, 《Core Competencies》.
- ICF, 《CORE COMPETENCIES RATING LEVELS》.
- Janasz, Dowd 외, 《Interpersonal Skills in Organizations》, McGraw-Hill, 2009.
- Johnson & Johnson, 《Joining Together》, Pearson Custom Publishing, 2012.
- John W. More, 《Coaching for Performance》, 3rd ed, London, Nicholas Brealey. 2002.
- Kashdan 외, 〈Social anxiety and posttraumatic stress in combat veterans〉, Behavior Research and Therapy, 44, 2006.
- Losada & Heaphy, 《The role of positivity and connectivity in the Performance of business teams》, American Behavioral Scientist, 2003.
- Miller 외, 《Motivational Interviewing》, Guilford Press, 2002.
- Peterson 외, 〈Greater strengths of character and recovery from illness〉, Journal of positive Psychology, 1, 2006.
- Rath & Clifton, 《How full is your bucket?》, Gallup Press, 2004.
- Whetton & Cameron, 《Developing Management Skills》, Prentice Hall, 2005.
- Wood 외, 〈The role of gratitude in the development of social support, stress, and depression〉, Journal of Research in Personality, 4, 2008.

당신도 탁월한 코치가 될 수 있다!
코칭대화의 심화역량

초판 1쇄 인쇄일 | 2014년 11월 18일
초판 1쇄 발행일 | 2014년 11월 21일

지은이　　| 김영기
펴낸곳　　| 북마크
펴낸이　　| 정기국
책임편집　| 김수진
디자인　　| 서용석 안수현
마케팅　　| 조은아
관리　　　| 안영미

주소　　　| 서울특별시 동대문구 왕산로23길 17 중앙빌딩 305호
이메일　　| bmark@bmark.co.kr
전화　　　| 02-325-3691
팩스　　　| 02-335-3691
블로그　　| http://blog.naver.com/chung389
등록　　　| 제 303-2005-34호(2005.8.30)

ISBN　　| 979-11-85846-09-5 (13320)
값　　　 | 16,000원

이 책은 저작권법에 따라 보호를 받는 저작물이므로 무단전재와 무단복제를 금하며,
이 책 내용의 전부 또는 일부를 이용하려면 반드시 저작권자와 북마크의
서면동의를 받아야 합니다.